샤머니즘과 타종교의 융합과 갈등

샤머니즘사상연구회 학술총서 3
샤머니즘과 타종교의 융합과 갈등

초판1쇄 발행 2017년 12월 13일
초판2쇄 발행 2019년 1월 10일

엮은이 샤머니즘사상연구회
펴낸이 홍종화

편집 · 디자인 오경희 · 조정화 · 오성현 · 신나래
　　　　　　　김윤희 · 박선주 · 조윤주 · 최지혜
관리 박정대 · 최기엽

펴낸곳 민속원
창업 홍기원　　**편집주간** 박호원
출판등록 제1990-000045호
주소 서울 마포구 토정로 25길 41(대흥동 337-25)
전화 02) 804-3320, 805-3320, 806-3320(代)
팩스 02) 802-3346
이메일 minsok1@chollian.net, minsokwon@naver.com
홈페이지 www.minsokwon.com

ISBN　978-89-285-1119-8　94380
S E T　978-89-285-0431-2

샤머니즘
사상연구회
학술총서
3

샤머니즘과 타종교의
융합과 갈등

| 샤머니즘사상연구회 엮음 |

민속원

샤머니즘사상연구회

샤머니즘은 인류의 종교 및 문화의 모태가 됨은 물론 오늘날도 현대인의 종교문화이자 종교이면서 생활문화의 하나로서 우리 주변에 있다. 그럼에도 우리는 샤머니즘에 대한 오해가 많다. 샤머니즘에 무슨 사상이 있는가. 원시적이다. 과거의 유물이다. 혹세무민하는 것이다 등 곡해나 무지가 많다. 따라서 샤머니즘을 제대로 인식하고 정립시키려 한다면 샤머니즘의 사상이 규명되어야 한다. 샤머니즘이 내포하고 있는 보편적 사상이야 말로 샤머니즘의 가치를 제대로 인식시켜 줄 수 있기 때문이다.

그동안 샤머니즘에 대한 연구는 의례에 대한 관찰을 중심으로 한 텍스트에 관심이 집중되었다. 한국 무속연구에 있어서도 그 자체에 대한 규명보다는 분과학문의 소재주의식 연구가 대다수를 차지하였으며 그러다 보니 샤머니즘의 본질이나 사상에 대한 탐구는 제대로 조명 받지 못했다.

샤머니즘사상연구회는 철학, 윤리학, 교육학, 종교학, 역사학, 민속학, 인류학 등의 학문분야에서 샤머니즘 사상에 관심을 가진 연구자들이 모여 전문적인 사상연구를 목표로 한다. 이를 통해 궁극적으로는 유불도에 버금가는 샤머니즘 사상을 정립하여 한국사상사의 한축을 쌓아 그 위상을 강화하고 샤머니즘의 본질규명에 이바지하고자 한다. 구체적인 학술연구는 신神에 관한 논의(巫俗神學), 무속에서 관찰되는 윤리적, 철학적 문제, 무속의 사상적 구조나 논리 그리고 상징체계 등 이른바 사상전반을 다루게 된다. 이러한 취지를 가지고 앞으로 샤머니즘사상연구회는 단순한 문화적 접근을 넘어 샤머니즘 그 자체에 대한 깊이 있는 탐구에 진력하며 샤머니즘연구의 새로운 동력으로 한 축을 담당하고자 한다.

　샤머니즘은 고유의 성격을 본질로 하면서도 주어진 환경에 역동적으로 대응하며 다양한 현상으로 표출된다. 타종교와의 관계에서 샤머니즘은 경우에 따라서 융합하거나 대립하기도 하고 혹은 새로운 종교사상이 만들어지는 데 있어 적지 않은 영향을 주기도 한다. 샤머니즘과 타종교와의 관계는 몇 가지의 유형으로 살펴볼 수 있다. 첫째, 타종교의 잉태이다. 동양 고대에서 비롯된 유교나 신종교인 대순진리회 등에 영향을 미쳤으며 그들 종교사상의 본질 속에 일정 부분 자리를 차지하고 있다. 이러한 현상으로 인하여 샤머니즘과 이들 종교 사이에는 친연성이 파악될 수 있다. 둘째, 샤머니즘과 외래종교가 만나면서 샤머니즘에 미친 영향이다. 외래종교가 샤머니즘의 의례행태에 일정부분 영향을 미치기도 하고 외래종교에서 모시는 신격이 샤머니즘에 포함되기도 한다. 셋째, 양자가 만나면서 샤머니즘이 외래종교 속으로 들어가서 그 종교를 토착화 시키는 유형이다. 이러한 현상은 한국 불교나 기독교에서도 드러난다. 넷째, 양자가 갈등하는 모습이다. 이런 경우 포용적인 샤머니즘에 비해 대개 타종교의 배타성에서 비롯되는 경우가 많다. 본서는 이러한 제 현상을 분석한 샤머니즘사상연구회 연구위원들의 글을 모았다.

　박환영의 글은 몽골의 민속종교인 샤머니즘 속에 내재되어 있는 불교의 민속문화적인 요소를 다각적으로 고찰하고 있다. 몽골의 토착종교인 샤머니즘은 오랜 시간 동안 몽골의 유목민들에게 중요한 민간신앙으로 생활문화 속에서 기능을 해왔는데 몽골에서 불교가 유입되기 시작하면서 몽골의 전통적인 샤머니즘은 한편으로는 불교와 경쟁하면서 서로 대립하기도 하고,

다른 한편으로는 불교의 영향을 받아서 불교적인 요소를 수용하기도 하면서 오늘날까지 몽골의 유목문화에 빠질 수 없는 근간을 이루고 있다. 예를 들어서 16세기 전후로 몽골에 유입되기 시작하는 티베트 불교(라마교 혹은 라마불교)의 영향으로 인하여 몽골의 샤머니즘은 또한 상당부분 불교와 영향력을 서로 주고받게 된다. 한쪽으로는 불교와 경쟁하면서 끝까지 고유의 샤머니즘을 고수하는 샤머니즘의 전통과 또 다른 한쪽으로는 새롭게 들어온 라마불교를 샤머니즘 속에 수용하면서 즉 불교와의 타협하는 샤머니즘의 전통으로 크게 나누어서 영향을 받게 되는 것이다. 특히 라마불교를 수용하면서 라마불교와 타협한 몽골의 샤머니즘은 샤머니즘의 명맥을 유지할 수 있었으며 오늘날 몽골의 샤머니즘 속에는 이러한 라마불교와의 습합으로 인하여 라마불교의 영향이 남아 있는 경우가 많다.

　이러한 관점에서 박환영의 글은 샤머니즘과 불교와 같은 두 종교가 서로 영향을 주고받으면서 샤머니즘이 불교에 영향을 주어서 몽골의 불교에서도 전통적인 샤머니즘적인 요소가 내재되어 있는 것과 비교해서 샤머니즘에 초점을 두고 샤머니즘 속에 수용되고 유입되어서 몽골의 전통적인 샤머니즘과 조화를 이루고 있는 불교적인 요소를 조명하고 있다. 특히 몽골의 샤머니즘 속에 내재되어 있는 불교적인 요소를 살펴보기 위하여 라마교의 영향이 비교적 잘 반영되어 있는 무가巫歌, 기도문, 옹고드 그리고 무속 관련 설화를 중심으로 그 속에 내재되어 있는 불교의 수용양상을 구체적으로 분석하고 있다. 또한 박환영의 글은 몽골의 샤머니즘이 라마불교의 유입으로 인하여 대립과 갈등의 위기를 맞이하지만 한편으로는 끝까지 라마불교와 대립하면서도 다른 한편으로는 불교를 부분적으로 수용하여 불교와 대등하게 전통을 유지할 수 있었던 전략적인 선택을 잘 보여준다. 다시 말해서 몽골의 샤머니즘을 향한 라마불교의 지대한 영향은 16세기부터 17세기까지 지속되었는데 두 종교 사이의 반목과 갈등으로 인하여 몽골에서는 혹

무당과 황무당이라는 두 가지 부류의 샤먼이 생겨나게 되는데 황무당은 라마불교의 요소를 전통적인 샤머니즘 속에 수용해서 라마불교와의 대립관계를 극복하고 형식적으로는 라마불교의 색깔을 다소 가지지만 실질적인 내용과 알맹이는 온전한 샤머니즘을 보존하기 위한 하나의 종교적인 전략을 취하기도 한다. 이러한 전략적인 샤머니즘의 선택은 샤머니즘이 오늘날까지 전통을 유지할 수 있는 기회를 제공해 주었다. 덧붙여서 부리야트 샤먼의 성무의례인 차나르chanar 의례에는 샤먼이 행하는 서약과 맹세가 있는데 그 중에는 "무속신앙과 불교 사이를 이간질 하지 않는다"는 항목도 들어있는데 이것은 라마불교의 영향력 아래에서 샤머니즘의 전통을 유지할 수밖에 없었던 과거의 흔적이며 동시에 지난날의 대립과 갈등관계를 극복하고 상생과 공생을 위한 샤머니즘의 또 다른 종교적인 전략으로 볼 수도 있다.

한국사회에서 유교와 무속이 가지는 기능적 측면에 주목한 사회인류학자들의 연구는 유교는 남성적, 사회적, 무속은 여성적, 가족적이라는 이분법적 시각을 형성하였다. 김덕묵의 「유교의례와 무속의례의 친연성 – 예의 측면에서 본 기제사와 굿을 중심으로 – 」는 사회인류학적 시각에서 벗어나 굿과 기제사에서 모셔지는 신, 의례의 구조, 상징과 의미 등에 주목하여 양자를 비교한 후 예禮의 측면에서 친연성을 살펴보았다. 유교의례와 무속의례에서 모셔지는 신은 유사한 세계관 속에서 비롯되었다고 볼 수 있으며 양자가 지향하는 핵심은 예禮의 실천에 있음을 알 수 있다. 또한 통념상 혈연의식과 조상숭배를 유교의 전유물로 생각할 수 있으나 이러한 특징은 연緣을 중시하는 무속의 성격에도 포함되며 나의 몸에는 조상의 피가 흐르고 조상에 의해 나의 길흉화복도 영향을 받을 수 있다는 생각은 조상숭배사상으로 이어진다. 그러나 이것은 가족공동체 속에서만 의미를 갖는 것이 아니라 가족주의를 넘어 모든 인간에 대한 '관계'로 이어진다. 인간의 족보를 거슬러 올라가면 가족, 친족, 민족을 넘어 인류가 결국 같은 핏줄로 이어졌다고 볼 수 있기 때문이다. 여기에서 조화로운 인간관계를 추구하는 무속의 보편성을 찾을 수 있다. 가족주의적 시각에서만 무속을 보게 된다면 무속의 사회성과 보편성을 간과할 수 있다.

박일영은 한국 샤머니즘에 대한 파리외방전교회와 성 베네딕도회 오틸리엔 연합회를 중심으로 하여 외국인 선교사들의 대응을 검토하였다. 외국인 선교사들은 한국의 전통종교와 문화, 민간신앙에 대하여 한결같이 적대적인 태도로 일관한 것으로 알려져 왔다. 그러나 그들 중에서도 한국의 전통문화나 민간신앙에 대하여 매우 다른 태도를 갖고 있던 인물들도 있었다. 박일영은 한국에서 활동했던 외국인 선교사들이 한국의 민중종교인 샤머니즘에 대하여 서로 어떻게 다른 태도를 지니고 있었는지, 그러한 상이한 태도의 배경에는 어떠한 사상이나 시대정신이 깃들어 있는지를 천착하였다.

목진호의 글은 한국 샤머니즘과 그리스도교의 사상을 상호 이해하기 위한 논문으로서, 샤머니즘의 사제라고 할 수 있는 만신과 그들의 의례행위에 나타난 그들의 정신세계와 사상적 배경을 성찰하여 얻어낸 결과이다. 그러기에 이 글에서는 한국 샤먼들의 노래와 소도구, 또는 의식 행위를 중심으로 고찰함으로써, 그들의 정신세계와 그리스도교의 사상적 의미에 대한 담론을 전개하였다.

이글에서 밝힌 담론의 주제는 '별자리에 관한 신앙'과 '세속화'이다. 이글로 인해 한국 샤머니즘과 그리스도교와의 종교적 대화로 확대되기를 바라는 것은 저자의 저술의도와 부합 하지만, 앞으로 한국 샤머니즘의 종교철학적 과제이기도 하다.

양종승의 글은 칠성신앙의 숫자 7과 삼신신앙의 숫자 3의 관계성을 밝히고자 하였다. 그래서 한민족 고유의 신앙 체계 속에 있는 칠성신앙과 삼신신앙의 전개 그리고 단군을 모태로 성립된 삼신의 신앙적 형태를 논하고

자 하였다. 이렇게 하여 그는 두 개의 신앙 체계가 시원적으로는 동일 선상에서 전개되어 계승 발전되어진 것임을 밝히려 하였다. 그는 첫째, 한민족 고유의 칠성신앙과 관련된 자료를 열거하여 그 형태와 의미를 파악하였으며 더불어 중국 도교로부터 유입되어진 칠성신앙에 대해서도 언급하면서 고유의 것과 변별되는 사례를 살펴보았다. 둘째, 삼신신앙의 구조와 형태를 살펴보기 위해, 단군, 산신, 고깔 등에 나타난 삼신신앙 신앙적 형태를 열거하여 그 속성과 특징을 밝히고자 하였다. 그리하여 칠성신앙에 담긴 숫자 7과 삼신신앙에 담긴 숫자 3에 내재된 수리 체계적 의미 그리고 양자 간 신앙적 관계성을 논하였다.

조정호의 「한국 무巫인 선仙의 죽음관에 대한 해석 – 한국, 대만, 오스트리아 분묘의 비교를 중심으로」에서는, 한국 무巫가 삼국시대 최치원 등에 의하여 선仙으로 표기된 것에 주목하여, 고대 부족 사회 이래로 우리 민족에게 면면히 전해져온 무巫의 원형인 선仙의 죽음관이 어떠했는가를 한국, 대만, 오스트리아 분묘들을 비교문화적으로 연구하여 해석하였다. 구체적으로 '한국', 역사적으로 동양을 대표할만한 중국의 유구한 분묘 양식을 민간에서 비교적 잘 전승해온 '대만', 중세와 근대 유럽을 지배해온 합스부르크 왕조의 중심지인 '오스트리아'에서 민간에 현전하는 고유한 분묘를 중심으로 죽음관을 비교문화적으로 파악하였다. 이 죽음관이란, 삶을 대하는 관점과 밀접한 관련이 있고 가치관의 근간을 이루는 중요한 연구주제이지만 국제비교 질적 연구가 국내에서는 수행되지 못한 상태이다. 본 연구의 결과, 한국의 전통적인 분묘는 외관상 산 모양이다. 무덤에 봉토를 산 모양으로 씌우는 분묘는 신라, 가야, 5세기 후의 백제 왕릉에서부터 통일신라, 고려, 조선, 대한제국으로 전승되었다. 이처럼 한국은 선仙의 영향을 받아서 산 모양이 중심이지만, 대만은 집 모양이 중심이고, 오스트리아는 십자가와 교회의 모양이 중심이다. 이 같은 분묘의 특징은 망자와 죽음을 대하는 생자의 죽음관을 나타낸다. 한국에서는 선仙의 전통에 따라서 죽음이 산에 들어가는 것으로 해석된다. 망자는 산 모양으로 만들어진 분묘에 들어가서 후손들과 현실을 관조하고 때로는 살아 있는 사람들의 삶에 개입하는 신이 되는 것이다. 한편 대만에서는 죽음이 망자의 집으로 들어가는 것으로 해석된다. 망자는 중국의 시조인 시황제 이래로 황제들이 사후 활동 공간인 황릉에 들어간다는 것처럼 집 모양으로 만들어진 분묘에 들어가게 된다고 하겠다. 그래서 망자는 주택식 분묘에 들어가 있다가 기일이나 명절 때 혹은 복을 내려주고자 할 때 살아있는 후손과 만나는 관계에 있다. 이와는 다르게, 오스트리아에서는 죽음이란 심판자인 하느님 앞에 서게 되는 것을 말한다. 그래서 필연적인 육신의 죽음을 슬퍼하면서도 내세를 준비하는 자세로 분묘를 아름답게 장식하는 경향이 있다. 망자는 죽음을 계기로 남은 가족이나 후손들과의 관계가 죽음 이후에 지속될 수가 없다. 이상과 같은 각 나라의 죽음관은 분묘의 실제 모습을 중심으로 해석된 것이다.

이종숙의 「조선 국행 성황단 제에서의 유·무속 춤 수용 양상」은 유교 국가인 조선에서 성황단 제사의 유교식 행례 특성과 무속을 수용한 기우제의 차별화 된 모습을 살폈다. 성황단 제의는 춘·추로 년 2회 연행되는 정기 제사와 극심한 가뭄이 있을 때 연행하는 비정기 기우제로 구분된다. 이들 정기 세시 제사와 임시 별제는 그 행례 양식에 차이를 보이는데, 본 연구에서는 이 두 행례 양식에서 나타나는 유교적 양상과 무속의 수용 양상 및 의미를 파악하고자 하였다. 국행 성황제 장소는 숭례문 밖 3리 거리에 있는 청파역동의 송림 사이에 있다. 남교南郊로도 불리는 이 곳에서 풍운뇌우·산천·성황신을 합사하였다. 풍운뇌우신위는 가운데, 산천신위는 좌측, 성황신위는 우측에 배열했다. 봄·가을 정기 행례에는 악·가·무가 의례의 순서를 이끄는 중요한 요소였다. 영신례와 전폐례, 초헌례에는 문무인 〈열문지무〉가 춤추어지고, 아헌례와 종헌례에는 무무인 〈소무지무〉가 추어졌다. 악장가사의 내용은 천연자연의 혜택으로 국가 수호와 백성의 풍요, 종사의 오랜 보존을 기원하였다.

반면 가뭄과 같은 임시 행례에는 유자들의 유교 의식에는 음악과 춤이 생략된다. 오히려 후속 행례에 여무女巫를 동원하여 무속 의례가 수반되었는데, 이 때 무녀의 춤이 있었을 것이라고 보았다. 기존의 성황제 관련 연구와는 다른 시각으로 조선 성황제에서 춤과 음악이 연행된 양상을 단계적으로 기술하였다. 또 유·무속 의례의 기저에서 작동되는 음양론의 사상적 특성을 도출하였다.

문혜진의 글은 일제강점기 일본의 신도와 조선의 무속 간의 충돌과 교섭을 논한 글로서 1932년부터 강제된 일본의 대표적인 가신신앙家神信仰인 신궁대마의 봉제奉齊와 조선의 가신신앙이 조선인의 가정에서 어떻게 충돌했으며 일제의 폭력성에 의해 어떻게 교섭했는지를 그려내 보려 했다. 즉 이 글에서는 명치 초기 일본에서 만들어진 가정제사와 황조신으로서의 아마테라스의 성격 변화를 검토하여 신궁대마의 봉제의 함의를 고찰하였으며, 또한 일제식민지기 식민지 조선에서의 신궁대마의 구체적인 보급양상 및 그 의의를 살펴볼 것이다. 이후 경성부의 가신신앙과 신궁대마를 모시는 가미다나의 봉제방식에 대한 현지조사를 통해, 황조신과 조선의 가신 간의 충돌 및 교섭양상을 고찰해 보고자 한다. 이 연구는 일제식민지기 조선에 있어서 가미다나 봉제의 강제성과 이에 대한 조선인들의 반응과 가신신앙과의 관계를 이해하는데 도움이 될 것으로 생각된다.

상기숙의 「대만 동계童乩의 종교적 성격 연구」는 중국의 대표적 무속신앙인 동계의 선행연구사를 검토했으며, 이어 동계의 연원과 성무과정成巫過程, 타 지역 동계와의 비교, 의식儀式과 분장扮裝, 법기法器와 법술法術, 사회적 공능功能, 종교적 성격과 특징 등을 다각적으로 고찰하였다. 동계 분장에 대한 기록은 19세기 경 대만지방지와 시문을 중심으로 나타난다. 산발散髮을

11

특징으로 손에 검을 쥐고 신체를 자상하는 외에 가마, 기름 솥에 투신하는 법술 등을 묘사했다. 대만 일본식민시기 일인학자에 의한 동계 연구는 현장 조사를 병행 도록을 첨부하였으며, 1970년대부터 현재까지 특히 대만지역을 중심으로 활성화된다. 동계는 무巫의 일종으로 도교적道敎的 색채가 강하다. 성무과정은 첫째, 선천적으로 신으로부터 선택받은 자로 각종 증상을 거친다. 둘째, 연로한 동계가 퇴직 전 적합한 인물을 찾아 의발衣鉢을 전승한다. 셋째, 후천적으로 스스로 부계扶乩 현장에서 강신降神 받아 동계가 된다. 성별은 남성과 여성이며 분장은 과하지 않다. 남자는 문신하고 상반신을 벗고 허리나 몸에 붉은 수건이나 천을 두르며 맨발이다. 여성의 복식服飾은 비교적 자유로운 편이며 의례는 마조제전媽祖祭典 외 각종 영신새회迎神賽會에서 행해진다. 공동의식은 신명탄신일神明誕辰日이나 지역 의례 시 거행한다. 이때 동계는 희극적 각색인 각종 신으로 분장하며 대표적 법기인 오보五寶로 자해自害한다. 이러한 법술을 통해 초능력을 과시 사람들에게 공포감을 준다. 개인의식은 주로 치병治病하고 문복자問卜者의 각종 난제를 해결한다. 강신하면 혼미하고 정신이 황홀해지고 수족을 움직여 춤추며 중얼중얼 혼잣말을 하거나 눈을 감고 머리를 흔들며 빈속에 구토를 하며 손과 다리를 전율하며 온몸을 떤다. 의식이 끝나면 정상을 회복한다. 동계는 문계文乩와 무계武乩로 나누며 전자는 대체로 음창吟唱과 구술口述의 방식으로 신도信徒의 질병과 미혹迷惑됨을 풀어주고, 후자는 춤 위주로 귀신을 누르고 안택安宅을 돕는다.

동계는 묘우廟宇 안 난당鸞堂에서 목욕재계하고 근신하며 밀실에서 법사에게 기동起童·퇴동退童·화부畵符·지살止煞 및 각종 법사法事를 수련 후 검증받아 비로소 동계가 된다. 무술활동은 정상釘床, 좌정의坐釘椅, 파도제爬刀梯, 과정교過釘橋, 배오봉背五鋒, 자유煮油, 해운解運 등이 있다. 주요법술로는 각종 도동跳童, 낙지부落地府, 구사驅邪, 과화過火, 진화원進花園, 공왕貢王, 탈신

脱身, 토사討嗣, 토가討嫁, 좌금坐禁, 작유炸油 등을 거행 치병하고 벽사辟邪한다. 고금 이래 대만 사회에서 동계는 종교적 실천자로 사회의 고통을 풀어주는 등 기여도가 높으나 여전히 존중받지 못하고 있다. 그러므로 영계 종교단체가 성립된 이후 주도적으로 영매靈媒의 질량을 제고하기 위한 프로그램을 운영한다. 동계의 사회적 공능은 인간을 위해 소재강복消災降福하고 축수제역逐祟除疫하여 천하태평·가내평안·무병장수·부귀영화, 풍년·고른 기후 등 이상향을 추구한다.

동계의 종교적 성격은 무속巫俗을 바탕으로 한 유불도儒佛道 융합의 민간신앙民間信仰으로 도교적 색채가 강하다. 근래 동계는 의식분장에 있어 구속과 형식을 벗어나 보다 자유롭고, 법기의 사용법에 있어서 다양성을 추구한다. 대만의 동계는 비록 여론의 질타로 일부 위축되기도 하나 시공간상 점점 확대되는 반면 중국 본토의 동계는 퇴색되어간다. 현대 대만 사회에서 동계는 과거와 마찬가지로 민중의 일상생활 속의 각종 난제를 점치고 해결하고 진경벽사進慶辟邪의 공능을 발휘한다. 나아가 중국의 전통 민속문화인 민간신앙을 전승하는 한편 관민官民 축제祝祭의 장으로 승화되어 민중의 결집력을 모으며 국가적 브랜드로서 지역경제를 활성화시킨다.

2017년 봄
샤머니즘사상연구회 연구위원 일동

샤머니즘과 타종교의 융합과 갈등

몽골 샤머니즘 속의 불교 영향*

박환영

중앙대학교 교수

1. 머리말

몽골의 샤머니즘은 몽골 유목문화의 근간을 이루는 중요한 문화유산이다. 사회주의 기간 몽골의 샤머니즘은 많이 약화되었지만 흡스골Hovsgol[1]-

---

* 이글은 2015년 한국몽골학회의 학술지인 『몽골학』 제41호에 게재된 논문을 보완한 것이다.

1_ 국내에 소개된 몽골의 샤머니즘에 연구는 대부분 흡스골 지역의 샤먼에 대한 연구가 많은 편이다. 예를 들어서, 푸레브 어트거니, 「몽골 무교의 신령, 웅고드(ongod)의 특징」, 고려대 민속학연구소 편, 『몽골의 무속과 민속』, 월인, 2001; 데 마르하오, 「몽골 샤마니즘의 초원제에 대하여」, 고려대 민속학연구소 편, 『몽골의 무속과 민속』, 월인, 2001; 이필영, 「몽골 흡스굴 지역의 샤머니즘」, 고려대 민속학연구소 편, 『몽골의 무속과 민속』, 월인, 2001 등의 논문이 있다. 반면에 동몽골 지역의 부리야트족 샤머니즘에 대한 연구로는 강토그토흐, 「몽골 무교의 신령, 웅고드(ongod)의 특징」, 고려대 민속학연구소 편, 『몽골의 무속과 민속』, 월인, 2001; 장장식·전경욱, 「동몽골 보라야드 족의 샤머니즘」, 고려대 민속학연구소 편, 『몽골의 무속과 민속』, 월인, 2001 등이 있다. 또한 셀렝게 아이막의 어머니 나무신앙과 한식맞이굿에 대한 연구로는 장장식, 「몽골의 '어머니나무' 신앙과 한식맞이굿」, 『한국무속학』 제5집, 한국무속학회, 2002이 있으며 내몽골의 다우르(Daur) 몽골의 샤머니즘에 대한 연구로는 험프리 캐롤라인·오논 우르궁게, 민윤기 옮김, 『샤머니즘 이야기』 1, 제이엠비인터내셔널, 2010a과 같은 저자의 『샤머니즘 이야기』 2, 제이엠비인터내셔

지역을 중심으로 일부 지역에서 여전히 그 명맥을 유지해 왔으며, 사회주의
가 약화되기 시작하는 1990년 이후 오늘날까지 과거의 전통문화로 되살아
나고 있다. 따라서 몽골의 샤머니즘이 가지고 있는 여러 가지 특징 중에 하
나는 70년 가까이 사회주의의 영향을 받으면서 체계적이고 대대적으로 종
교적인 탄압을 받았다는 점이다. 그런데 이러한 정치적인 외압에도 불구하
고 사회주의 기간 동안에도 샤머니즘은 몽골 초원의 지하수처럼 몽골인들
의 생활문화 속에 여전히 미미하지만 내재되어 있었으며, 몽골인들의 생활
방식에 영향을 끼쳐왔던 것이다. 즉 몽골의 토착종교인 샤머니즘은 오랜 시
간 동안 몽골의 유목민들에게 중요한 민간신앙으로 생활문화 속에서 기능
을 해왔다. 그런데 몽골에서 불교가 유입되기 시작하면서 몽골의 전통적인
샤머니즘은 한편으로는 불교와 경쟁하면서 서로 대립하기도 하고, 다른 한
편으로는 불교의 영향을 받아서 불교적인 요소를 수용하기도 하면서 오늘
날까지 몽골의 유목문화에 빠질 수 없는 근간을 이루고 있다.

　　한편 몽골의 샤머니즘이 가지는 또 다른 특징은 16세기 전후로 몽골에
유입되기 시작하는 티베트 불교(라마교 혹은 라마불교)[2]의 영향으로 인하여 몽
골의 샤머니즘은 또한 상당부분 불교와 영향력을 서로 주고받게 된다. 즉
한쪽으로는 불교와 경쟁하면서 끝까지 고유의 샤머니즘을 고수하는 샤머니
즘의 전통과 또 다른 한쪽으로는 새롭게 들어온 라마교를 샤머니즘 속에 수
용하면서 즉 불교와의 타협하는 샤머니즘의 전통으로 크게 나누어서 영향
을 받게되는 것이다. 특히 라마교를 수용하면서 라마교와 타협한 몽골의 샤

널, 2010b 등이 있다.

2　티베트 불교를 보통 라마교(Lamaism)라고 부르기도 하는데 이것은 티베트 불교가 최고의 영적 경지
에 오른 라마(Lama)가 중심이 되는 종교적인 전통을 가지고 있기 때문이다. 따라서 본 글에서는 티베트
불교, 라마교 그리고 라마불교를 같은 의미로 혼용하여 기술하고자 한다. 티베트 불교(라마교)에 대한 자세
한 내용은 Humphreys, Christmas, *Buddhism : An Introduction and Guide*, Penguine Books, 1990, pp.189
~203.

머니즘은 샤머니즘의 명맥을 유지할 수 있었으며 오늘날 몽골의 샤머니즘 속에는 이러한 라마교와의 습합으로 인하여 라마교의 영향이 남아 있는 경우가 많다.

본 논문에서는 몽골 샤머니즘이 불교의 영향으로 어떠한 불교적인 요소를 수용하였는지에 대하여 고찰해 보고자 한다. 이러한 관점은 샤머니즘과 불교와 같은 두 종교가 서로 영향을 주고 받으면서 샤머니즘이 불교에 영향을 주어서 몽골의 불교에서도 전통적인 샤머니즘적인 요소가 내재되어 있는 것[3]과 비교해서 샤머니즘에 초점을 두고 샤머니즘 속에 수용되고 유입되어서 몽골의 전통적인 샤머니즘과 조화를 이루고 있는 불교적인 요소를 샤머니즘의 관점에서 고찰해 보고자 한다. 따라서 몽골의 샤머니즘에서 불교의 수용양상을 살펴보기 위하여 라마교의 영향이 비교적 잘 반영되어 있는 무가巫歌, 기도문 그리고 설화를 중심으로 그 속에 내재되어 있는 불교의 수용양상을 구체적으로 분석해보고자 한다.

2. 몽골에서 샤머니즘과 불교의 과거와 현재

몽골은 전통적으로 대자연에 존재하는 영적인 존재를 신성시 하면서 이러한 자연세계를 기초로 대자연의 우주관을 잘 반영해 주는 샤머니즘이 유목민들의 일상적인 생활문화 저변이 뿌리내려 있으며, 오늘날에도 이러한 전통적인 샤머니즘이 여전히 전승되고 있는 지역이다. 몽골의 대표적인 13세기 역사문헌자료이면서 몽골 민족의 민족서사시로도 간주될 수 있는『몽

3_ 몽골의 샤머니즘이 라마불교의 탄압을 지속적으로 받았던 16~17세기 이후로 몽골의 샤머니즘은 라마불교의 특징을 수용하고 라마불교는 몽골 샤머니즘의 관습을 라마불교 기도문에 통합하게 되면서 점차로 라마불교는 몽골의 샤머니즘에 그리고 몽골의 샤머니즘은 라마불교에 서로 영향을 주고 받게 된다.

골비사』에 보면 몽골 민족의 전통적인 샤머니즘에 대한 기술이 많이 나타난다.[4] 이에 반하여 『몽골비사』에는 불교와 관련한 내용은 거의 찾아볼 수 없다는 사실에 주목할 필요가 있다. 즉 『몽골비사』가 저술되었던 13세기 몽골 초원에서는 샤머니즘이 일반 유목민들에게 광범위하게 믿어지고 있었지만 불교는 당시 몽골에 부분적으로 전파되었다고 하더라도 그 영향력이 미미했음을 알 수 있다.

그렇다면 몽골에서 샤머니즘과 불교가 서로 영향을 주고받는 교류는 언제부터 시작된 것일까? 아마도 몽골에서 샤머니즘과 불교 사이의 공식적인 교류는 쿠빌라이 칸Khubilai Khan 때 몽골에 불교가 소개되면서 시작된 것으로 볼 수 있다. 예를 들어서, 1260년 쿠빌라이 칸은 티베트 승려 파스파를 몽골제국(원나라)의 국사로 임명하여 불교를 국가의 기본이 되는 종교로 본격적으로 받아들이게 된다.[5]

또한 몽골에서 샤머니즘과 불교의 만남은 몽골 왕정에서 행한 샤머니즘적인 종교행위에 대한 금지와 불교에 대한 절대적인 지원정책에 기반을 둔 샤머니즘에 대한 불교의 우월적인 영향과 탄압으로 인하여 몽골인들에게 샤머니즘의 영향력은 급속하게 약화되었다. 이러한 시대적인 상황과 샤머니즘에 대한 지속적인 탄압으로 인하여 몽골의 샤머니즘은 라마불교의 강제적인 억압과 포용정책에도 불구하고 고유한 샤머니즘을 끝까지 고수하면서 명맥을 간간히 유지했던 샤머니즘의 전통(흑색 샤머니즘)과 더불어서 불교의 다양한 요소를 가미해서 피상적으로는 불교의 색깔을 입혔지만 그 내면

4_   자세한 내용은 박환영, 「몽골 샤머니즘 속의 윤리의식 고찰」, 『중앙아시아연구』 18호, 중앙아시아학회, 2013 참조.

5_   쿠빌라이 칸 이전에도 몽골 왕정 내부에는 이미 불교의 영향력이 형성되고 있었다. 예를 들어서 구육 칸은 티베트 승려 나모를 국사로 삼았으며, 1346년에 에르덴 조 사원터에서 발견된 돌비석에는 어거데 칸이 에르덴 조 사원에 불교사원 터를 조성하였으며 1256년 뭉케 칸이 절을 완성했다는 기록도 남아 있다. 자세한 내용은 이안나, 『몽골 민간신앙연구』, 한국문화사, 2010, 188쪽 참조.

에는 여전히 전통적인 샤머니즘의 성격을 가지고 있었던 전통(황색 샤머니즘)6_으로 이분하여 발전하게 된다.

한편 알탄 칸Altan Khan의 재위기간 동안 티베트의 라마불교는 몽골에서 샤머니즘을 억누르고 몽골에서 가장 강력한 신앙으로 자리매김하게 된다. 특히 알탄 칸은 불교를 적극적으로 장려하기 위하여 전통적인 샤머니즘의 습속을 금지하고 대신에 불교의 수호신을 집집마다 모시도록 강요하였다. 예를 들어서,

> 소냠갸초는 결국 1576년에야 알탄 칸을 만나기 위하여 후흐 노르로 떠났다. 알탄 칸과의 후흐 노르 회견은 투메드와 오르도스 지역 몽골 사람들의 대규모 개종으로 이어졌다 [… 이 때 알탄 칸이 소냠갸초에게 달라이 라마 칭호를 바쳤다](중략) 몽골 연대기에 따르면 그 당시 채택된 신법의 가장 중요한 점은 다음과 같다. 즉 그 때까지 시행되고 있던 순장殉葬 즉 장례용 공물로서 여자와 노예나 동물을 죽이는 것을 금지했다 (중략) 모든 유혈제의가 전반적으로 금지되었다. 옹고드를 소지하는 것 역시 불법화 되었고 이들을 불태우도록 했다. 그 대신 집집마다 라마교의 수호신인 여섯 팔의 마하칼라상을 모시도록 했다. 본 칙령은 알탄 칸이 지배하는 투메드에서는 1578년에 공표되었고, 오르도스 지역에서는 자삭투 칸(1558~1582)에 의하여 공표되었다. 남몽골의 여러 부민들은 이 칙령을 신속히 받아들였다. 라마교는 그 후 몇 십년 사이에 그들의 주요한 신앙생활이 되었다.7_

6_ 흑색 샤머니즘과 황색 샤머니즘에 대한 자세한 내용은 박환영, 「몽골 샤머니즘에 나타나는 색깔상징에 대한 일 고찰」, 『한국무속학』 제5집, 한국무속학회, 2002 참조.

7_ 발터 하이시이, 이평래 옮김, 『몽골의 종교』, 소나무, 2003, 59~60쪽.

이상의 내용을 보면 알탄 칸에 의하여 몽골에 불교가 본격적으로 수용되면서 불교의 영향으로 불교의 다양한 요소를 샤머니즘 속에 수용하거나 불교를 중심으로 사회체제를 재정립하면서 몽골의 샤머니즘은 엄청난 탄압과 억압 속에 점점 그 영향력을 잃어가게 된다.

같은 맥락에서 1640년에 편찬된 몽골 오이라트 법전에도 한편으로는 샤머니즘을 탄압하면서도 다른 한편으로는 라마불교를 보호하고 권장하는 당시의 시대상황이 잘 반영되어 있다. 몽골 오이라트 법전의 내용 중에서 몇 가지를 예로 들어 보면 다음과 같다.[8]

> 온곤Ongon(우상)을 제거하라고 명하고, 이를 어긴 자에게는 재산형을 내린다. 남자 샤먼이나 여자 샤먼을 부르는 자는 그 수만큼의 말을 재산형으로 부과 받으며, 샤먼도 말 1마리의 재산형을 부과 받는다(제111조). 귀족의 집에 저주를 퍼부은 샤먼에게는 말 5마리의 재산형이 매겨지며, 평민의 집에 저주를 퍼부은 경우에는 말 2마리의 재산형이 내려진다. 제물로 바치기 위해 붉은머리 오리, 참새, 개를 죽은 자에게는 죽인 동물 수만큼의 말이 재산형으로 부과된다(제112조).

> 승려에게 속하는 아이막을 약탈한 자는 엄벌에 처한다(제5조). 말과 행동으로 승려를 모욕한 자는 엄벌에 처한다(제17조). 제멋대로 승려의 계율을 깨고 환속한 자는 무거운 재산형, 즉 가축과 재산의 반을 몰수당한다(제18조).

이상의 내용에서 볼 수 있는 바와 같이 몽골 오이라트 법전에는 샤먼의

8_ 랴자노프스키, V. A, 서병국 옮김, 『몽골의 관습과 법』, 혜안, 1996, 125쪽.

무속행위를 철저하게 금지시켰으며, 샤먼이 행하는 제의를 위한 공물로 바치는 동물의 살생까지도 엄격하게 금지했으며, 반면에 라마불교와 라마승에게는 종교적인 지위와 특권을 부여했으며 사회경제적으로 많은 혜택을 주었던 당시의 사회적 분위기가 고스란히 담겨져 있다.

몽골의 샤머니즘은 만주의 지배를 받으면서 더욱더 불교의 영향권 속에 강제적으로 편입된다. 즉 만주의 지배기간(1691~1911) 만주는 몽골의 전통문화를 체계적으로 약화시키기 위하여 불교의 교리를 몽골인들에게 지속적으로 주입시키는 정책을 펴게된다. 몽골을 향한 만주의 이러한 불교숭상 정책은 그나마 민중들 사이에서 비밀리에 그리고 내면적으로 전승되어 오던 샤머니즘을 약화시키고 불교를 이용해서 몽골을 장악하려는 당시 만주의 고의적이고도 전략적인 종교정책으로 볼 수 있다. 예를 들어서, 몽골 학자 산지도르지Sanjdorj는 다음과 같이 기술하고 있다.

몽골의 국가적인 문화유산은 파괴되었고, 몽골의 책은 불타없어졌고, 만주의 황제에 의한 지배는 영원하고 부처에 의해서 운명 지워졌다는 믿음을 몽골인들이 믿게 만들기 위하여 일종의 교리가 도입되었다.[9]

만주의 지배에서 벗어나 독립을 쟁취한 뒤에는 몽골의 샤머니즘은 불교와 함께 종교적인 탄압을 계속해서 받아야하는 운명에 처하게 된다. 예를 들어서, 사회주의 기간 동안 몽골의 샤머니즘은 불교와 함께 엄청난 종교적

---

[9] Sanjdorj, M(translated and annotated by U. Onon), *Manchu Chinese colonial rule in northern Mongolia*, London : Hurst & Company, 1980, p.32. 또한 만주는 몽골을 지배한 200여년 동안 몽골의 전통적인 무속을 억압하고 탄압했으며, 무속 의례와 습속을 불교와 습합시켜서 일상적인 몽골 유목민들의 생활문화 속에 잘 조화시켜 놓기도 하였다. 자세한 내용은 이안나, 『몽골의 생활과 전통』, 민속원, 2014, 321쪽 참조.

인 탄압을 받게 된다.[10] 대다수의 몽골 샤먼은 처형되거나 홉스골Hovsgol지역과 같은 사회주의 혁명의 영향력이 상대적으로 적게 미치는 지역으로 숨어들어 갔으며 라마승과 불교사찰도 비슷한 운명을 맞이하게 된다.

몽골인들이 경험한 사회주의 기간은 샤머니즘과 불교와 같은 전통적인 종교에 대한 최악의 암흑기로 볼 수 있을 정도로 두 종교는 큰 타격을 받았다. 그러나 사회주의가 약화되기 시작한 1990년대 이후(즉 탈사회주의 몽골)부터 몽골에서는 샤머니즘과 불교가 과거(사회주의 이전) 몽골의 전통문화라는 인식이 강조되면서 점차로 복원되기 시작한다. 그리고 오늘날에는 각각의 영역에서 공존과 상생을 하고 있다. 이러한 두 종교의 공생과 조화를 잘 반영해 주는 것은 장장식(2002)이 현지조사를 하고 연구결과를 보고한 어머니나무인 무당나무에 대한 최근 몽골인들의 의례에 잘 나타난다.[11] 즉 어머니나무에 대한 무속 제의는 전체적으로 몽골의 샤먼이 행하지만 일부 의례는 추가적으로 라마불교의 스님이 행하기도 한다.

3. 몽골의 샤머니즘에 수용된 불교의 대표적인 요소

몽골의 샤머니즘은 불교와의 교류와 대립 속에서도 그 명맥을 유지하면서 몽골의 독특한 유목문화는 물론이고 몽골의 고유한 전통문화를 보여주는 대표적인 문화유산으로 큰 가치를 지니고 있다. 이러한 몽골의 샤머니즘 속에는 불교의 영향이 진하게 내재되어 있는데 황색 샤머니즘의 전통에서 알 수 있는 바와 같이 불교의 일부 요소를 수용하면서도 그 내면에는 전통

10_ 西村幹也,「부활하는 전통종교」, 경기도박물관 편,『초원의 대서사시 : 몽골 유목문화』, 경기도박물관, 1999, 71쪽.
11_ 장장식, 앞의 논문, 2002, 107쪽.

적인 몽골의 샤머니즘을 전승시켜온 몽골 샤머니즘의 전통을 볼 수 있다. 또한 몽골의 샤머니즘을 분석해 보면 어떤 불교의 요소가 샤머니즘 속에 수용되었으며 그러한 불교의 요소를 수용하게 된 시대적인 배경을 파악할 수 있다. 더욱이 샤머니즘이 불교를 수용함으로써 불교의 탄압 속에서도 오늘날까지 그 명맥을 유지할 수 있었다. 한편 몽골 샤머니즘에 대한 분석은 고유한 샤머니즘의 특징을 간직하면서도 부분적인 불교의 요소를 수용하여 불교화된 샤머니즘으로 탈바꿈할 수 밖에 없었던 몽골 샤머니즘의 종교적인 전략을 살펴볼 수 있는 좋은 기회를 제공해 준다. 몽골의 샤머니즘 속에 수용된 다양한 불교의 요소 중에서 무가와 기도문, 옹고드, 무속 관련 설화 등을 중심으로 분석하고자 한다.

1) 샤머니즘의 무가와 기도문

샤머니즘의 무가는 입에서 입으로 구전되어서 전해지는 전통적인 몽골의 구비전승물이다. 이러한 무가는 일상적인 몽골인들의 생활문화 속에서 전승되면서 간략화된 기도문이나 찬가의 형식으로 나타나기도 한다. 유목민들에게 무가와 기도문은 혹독한 자연환경을 극복하고 인생사의 다채로운 인생고비에서 마음의 위안을 주고 생활의 안정을 보장해 주는 중요한 요소로 여겨왔다. 특히 몽골의 유목문화 속에서 구전되는 이러한 샤머니즘과 관련한 구비전승은 샤머니즘에서 신봉되는 다양한 샤머니즘 신神의 서열과 역할을 비롯해서 의례의 주제와 의례 음식 등 다양한 내용을 담고 있다.

몽골의 샤머니즘은 16~17세기 동안 지속적으로 라마불교의 박해와 영향을 받았는데, 샤머니즘 속에 내재되어 있는 이러한 불교의 흔적은 무가의 앞부분에 라마불교에서 신성시 되는 부처를 찬양하는 문구를 덧붙이는 것에 잘 나타나 있다. 또한 여러 샤머니즘 신을 받아들이면서도 또한 라마교의 기도 문구를 사용함으로써 고유한 샤머니즘을 의도적으로 위장하고 있기도 하다. 따라서 몽골의 샤머니즘은 불교적인 요소를 수용하면서 엑스터시 샤머니즘 고유의 찬가와 더불어 시간이 지남에 따라 라마교와 혼합된 형태의 찬가도 나타나게 된다.[12] 몽골 샤머니즘에서 볼 수 있는 무가에 불교적인 요소가 들어있는 예를 기술해 보면 다음과 같다.

> 강림하셔서 갖가지 색으로
> 흰 가루다를 부르르 떨게 하는 당신
> 아! 후이!
> 소나무 꼭대기에 거주하는 당신
> 가슴만한 육계(肉髻)를 가진 당신
> 여든 한 개의 육계를 가진 당신
> 노얀 바바이 텡그리
> 모두의 노양 바바이 텡그리 당신
> 법왕계(法王界)에 거주하시는
> 당신을 초대하오니 강림하기를 빕니다[13]

위에서 인용한 무가는 노얀 바바이 텡그리에 대한 볼강 아이막의 한 샤먼이 구술한 무가이다. 몽골의 샤머니즘에서 샤먼이 구술하는 무가에는 텡그리에 대한 내용이 많이 나오는데, 위에서 인용한 무가에는 바바이 텡그리가 부처가 거주하는 법왕계에 거주한다고 나와 있는 점이 라마불교의 영향을 받은 것으로 볼 수 있다. 또한 몽골의 샤머니즘에서 행하는 무가, 기도문

12_ 발터 하이시이, 앞의 책, 2003, 19쪽.
13_ Haltod, M, "Ein Schamanengesang aus dem Bulgan-Gebiet", in W. Heissig(ed.), *Collectanea Mongolica*, Wiesbaden, 1966, p.77; 발터 하이시이, 위의 책, 115~116쪽 재인용.

그리고 찬가에는 수많은 텡그리가 등장하는데 그 중에는 라마불교의 영향을 받아서 불교의 신을 텡그리로 받아들인 경우도 제법 있다.

예를 들어서, 후대에 불교 만신전에서 몽골의 샤머니즘 속으로 받아들인 비스만 텡그리(바이스라바나) 즉 비사문천毘沙門天, 비쉬누 텡그리(비쉬누) 즉 비뉴천, 보르항 텡그리(부처), 에스룬 텡그리(인드라) 즉 제석천, 오킨 텡그리(스리데비) 즉 소녀 천신, 오치르바니 텡그리(바즈라파니) 즉 금강수 등이 있다.[14]

몽골의 샤머니즘에서 라마불교의 영향이 들어 있는 무가는 내몽골 지역의 다우르 몽골 샤먼의 무가에서도 찾을 수 있다. 예를 들어서, 중병에 걸려서 죽음의 문턱에 있는 환자를 위한 밤길 여행(dolbor)에 대한 제식에서 샤먼이 행하는 무가는 다음과 같다.

> 내게로 올 길이 없어서 내가 너에게 걸어가야 했지
> 무거운(어려운) 목적이 있을 때
> 임무에 대한 깊은 믿음이 있을 때
> 나이가 60살이 넘었어도
> 나이가 70살이 넘었어도
> 나는 언제나 나의 borchoohor('갈색 점박이onggor')와 한 몸이 되어 왔지
> 이제 우리 [그것 – 질병을] 완전히 하얗게 만들어 보세
> 이제 우리 [그것을] 깨끗이 하얗게 만들어 보세
> [내가] 보아 온 것의 신비스러운 의미에 대하여
> [나로 하여금] 알려져 있는 것의 깊이 스며든 의미에 대하여 말하게 하라
> 나는 Gesui 라마승으로 하여금 이를 확인케 했으며

14_ 발터 하이시이, 위의 책, 106쪽.

Laiching 라마승이 이를 증명했지

나는 지배자의 소나무 밭에 나의 사냥캠프를 차렸지

나는 거대한 소나무 밭에 나의 본부를 갖고 있지

나는 번갯불로 가득 찬 하늘에 나의 다른 모습을 갖고 있지

나는 나의 사냥 캠프를 천둥치는 하늘에 갖고 있지[15]

위의 무가는 다우르 몽골의 샤먼이 옹고드를 부르면서 샤먼의 몸이 옹고드와 한 몸이 되어 밤길 여행(*dolbor*)을 떠나기 전에 부르는 무가인데 그 속에는 Gesui 라마승과 Laiching 라마승이 중요한 위치를 점하고 있어서 라마불교의 영향을 받은 무가임을 알 수 있다.

한편 몽골 샤머니즘의 기도문은 몽골 초원의 유목민들이 일상적인 생활 속에서 생겨나는 세속적인 일에 대한 해결과 바램을 샤머니즘의 수호령과 신神에게 간절히 기원하는 구체적 내용을 담고 있다. 예를 들어서, 몽골의 유목민들은 샤먼의 신들에게 식량, 재산, 사냥감, 가축, 장수, 행복, 평화, 우정 등을 요청하며, 또한 슬픔, 질병, 부상, 전염병, 죽음, 악마, 악령, 악귀, 불운 등으로부터 보호해 달라는 내용[16]이 주로 샤머니즘의 기도문에 들어있다.

예를 들어서 몽골 유목민들 사이에서 가축에게 충분한 풀을 주고 인간에게 충분한 음식을 준다고 여겨지는 구지르 쿵쿠르 텡그리가 있는데, 부리야트 사람들 사이에서는 마하칼라라고 하는 라마교식 명칭을 가지고 있는 '마하 갈란 다르한 구지르 텡그리'(마하칼라 匠人 구지르 천신)로 여겨지기도 하며 자세한 기도문은 다음과 같다.

15_ 험프리 · 오논, 앞의 책, 2010b, 451~452쪽.
16_ 발터 하이시이, 앞의 책, 2003, 35쪽.

위대한 마라 갈란 다르한 구지르 텡그리시여

99텡그리의 만형

성주 부처님의 명령으로

호르무스타 텡그리의 축복에 의하여 태어난

(중략)

마하 갈란 다르한 구지르 텡그리 당신을 숭배합니다

(중략)

만물을 관장하는 당신

검은 말을 타고 오소서…

내 아들의 목숨과 영혼을 위하여…

초원에 사는

내 가축의 목숨과 영혼을 위하여

당신께 기원합니다[17]

위의 기도문에는 몽골의 샤머니즘 무가와 기도문에서 자주 등장하는 99 텡그리의 만형인 호르무스타 텡그리의 축복을 받고 태어난 마하 갈란 다르 한 구지르 텡그리에 대한 기도문인데, 결국 성주 부처님이 제일 중심이며 최상위 서열에 있어서 성주 부처님의 명령에 의해서 마하 갈란 다르한 구지 르 텡그리가 태어난 것으로 표현되고 있어서 라마불교의 영향력이 얼마나 지대했는가를 알 수 있다.

17_ 발터 하이시이, 위의 책, 112쪽. 또한 라마불교의 영향이 내재되어 있는 몽골 샤머니즘의 기도문은 오드한 갈라한(막내 불의 어머니)과 칭기스칸의 술데 수호령에 대한 기도문에도 라마불교의 흔적이 남아 있다. 자세한 내용은 발터 하이시이, 같은 책, 139쪽과 166쪽 그리고 169~170쪽 참조.

2) 샤먼이 모시는 신령의 신체神體인 옹고드

몽골의 샤머니즘에서 샤먼은 몽골의 대자연 속에서 다양한 정령을 모시고 의례를 행한다. 샤먼이 모시는 정령은 인공적인 형상을 가지고 있으며 옹고드라고 부르는데, 이러한 옹고드는 한 살박이 양가죽으로 만든 몸뚱이와 검정색 곡식으로 만든 눈을 가진 형상을 가지는 경우도 있으며,[18] 보통은 펠트(esgii)나 쇠, 구리 등의 쇠붙이로 만든다.[19] 또한 샤먼이 모시는 정령은 옹고드라는 신체神體를 통하여 다음 세대로 전승되기도 하는데 따라서 옹고드를 보면 샤먼이 어떠한 정령을 모시고 있는지 알 수 있다.

몽골의 샤머니즘에서 옹고드는 샤먼이 가장 신성하게 다루는 정령이 모셔져 있는 공간이며, 샤먼이 의례의 대상으로 삼는 정령을 상징하기 때문에 샤머니즘의 가장 핵심적인 요소이다. 또한 샤머니즘의 영향이 남아 있는 지역에서는 몽골의 일반 유목민들도 집안에 옹고드를 모시면서 일상적인 소소한 의례를 진행할 때 옹고드에게 제물을 올리고 기원을 드리는 경우가 많았다. 그런데 이러한 옹고드는 라마불교가 몽골에 들어오면서 점차로 불상으로 대체되며 이것은 곧 몽골 샤머니즘이 가지고 있는 다양한 정령에 대한 믿음을 약화시키면서 그 결과로 전통적인 샤머니즘이 제 역할을 하지 못하게 만드는 중대한 공백을 가져오게 된다. 예를 들어서,

　　몽골 사람들은 맨 처음 짠 양젖, 염소젖, 소젖, 말젖을 우상에게 바쳤다. 이러한 의식은 매끼 식사 전에도 행하여졌다. 그 바쳐지는 대상이 바로 샤머니즘의 옹고드[샤먼이 숭배하고 교류하는 정령이자 그 정

18_　발터 하이시이, 위의 책, 34쪽.
19_　이필영, 앞의 논문, 2001, 101쪽.

령을 구현한 물체, 즉 신체를 가리킨대였다. 라마교는 17세기에 되어서야 비로소 이들을 불상으로 대체하기 시작했다[20]

라마교의 유입으로 옹고드가 몽골의 샤머니즘에서 없어지면서 원래 옹고드는 펠트 천이나 구리 등으로 사람이나 동물의 형상으로 만드는데 이러한 옹고드가 몽골인들 사이에서 사라지게 된다.[21] 그러나 그럼에도 불구하고 샤머니즘에서 숭배되는 다양한 정령에 대한 신체로서의 기능을 간직하기 위하여 옹고드 비단에 그려지는 경우도 생겨난다. 이러한 현상은 라마불교의 영향으로 사라질 위기에 놓인 옹고드를 형상은 아닐지라도 그림으로라도 남기려고 노력한 몽골인들의 전략적 선택으로 볼 수도 있을 것 같다. 예를 들어서,

> 가끔 다채색 비단에 우상이 그려져 있는 경우도 있다. 특히 부리야트 지역에서 이런 우상을 볼 수 있다. 이는 샤머니즘에 대한 라마교의 박해의 결과로 해석되기도 하지만 (이런 종류의 그림은 일반 옹고드 보다 쉽게 감출 수 있다) 분명하지는 않다[22]

이상의 내용은 라마불교의 탄압으로부터 몽골 고유의 샤머니즘을 보존하기 위한 최선의 선택이었는지 모른다. 즉 옹고드는 샤먼이 모시는 신체이

20_ 발터 하이시이, 앞의 책, 2003, 27~28쪽.
21_ 사람 모양의 옹고드는 보통 조상의 정령을 상징한다. 전통적으로 몽골 샤머니즘에서 신성하게 다루는 옹고드는 크기가 큰 것도 많았는데, 16세기에서 17세기에 걸쳐서 몽골에 본격적으로 불교가 유입되면서 옹고드의 크기도 점점 작아지게 된다. 왜냐하면 작은 옹고드를 만들어서 보관하는 것이 쉽게 감출 수가 있어서 불교 신봉자들의 탄압으로부터 더 안전할 수 있었기 때문이다. Heissig, W and Dumas, D, *The Mongols*, Innsbruck : Pinguin-Nerlag, 1989, p.72.
22_ 발터 하이시이, 앞의 책, 2003, 39쪽.

기 때문에 눈에 쉽게 띄게 마련인데, 옹고드를 여러 가지 색깔의 비단에 그리게 되면 손쉽게 감출 수가 있어서 라마불교의 박해에도 불구하고 고유한 샤머니즘의 신령을 모시고 샤머니즘의 의례를 행할 수가 있었던 것이다.

한편 몽골 샤머니즘에서 옹고드는 두 가지의 의미를 가지는데 한편으로는 무당이 무속적인 제의를 할 때 모셔지는 신령神靈으로 간주되기도 하며, 또 다른 한편으로는 무당이 모시는 신령의 신체神體로 양털 모직이나 나무 그리고 철제 등으로 만들어 모시는 인공적인 형상을 뜻하기도 한다.[23] 따라서 라마교의 영향으로 옹고드를 불태우거나 옹고드의 형상을 집에 두는 것을 금지시키는 종교 탄압 정책으로 말미암아서 옹고드의 형상을 만드는 것에서 옹고드의 신령을 보호하기 위하여 옹고드의 형상을 비단이나 펠트 천에 그리는 방식으로 변화를 한 것으로도 볼 수 있다. 또한 라마불교에서도 부처의 형상을 나무나 철제 등으로 만들거나 비단이나 천에 그리는 방식이 있는데, 아마도 몽골의 샤머니즘에서 신령의 신체를 상징하는 옹고드를 천에 그리는 것도 라마불교의 영향으로 간주할 수도 있을 것 같다. 결국 라마불교의 영향으로 몽골에서는 샤머니즘에서 신령神靈의 신체神體로 신성시하고 중요하게 모셔지는 옹고드가 불태워지게 되는데 이러한 경우 신령이 머무를 수 있는 공간은 없어지지만 여전히 신령은 존재했던 것으로 볼 수 있다. 따라서 신령이 모셔질 수 있는 형상으로서의 옹고드가 탄압을 받게되자 비단 천에 옹고드의 형상을 그려서 그 속에 신령을 모실 수 있어서 옹고드가 중심이 되는 몽골 샤머니즘의 고유한 의례와 전통을 이어갈 수 있었던 것이다.

23_ 장장식·전경욱, 앞의 논문, 2001, 168쪽의 각주 2참조.

3) 무속 관련 설화

몽골의 샤머니즘에서 무속 관련 설화는 몽골 샤머니즘과 관련한 기원, 여자 샤먼(오드강)과 남자 샤먼(자이롱)의 구분, 최초의 박수무당, 성무의례에 등장하는 아브갈다이Avgaldai, 오보제, 독수리와 같은 신과 인간의 매개체인 동물 등의 내용이 잘 반영되어 있다. 이러한 무속설화 중에서도 몽골 샤머니즘에 대한 불교의 영향을 잘 보여주고 있는 무속 관련 설화는 다양 데레흐 설화인데 여러 가지 다양한 각편이 전승되고 있다. 따라서 다양 데르흐 설화의 각편 속에 불교의 영향과 불교의 수용양상이 어떻게 기술되어 있는지 고찰해 볼 수 있다. 우선 이안나(2010)가 기술하고 있는 서로 다른 줄거리의 다양 데르흐 설화는 다음과 같다.

(1) 최초의 박수무당은 다양 데레흐이다 (중략) 그는 땅과 하늘의 선하고 악한 신들이 차별 없이 베푸는 은혜로운 마음에 힘을 얻곤 했다. 어느날 그는 달라이 라마와 카드놀이를 하게 되었다. 그들이 내기를 걸고 한 놀이는 3년간 계속되었고, 두 사람은 서로 자신이 이겼느니 졌느니 하면서 다서 실랑이를 벌인 끝에 누가 더 큰 능력을 가지고 있는가를 겨루기로 했다. 그 다음날 아침 달라이 라마는 천명을 구제하였고, 다양 데레흐는 천삼백명을 구제했다. 그러자 달라이 라마는 다양 데레흐에게 "자네의 능력을 알았네. 자네는 몽골로 가게나. 그곳에는 자네와 같은 사람이 많이 필요해"라고 말했다 (중략) 그는 필요한 짐을 싸가지고 길을 떠났다. 도중에 알룩 텍이라는 곳에서 쉬었는데, 태양이 뜨겁게 내리 쬐고 있었다. 그래서 한쪽이 터진 북(무당의 무구)을 걸어서 그늘을 만들어 쉬다가, 갈 때 북을 가져가는 것을 잊어버렸다. 이런 이유로 무당들은 한쪽이 터진 북을 쓰지 않고 네모난 모양의 것을 쓰게

되었다. 다양 데레흐가 몽골에 왔을 때 칭기스칸이 자신의 딸을 헨티 칸과 결혼시키고 있었다. 칭기스칸은 유명한 무당이 왔다는 소문을 듣고 그를 궁으로 초대했다. 다양 데레흐는 가고 싶지 않았지만 여러 번 초대를 받았기 때문에 할 수 없이 잔치 자리에 갔다 (중략) 무당은 돌아가는 길에 궁전 문 앞에서 새색시를 만나게 되었다. 그는 그 여인이 정말 아름답다고 생각하여 그녀를 낚아채 안장 위에 앉히고 재빨리 달려갔다. 공주도 그가 싫게 느껴지지 않았다 (중략) 왕은 그 뒤를 추격하였다. 무당은 추격을 당하자 먼저 그릇을, 다음에는 묵주를 마지막에는 (그릇을 넣는) 주머니를 버렸다 (중략) 칭기스칸이 추격하여 오자 다양 데레흐는 석상으로 변했고, 공주는 데레흐 산의 동굴로 도망하여 바위틈에 들어가 숨어있다가 역시 바위가 되었다 (중략) 칭기스칸은 돌이된 무당을 죽이려고 몇 번이나 그 머리를 쳐서 쓰러뜨리려 했지만 칼날이 무뎌서 쓰러뜨릴 수가 없었다 (중략) 그러자 (그 돌이) "절 죽이지 마십시오. 제가 늘 대왕님께 도움을 드리게 될 것입니다."라고 말했다. 왕은 그의 소원에 따라 자비를 베풀었다. 다양 데레흐는 자기뿐 아니라 열 명의 주술사들과 함께 몽골에 은혜를 베풀게 될 것이라고 했다. 이렇게 해서 다양 데레흐로부터 처음 박수무당이 나왔다. 오늘날 그 돌이된 다양 데레흐는 차강 호수 부근에 보인다고 한다. 전국에서 무당들이 찾아와 다양 데레흐에 제의를 드리며 그 석상을 매우 신성시 했다.[24]

위의 무속설화는 달라이 라마와 겨루기를 하는 박수무당인 다양 데르흐가 등장하며, 박수무당은 달라이 라마를 능가하는 존재로 묘사되고 있는 것으로 보아서 라마불교와 몽골의 샤머니즘이 대등하게 대립하는 당시의 상

24_ 이안나, ♣앞의 책, 277~278쪽.

♣이안나 선생님의 저서가 2종 나왔습니다. 구분을 위해 연도를 밝혀주시기 바랍니다.

황을 잘 보여주고 있다. 그런데 다음에 보는 무속설화는 라마불교와 몽골의 샤머니즘 사이의 힘의 균형이 이미 라마불교로 기울어진 이후의 시대상황이 잘 드러나 있다. 예를 들어서,

(2) 아주 오랜 옛날 이 지역에 아홉 명의 흑무당이 있었다. 그들의 스승이 바롱조baruun zuu(티베트)에 보그드bogd를 만나러 갔으나, 그를 사원으로 들어오지 못하게 하고, 스님들이 수도하는 처소에 가두어버렸다. 어느날 두 고승이 그를 데리고 가서, 승복을 입혀 불법을 가르쳐 고향으로 돌려보내게 되었다. 그가 승복을 입는 것을 부끄럽게 여겼기 때문에 그들은 그를 옛날 옷차림 그대로 고향에 돌려보냈다. 무당은 고향에 돌아와 오롱더쉬 산에 있는 칭기스칸의 처소에 와 왕을 배알했다. 칭기스칸은 왕비에게, "나가서 이 사람의 말의 다리를 묶고 오시오"라고 하자 왕비가 나가 보니 그 말의 콧구멍에서 뱀이 들어갔다 나왔다 하고 있었기 때문에 말의 다리를 묶을 수 없었다. 무당은 자기가 말 다리를 묶고 오겠다고 나가서는 왕비를 데리고 도망쳤다. 칭기스칸은 그 뒤를 추격하여 아가서 그를 칼로 베자, 무당은 석상으로 변해버렸다고 한다. 이것은 오늘날 말하는 다양 데레흐의 석상이다.[25]

위의 설화는 흑무당이 티베트에 있는 큰 스님을 만나러 가서 불법을 배워서 고향으로 다시 돌아온다는 내용을 담고 있다. 따라서 흑무당이 라마불교의 교리를 수용하여 황무당이 된 상황을 잘 반영해 주는 무속설화인 셈이다. 이러한 무속설화와 비교해서 다음에 기술하는 무속설화는 흑무당 사이의 내부적인 경쟁과 갈등 구조 속에서 주도권을 빼앗긴 흑무당이 라마불교

25_ 이안나, 위의 책, 279쪽.

를 수용하여 황무당이 되는 내용을 담고 있다. 예를 들어서,

（3） 옛날에 할하에 다양 데르흐라는 유명한 큰무당이 있었다. 다양 데르흐 외에 다른 영력이 뛰어난 무당이 있었다. 그는 그 무당과 힘을 겨루다가 그에게 자기 여동생을 먹혀버리고 말았다. 다양 데르흐는 이 일로 크게 슬퍼하다가 무당을 그만 두고 황교에 투신하기로 결심했다. 그러나 어떤 큰무당이 자신의 신앙을 배반하고 다른 종교에 입교한다 하여 다양 데르흐를 잡아먹으려고 쫓아왔다. 다양 데르흐는 그에게 잡혀먹히지 않으려고 도망쳤다. 거의 잡히려는 순간 다양 데르흐는 강가의 석인상에 숨어들어 버렸다. 그러자 승려들이 그 석인상에 계를 주어 자신의 종교에 끌어들여 그 위에 절을 짓고 다양 데르흐 사원이라고 칭했으며 그 옆에 있는 동굴을 다양 데르흐 동굴이라고 부르게 되었다.[26]

위의 무속설화는 라마불교와 흑무당 사이의 첨예한 대립에 못지않게 몽골의 전통적인 샤머니즘을 고수하지 않고 라마불교를 수용하면서 라마불교의 성격을 가진 황무당에 대한 흑무당의 반목과 멸시 그리고 거부감을 잘 보여주고 있다. 한편 다음에 기술하는 무속설화는 무당과 무당나무가 등장한다. 예를 들어서,

（4） 칭기스칸 가문의 어떤 공주를 차강 우르의 무당들이 훔쳐 달아났다. 칭기스의 장수들이 그 뒤를 추격해 잡히려는 순간 공주를 무당나무로 만들었다. 장수들은 공주를 계속 찾아다녔지만 찾지 못하고 돌아

26_ 이안나, 위의 책, 279쪽.

가려고 하는데 무당나무가 공주로 다시 변해 도망쳤다. 공주가 도망치다가 붙잡히려고 하자 무당들이 그녀를 돌 석상으로 만들어버렸다. 장수들은 화가 끓어올라 석인상의 눈썹을 칼로 치고 돌아갔다[27].

위의 설화는 여러 명의 무당과 칭기스칸과의 갈등관계를 잘 묘사해 주고 있다. 그런데 이러한 긴장관계를 분석하면서 칭기스칸을 샤머니즘의 숭배자로 보면서 고유한 몽골의 샤머니즘 전통을 고수하려는 흑무당과 라마불교의 영향을 받은 황무당과의 대립과 알력관계로 해석하기도 한다.[28] 반면에 다음에 서술하는 무속 관련 설화는 칭기스칸과 사브닥(산신) 사이의 갈등관계를 잘 보여주고 있다. 예를 들어서,

(5) 옛날에 헨티, 볼강, 다양 데르흐, 타그나 산의 사브닥(산신)이 결탁하여 칭기스칸의 아름다운 작은 왕비를 빼앗기로 했다. 다른 세 산신들은 숨고, 다양 데르흐 산의 사브닥이 혼자 칭기스칸의 궁전으로 가서 칸을 베알했다. 칭기스칸은 다양 데르흐 사브닥을 매우 융숭히 대접했다 (중략) 말을 풀어 풀을 먹게 하기 위해 간 시종이 깜짝 놀라 새파래져 달려와서, "대왕마마, 안장이 있는 말의 주인은 독사를 타고 왔습니다 (중략) 손님은 분명 선한 마음을 갖고 오신 것이 아니라 악한 생각을 품고 오신 듯 합니다"라고 이르자 (중략) 다양 데르흐 사브닥이 "그것은 먼 길을 일찍 떠나라는 신호입니다. 왕비께서 개를 막아주십시오"라며 칭기스칸의 작은 왕비를 말을 묶는 곳까지 데리고 가다가 갑자기 왕비를 낚아채 말에 태우고 도망쳤다. 칭기스칸은 용사들과 함께 다양

27_ 이안나, 위의 책, 280쪽.
28_ 이안나, 위의 책, 280쪽.

데르흐 사브닥의 뒤를 쫓자 숨어있던 다른 세 사브닥과 함께 도망치다
가 사방으로 갈라져서 갔다. 칭기스칸은 작은 왕비를 말에 태우고 간
다양 데르흐 사브닥을 뒤에서 바짝 추격해 갔다. 다양 데르흐는 칭기스
칸의 작은 왕비를 데르히 강의 동굴에 숨기고 자신은 석상으로 변해버
렸다. 칭기스칸은 크게 분노하여 신하들과 함께 석상을 불꽃이 일어날
정도로 검으로 치고 돌아갔다. 이 일이 있은 후 칭기스칸의 왕정에 불
상사와 어려움이 생기자 어쩔 수 없이 다양 데르흐를 제의하게 되었다
고 한다.[29]

위의 무속 관련 설화는 몽골 여러 지역의 사브닥(산신)이 함께 공모하여
칭기스칸에 도전하는데 다양 데르흐 산의 사브닥이 혼자 단독으로 칭기스
칸을 만난다는 내용이 들어 있다. 그리고 이후에 칭기스칸과의 경쟁에서 밀
려나지만 결국에는 칭기스칸이 모시는 신령이 되었다는 내용이 잘 보여진
다. 끝으로 다음에 기술하는 샤머니즘의 무가는 칭기스칸과 박수무당의 아
내이며 여자 무당인 노파와의 갈등관계를 보여준다. 예를 들어서,

(6) 테무진은 여덟 마리 담황색 말을 잃고 찾고, 집으로 돌아가는
길에 나호 바야의 샤르후와 친구가 되어 가다가 목이 말라 한 인가에
이르러 말에서 내렸다. 그 집은 차가대 박수무당의 집이라고 했다. 차
를 마시는 동안 노파가 테무진의 말 왼쪽 등자 가까이 서 있는 것을
샤르후가 보고 테무진에게 말했다. 테무진이 왼쪽 등자를 보니 가죽끈
을 잘라 세게 당겨 끊어져 떨어지려고 했다. 그러자 테무진이 화를 내
며 노파를 죽이려고 쫓아갔다. 그러자 노파가 무당의 신력으로 돌무더

29_ 이안나, 위의 책, 280~281쪽.

기 속에 숨어들어 돌로 변해 사라져 버렸다. 테무진이 말에서 내려 노파를 찾으며 가니 많은 돌 가운데 사람 머리 모양의 돌 하나가 있었다. 그러자 테무진이 그 돌을 칼로 치니 돌의 이마 쪽에 맞았다. 이것은 실제로 다양 데르흐 박수무당의 머리였기 때문에 다양 데르흐의 돌 신상은 칼로 벤 자국이 생기게 되었다고 한다.[30]

위의 무속 관련 설화는 노파와 칭기스칸 사이의 알력관계가 오히려 노파의 남편인 박수무당에게 미치는 내용을 보여주고 있다. 즉 칭기스칸의 말 가죽끈을 자른 것은 노파인데 그것에 대한 엄벌로 칭기스칸이 내리친 칼에 이마를 베이는 것은 박수무당이다.

이상에서 살펴본 바와 같이 각각의 다양 데르흐 설화는 내용이 조금씩 다르기는 하지만 모두 황무당들의 숭배대상이 되는 다양 데르흐에 대한 설화이다. 그런데 무속 관련 설화 (1), (2), (3)은 라마불교의 영향을 받아서 라마승에 대한 내용이 나오며 또한 황교인 라마교와 라마승에 대한 내용이 샤머니즘과 샤먼보다는 조금 더 우월하게 묘사되고 있다. 반면에 무속 관련 설화 (4), (5), (6)은 라마불교의 영향과 관계없이 라마불교와 라마승에 대한 언급이 없이 순수하게 샤먼과 샤머니즘 그리고 몽골의 샤머니즘과 밀접하게 연관되어 있는 사브닥(산신)에 대한 내용으로 구성되어 있다.

이상에서 몽골에서 전승되고 있는 다양 데르흐에 대한 다양한 무속 관련 설화를 소개하고 분석하였는데 이러한 무속 관련 설화의 변이형은 라마불교의 영향이 샤머니즘 속에 어떻게 투영되고 반영되어 있는지를 알 수 있다. 즉 전체적인 줄거리와 설화를 구성하는 모티프는 유사하지만 다양 데르흐가 몽골의 샤먼이 숭배하는 샤먼이 되는 과정에서 라마불교와 라마승의

30_ 이안나, 위의 책, 282쪽.

개입이 두드러지는 경우는 분명히 라마불교의 영향을 받은 무속 관련 설화로 간주할 수 있는 것이다.

이러한 점에서 몽골의 샤머니즘에 대한 라마불교의 영향과 탄압은 쿠빌라이 칸 시대 이후 지속되어서 알탄 칸의 시대와 만주의 식민지배 시대까지이어져 오게 된다. 더욱이 몽골이 만주로부터 독립을 쟁취하는 1921년부터는 사회주의 체제로 전환되면서 더욱더 가혹하고 무차별적인 대대적인 종교탄압 정책으로 인하여 과거 샤머니즘을 탄압했던 라마불교는 물론이고 샤머니즘도 함께 대중적인 관심에서 멀어지고 일상적인 생활문화 속에서도 점차로 잊어지게 된다. 이렇게 몽골의 샤머니즘은 큰 억압과 탄압을 강요받았지만 오늘날 살아남아서 그 명맥을 유지하고 있는 것은 물론이고 라마불교의 탄압으로부터 살아남기 위하여 라마불교의 다양한 불교적인 요소를 수용하면서 샤머니즘을 지속하기도 한 것은 샤머니즘의 끈질긴 생명력과 공존과 상생을 위한 전략적인 수용력도 돋보인다고 할 수 있다.

특히 라마불교라는 거대하고 체계적인 종교에 끝까지 굴하지 않고 고유한 샤머니즘을 고수하고 라마불교의 어떠한 수용도 거부한 흑색 샤머니즘의 전통과 라마불교의 전통을 일부 수용하면서 나름대로의 고유한 샤머니즘을 지속하였던 황색 샤머니즘의 전통은 모두 몽골 샤머니즘이 가지는 독립성과 포용성을 함께 보여주고 있다. 특히 황색 샤머니즘에서 볼 수 있는 바와 같이 라마불교의 수용양상은 오늘날 몽골에서 라마불교와 샤머니즘이 함께 공존하고 상생하는데 좋은 밑바탕을 제공해 준다. 최근에 어머니 나무에서 행하여지는 샤머니즘 의례에는 부가적으로 라마불교의 라마승이 행하는 불교적인 제의도 포함되어 있다.[31] 아마도 이러한 전통은 과거 라마불교와 샤머니즘이 교류하는 과정에서 라마불교의 영향을 받은 샤머니즘이 몽

31_ 장장식, 앞의 논문, 2002, 107쪽.

골에서 널리 받아들여져서 전통적인 오보제의 기도문에도 샤머니즘과 라마불교의 요소가 내재되어 있으며[32], 샤머니즘과 더불어서 불교적인 제의가 함께 행하여졌던 것에서도 잘 반영되어 있다.

4. 맺음말

몽골의 샤머니즘은 오랜 기간 동안의 종교적인 박해와 탄압에도 불구하고 오늘날까지 지속적으로 몽골인들의 대표적인 신앙의 한 형태로 자리잡고 있다. 그리고 오늘날 남아있는 몽골 샤머니즘 속에는 라마불교의 잔재가 반영되어 있는 경우가 많다. 본 논문에서는 샤머니즘 속에 반영되어 있는 라마불교의 수용양상을 무가와 기도문, 옹고드, 그리고 무속 관련 설화를 중심으로 고찰하였다. 몽골의 샤머니즘을 향한 라마불교의 박해는 16세기부터 17세기까지 지속되었는데 이러한 두 종교 사이의 반목과 갈등으로 인하여 몽골에서는 흑무당과 황무당이라는 두 가지 부류의 샤먼이 생겨나게 되며, 특히 황무당은 라마불교의 요소를 전통적인 샤머니즘 속에 수용해서 라마불교와의 대립관계를 극복하고 형식적으로는 라마불교의 색깔을 다소 가지지만 실질적인 내용과 알맹이는 온전한 샤머니즘을 보존하기 위한 하나의 종교적인 전략을 취하기도 한다. 이러한 전략적인 샤머니즘의 선택은 샤머니즘이 오늘날까지 전통을 유지할 수 있는 기회를 제공해 주었다.

한편 부리야트 샤먼의 성무의례인 차나르chanar 의례에는 샤먼이 행하는

32_ 같은 맥락에서 발터 하이시이(2003)는 오보와 오보제에 대하여 다음과 같이 주장한다. "오보는 샤머니즘 관념의 범주에서 보면 지역신의 거주처 또는 그들의 집합처로서도 기능했으며, 현존하는 오보 숭배 또는 그와 관련한 지역신과 산신 숭배를 위한 기도문 중에서 라마교의 영향을 받지 않은 것은 하나도 없다". 발터 하이시이, 앞의 책, 2003, 200~202쪽 참조.

서약과 맹세가 있는데 그 중에는 "무속신앙과 불교 사이를 이간질 하지 않는다"[33]는 항목도 들어있다. 이것은 라마불교의 영향력 아래에서 샤머니즘의 전통을 유지할 수밖에 없었던 과거의 흔적이며 동시에 지난날의 대립과 갈등관계를 극복하고 상생과 공생을 위한 샤머니즘의 또 다른 종교적인 전략으로 볼 수도 있다.

끝으로 몽골 샤머니즘 속 불교의 수용양상과 관련하여 본 논문에서는 제대로 다루지 못한 샤먼의 세계관 속에 지옥이라든지 저승의 세계관과 같은 불교의 세계관이 어떻게 수용되었으며, 이러한 세계관을 기초로 수호령과의 접신을 통하여 지하세계로 이동할 수 있는 샤먼의 능력이 어떻게 재구성되었는지에 대한 연구도 필요한 것 같다. 또한 몽골의 전통적인 장례 습속의 하나인 풍장風葬 속에 내재되어 있는 몽골의 전통적인 샤머니즘과 라마불교의 습합에 관한 체계적인 분석도 몽골 샤머니즘에서 라마불교의 수용양상을 이해하는데 중요한 가치를 지닌다고 여겨진다.

33_ 장장식, 『몽골유목민의 삶과 민속』, 민속원, 2007, 156쪽.

유교의례와 무속의례의 친연성*
-禮의 측면에서 본 기제사와 굿을 중심으로 -

김덕묵
한국외국어대학교 강사

1. 머리말

『예기禮記』 제법祭法편에는 유교에서 중요시 여기는 제사의 대상을 소개하고 있다.[1] 공적이 있는 사람, 일월성신, 산림, 천곡, 구릉 등을 제사의 대

---

* 이 글은 『한국민속학』 제62집에 게재한 논문을 재수록 하였음을 밝혀둔다.

1_ 성왕(聖王)이 제사를 제정하는 데 있어서 다음과 같은 원칙이 있다. 백성에게 선정과 양법(良法)을 베푼 자, 죽음을 무릅쓰고 나라 일에 힘쓴 자, 국가를 안정시키는 데 최선을 다한 자, 큰 재해를 막은 자, 국난을 예방하고 물리친 자이다(夫聖王之祭祀也 法施於民則祀之 以死勤事則祀之 以勞定國則祀之 能禦大菑則祀之 能捍大患則祀之). 염제 신농씨가 천하를 다스릴 때 그 아들을 농(農)이라고 했는데 백곡을 번식시켰다. 하나라가 쇠해지자 주나라의 기(棄)가 이를 계승하여 제사지내어 직(稷, 곡식의 신)으로 삼았다. 공공씨가 구주(九州)에 임금노릇을 할 때 그 아들 후토가 구주를 평정했기 때문에 제사지내어 그를 토신(土神)이라고 했다. 제곡(帝嚳)은 성신(星辰)을 차서 있게 하여 만물에 비추어주었으며, 요(堯), 순(舜), 곤(鯀), 황제(皇帝), 전욱(顓頊), 설(契), 명(冥), 탕(湯), 문왕(文王), 무왕(武王) 등도 공적이 커서 제사의 대상이 되고 있다. 또한 일월(日月)을 비롯한 여러 별은 백성들이 존중하는 대상이고 산림, 천곡(川谷), 구릉(丘陵)은 백성이 물자를 얻는 근원이므로 제사지낸다. 이상옥 역, 『禮記』 中, 明文堂, 1995, 352~353쪽.

상으로 삼고 있으며 이런 것이 아니면 사전祀典에 실리지 못한다. 이것은 천신天神과 지기地祇 및 인귀人鬼 등으로 요약할 수 있다. 조선 성종 때 발간된 『국조오례의國朝五禮儀』에는 고대 중국에서 집필된 『예기禮記』가 지향하는 세계관이 그대로 담겨있다. 예禮의 근본으로서 제례를 중시하는 유교의례서의 전범典範답게 길례吉禮로서 제례를 가장 앞에 배치하였다. 여기에 나온 제례를 보면, 사직제社稷祭, 종묘제宗廟祭, 중류제中雷祭, 영녕전永寧殿 향사, 문소전文昭殿 향사, 의묘懿廟의 제사, 배릉拜陵, 진전眞殿 향사, 풍운뇌우風雲雷雨의 제사, 삼각산·한강·목멱산 및 주현의 명산대천名山大川의 제사, 가물 때 악해독嶽海瀆 및 여러 산천에 나아가서 기원하는 의식, 선농제先農祭, 선잠제先蠶祭, 우사雩祀, 문선왕에 대한 제사, 역대 시조歷代始祖에 대한 제사, 영성靈星, 선목先牧, 주현의 포제酺祭, 영제禜祭, 사한제司寒祭, 둑제纛祭, 여제厲祭, 대부·사·서인의 기일제忌日祭, 속절제俗節祭, 고제告祭에 관한 의식 등 국가에서부터 주·현, 사·서인의 제례에까지 망라되어 있다.[2] 제사대상을 보면 왕조의 조상신은 물론 토지신과 오곡의 신, 풍운뇌우의 신, 명산대천과 바다의 신, 신농씨나 서릉씨, 선목 등과 같이 생활에 필요한 문명을 깨우치게 한 신, 공자와 같은 유교의 성현, 제사를 제대로 받지 못하는 여귀, 재앙을 일으키는 대상까지, 즉 인신, 자연신 등이 망라되어 있다.

무속은 어떠한 종교의 신에 대해서도 배타적이지 않으며 타종교의 신들도 무속에서 숭배될 수 있다. 따라서 무속에는 산신, 용신龍神, 천신天神은 물론 불교, 도교 등 외래종교의 신도 모셔진다. 또한 무속은 조상숭배의 전통이 강하여 조상을 신(조상신)으로 모신다. 무속의 신은 천신, 지신, 수신, 인신 등으로 그 범위가 무한하며 수많은 신들이 모셔지므로 흔히 '천지신명'으로 불리어진다. 『예기禮記』나 『국조오례의國朝五禮儀』에서 보는 바와 같

2_ 法制處, 『國朝五禮儀』, 1981.

이 유교에서 모셔지는 신은 무속에서 모시는 신과 근본적으로 다르지 않다. 이미 제례의 대상과 모셔지는 신에서부터 유교와 무속은 친연성을 다분히 가지고 있음을 알 수 있다.[3]

인류문명의 태동 때부터 사람들은 만물에 영혼이 있다고 생각하여 자연을 숭배했으며 이것은 샤머니즘의 근본이다. 여기에서 많은 자연신이 모셔지는데 고대 중국에서는 그중 최고의 신으로 천신이 부각되었다. 천신으로는 태양신, 달신, 별신 등이 숭배되었으며 문명사회로 진입한 후 중국에서 천신은 의인화되어 천제, 혹은 도교의 옥황상제 등과 같은 최고의 신격으로 자리 잡았다.[4] 이러한 최고의 신격은 천명, 천자의 의식으로 이어지면서 유교적 세계관을 형성한다. 유교가 지향하는 이러한 천신사상은 북극성을 중심으로 보는 북방 샤머니즘의 우주관과 무관하지 않다.[5] 다신적인 무속의

---

[3] 물론 모든 신에게 누구나 굿을 할 수 있는 것이 무속이라면 유교의 경우에는 신분에 따라 제사권을 차등하고 있다. 예를 들면, 『예기』에 '천자'는 칠사(七祀 : 사명(司命), 중류(中霤), 국문(國門), 국행(國行), 태려(泰厲), 호(戶), 조(竈)), '제후'는 오사(五祀 : 사명(司命), 중류(中霤), 국문(國門), 국행(國行), 공려(公厲)), '대부'는 삼사(三祀 : 족려(族厲), 문(門), 행(行)), '적사(適士)'는 이사(二祀 : 문(門), 행(行)), '서사(庶士)'와 '서인(庶人)'은 일사(一祀 : 호(戶) 혹은 조(竈))에 제사를 지낼 수 있도록 하고 있다. 이러한 점은 왕조국가에서 신분에 따라 복색이나 주택의 규모 등에 있어 차등을 둔 바와 같이 신분제에서 비롯된 것이다. 하지만 이러한 사실이 유교와 무속이 가지는 본질적인 친연성을 부정할 수는 없다.

[4] 林云·晶達, 『祭拜 趣談』, 上海古籍出版社, 2006, 3쪽.

[5] 이러한 유교적 사고는 논어에서도 보여진다. 子曰 爲政以德 譬如北辰居其所 而衆星共之. 북극성을 몽골이나 시베리아 지역의 샤머니즘에서는 세계의 축, 기둥으로 인식되고 있다. 샤모예드인은 이 별을 '하늘의 거멀쇠', 추크치인과 코리야크인은 '거멀쇠 별'이라고 부른다. 이와 같은 상징과 표현법은 랩인, 핀인(Finn), 에스토니아인(Estonian)들에게서도 찾아볼 수 있다. 터키-알타이인은 북극성을 기둥으로 여긴다. 몽고인, 칼미크인, 부리야트인은 '금기둥', 키르기즈인, 바쉬키르인, 시베리아 타타르인은 '쇠기둥', 텔레우트인은 '태양의 기둥'으로 여긴다. 북극성과 보이지 않는 고리로 연결된 별들에게도 보조적인 신화 이미지가 부여되어 있다. 부리야트인은 이 별들을 말떼, 북극성(세계의 기둥)을 이 말떼를 묶어두는 말뚝으로 본다. 이러한 우주관은 인류가 사는 소우주의 모습을 그대로 보여주고 있다(엘리아데, 미르치아 저, 이윤기 역, 『샤머니즘』, 까치, 1992, 244쪽). 하늘과 땅을 연결하는 세계의 중심의 또 하나의 신화적 이미지가 바로 우주산(Cosmic Mountain)이다. 부리야트인은 북극성이 이 산의 꼭대기에 붙어 있다고 믿는다(위의 책, 248쪽). 일(日), 월(月), 성(星)들의 움직임, 밤낮, 연월(年月)의 기간, 별들이 서로 어떻게 움직이는지 등 점성학에 밝았던 몽골무당들은 몽골 점성학의 발생과 발달에 밀접한 관련을 가지고 있다(고려대 민족문화연구원 민속학연구소, 『몽골의 무속과 민속』, 월인, 2001, 17쪽). 밤하늘에서 보이는 북극성은 유목민들이 방위를 찾는 데도 중요한 역할을 했다. 북극성은 북방샤머니즘의 우주관 형성에 중요한 열쇠가 되었다고 볼 수 있다.

신관을 바탕으로 하면서도 고대 중국인들은 인간사회의 계급을 신의 세계에 투영하여 '천신'으로 귀결되는 최고신 개념을 만 들어내고 유학자들은 그것을 한층 추상화시켜 유교이데올로기와 예禮사상을 발전시켰다. 이러한 예의 모태는 합자연적인 무속의 세계관과 무관하지 않다.[6]

예란 무엇인가. 예로부터 예의 기원은 신들에 대한 제사이며, 나중에 인간관계 전반을 규율하는 것으로 의미가 확대되었다고 설명해 왔다. 예의 관념화를 진전시킨 것은 유가였다. 공자는 예를 인간의 최고선最高善으로서 인仁에 포섭하였다.[7] 공자는 예가 아니면 보지 말고, 예가 아니면 듣지 말며, 예가 아니면 말하지 말고, 예가 아니면 움직이지 않는다(非禮勿視 非禮勿聽 非禮勿言 非禮勿動)고 했다. 이러한 유학의 영향에서인지 사람들은 통념상 유교하면 예를 떠올리고 무속하면 예를 생각하지 못할 수도 있다. 그러나 유교의 전유물이라고 생각하는 것 중에는 발생론적으로 무속과 연관된 것이 적지 않다는 사실에 주목할 필요가 있다. 본고에서 논하는 예禮의 성격은 춘추전국시대 유가의 학자들에 의해 관념화된 철학적인 것이라기보다는 일상적인 생활에서 윤리행위로 실천되는 예절로서의 '예禮'의 측면이다. 이러한 실천윤리로서의 예는 윗사람을 공경하듯이 신을 공경하는 것에서 발생하였으며 그것은 또한 자연의 순리를 따르고 이치에 걸맞게 행동하는 양

6_ 유교 제례에서 모셔지는 신과 무속의 굿에서 모셔지는 신은 본질적으로 친연성을 가지고 있다. 굳이 양자의 차이점을 거론해 보면, 유교에 비해 무속이 더 개방적이라는 점이다. 무속은 다신관에 입각하여 외래종교의 신에 대해서 개방적이다. 무속에서 부처님과 같이 외래 종교의 신을 포용한 반면 유교의례에서는 부처님을 수용하지 않는다. 무속이 다신관이라는 원리에 입각하여 존재하는 모든 신들에 대해 개방적인데 반해 유교의 경우 예서에서 허용한 신들에 한하여 제례를 지낼 수 있으며 다른 신에 대해서는 개방적이지 못하다. 또한 무속에서는 누구나 천신이나 산신에게 의례를 행할 수 있다. 반면 유교에서는 천자만이 천제를 지낼 수 있으며 서인들은 자신의 조상에게만 제례를 지낼 수 있다. 무속과 같이 유교에서도 천지신명과 조상에게 제례를 지낸다. 이런 점은 무속의 영향과 무관할 수 없다. 하지만 제사권에 있어서 위계를 중시하고 외래 종교의 신에 대해서 배타적이라는 점은 무속과 차이점이다. 이러한 원인은 군주제나 신분제를 위해 제사권을 조정한 것이나 그 뿌리는 무속과의 친연성에서 비롯되었다고 볼 수 있다.

7_ 溝口雄三・丸山松幸・池田知久, 김석근・김용천・박규태 역, 『中國思想文化事典』, 민족문화문고, 2003, 451쪽.

식에 기초한다. 이러한 예는 유구한 세월 동안 유지되어온 무속의 토대이
기도 하다.

오늘날 인류의 정신문화 중 상당부분은 상고시대부터 내려오는 문화적
DNA와 무관하지 않다. 그러한 문화의 일부로서 무속은 현대인의 정신세계
에 자리 잡고 있다. 전국의 굿당에서는 매일 수많은 굿이 행해지고 있으며
영매인 무당은 현대인의 상담자가 되어 도시사회의 일부가 되어 있다. 샤머
니즘은 긴 세월 동안 주류문화로 상고시대의 중심에 있었다. 장구한 세월동
안 문명의 중심에 있던 샤머니즘은 어떠한 논리구조와 보편성으로 사람들
을 설득할 수 있었는가. 이러한 설득의 논리에는 '합자연적'[8]인 인간행위에
대한 규범이 강조되었으며 그것은 당대의 예로서 표현되었을 것이다. 이러
한 점에 착안하고 현재 관찰할 수 있는 무속에 대한 이해를 바탕으로 예사
상을 추출해 보아야 한다. 이렇게 하기 위해서는 종교행위의 현상뿐만 아니
라 현상 속에 내재되어 있는 본질을 보아야 한다. 유교 역시 마찬가지이다.
그동안 유교에 대한 편견이 적지 않았다. 유교의 보편성과 의례적인 특성
등에 대한 통찰이 간과된 채 형식주의라는 비판을 하는 사람도 있다. 긍정
적으로 보든 비판적으로 보든 유교와 무속을 조망할 수 있는 다각적인 연구
가 요구된다. 그동안 유교와 무속에 대한 연구는 양자를 이분법적으로 보는
시각이 강하였다. 사회인류학적 연구는 이 점이 부각되었다.

따라서 본 연구는 유교의례와 무속의례에 대한 구조와 의미를 비교적으
로 검토하여 예의 측면에서 양자의 친연성을 고찰해 본다. 유교의례와 무속
의례를 예의 측면에서 검토하여 비교하는 일은 양자에 대한 시야를 보다 확
장할 수 있는 계기를 마련할 수 있다. 특히 유교의례는 도덕적인 형식과 엄
숙함을, 무속의례는 주술적이라고 하거나 윤리성이 부족하다는 인식의 틀

8_ 　김인회, 『韓國巫俗思想硏究』, 집문당, 1988, 186~290쪽.

에서 벗어나 유교의례가 가지는 주술성 혹은 종교적 측면, 무속과의 연관성을 찾고 아울러 무속의례가 가지는 윤리적 당위성 혹은 도덕에 근거한 합법칙성을 유교의례에 견주어 살펴볼 필요가 있다. 무속연구가 기존의 민속학적 연구에 머물지 않고 무속의 보편성을 찾아 사상사적으로 자리매김 되기 위해서는 타종교와의 비교를 통해 사상적 보편성을 무속 속에서 추출하는 시도가 요구된다.

본 연구는 2장에서 유교와 무속에 대한 이분법적 시각을 재고한다. 3장에서는 기제사와 굿의 기본적인 절차와 의미를 제시하여 의례에 내포된 구조와 의미를 되새겨 봄으로써 두 의례의 틀이 지향하는 기본적인 성격을 제시해본다. 의례란 무엇인가. 문자 그대로를 해석하면 '예의를 표하는 행위'이다. 종교의례라고 하면 신을 향한 구체적인 행위양식을 상정할 수 있다. 기제사와 굿은 두 종교의 세계관을 내포하고 신에 대한 경의를 표하며 흠향할 수 있는 폐백과 같은 물질적인 선물이나 즐길 수 있는 예능(음악과 춤, 연극, 놀이)이 수반된다. 물론 전자는 후자에 비해 오늘날 예능적인 측면이 거의 없으며 만찬 위주로 하고 있으나 예악禮樂을 중시하는 유교를 고려할 때 전자에게 예능적 성향을 완전히 배제할 수는 없다. 고대에서부터 내려오는 신분제에 의해 서인들의 제례에서는 그것이 절제되었던 유습이 원인으로 작용했기 때문이다. 경우에 따라 지극히 당연한 내용일 수도 있는 것을 3장에서 되새겨보는 이유는 예의 측면에서 양자의 친연성을 실증적으로 드러내기 위해서이다. 성찰해보면 당연한 것임에도 불구하고 그동안 친연성 보다는 양자의 차이점에 주목하는 경향이 일반적이다. 필자는 유교는 예, 무속은 무례無禮와 같은 시각이나 유교와 무속의 차별성을 당연시하는 경향에 대해 이의제기가 필요했다. 유교제례에서 향과 술로 혼백을 부르는 초혼의례는 주술적이며 그 근원은 무속에서부터 찾을 수 있다. 유교가 지향하는 예악사상마저 신을 공경하는 무속의례에서부터 상관성을 찾을 수 있으며 무속은 지극히 예를 바탕에 두고 있음을 간과해서는 안 된다.

2. 한국사회에서 유교와 무속에 대한 이분법적 시각을 재고하며

유교와 무속의 기능에 주목하여 한국사회를 설명하려는 경향은 사회인류학자들에 의해 있었다. 이들은 유교를 남성 중심의 문화, 무속을 여성 중심의 문화로 보고 한국사회를 이러한 요소에 의한 이중적 조직으로 설명하였다. 이러한 시각은 일본인 학자 아키바 다카시秋葉 隆에 의해서부터 출발점을 찾을 수 있다. 아키바 다카시는 한국의 가제家祭를 여성적 부분에 해당하는 무속의 가제와 남성가족의 사고행위의 규범인 유교 가례와의 대립으로 보았다. 그는 이렇게 유무儒巫의 대립에 의한 이중조직(dual organization)으로 가제를 보았으며 한국무속은 여성이 신앙하는 모성적 종교이며 가족제도를 근본으로 하는 농촌사회의 종교문화로서 이해하였다.[9] 아키바 다카시는 무속을 여성성, 가족주의, 한국사회의 농촌성과 결부시키고 있는데 당시 일인日人학자들이 주장했던 한국의 정체성, 사대주의, 분열성 등 이런 바 식민사관이 전제되어 있었다는 점에서 학문적인 객관성에 의구심을 가질 수 있다.

미국인 학자 켄달은 유교는 남성의례, 무속은 여성의례라는 입장에서 접근하였다. 그는 여성과 남성의 상보성을 강조하고 무속의례가 남성의례인 유교와 보완관계라고 보았다.[10] 여성의 시각에서 굿을 둘러싼 인간관계

9_ 다카시, 아키바, 최길성 역, 『朝鮮巫俗의 現地硏究』, 계명대학교출판부, 1987, 118~119쪽.
10_ Kendall, Laurel, *Shamans, Housewives, and Other Restless Spirits*, University of Hawaii Press, 1985.

에 주목한 켄달의 연구는 주로 의례에 능숙한 문화재급 무당을 중심으로 한 기존 무속연구와 달리, 영수엄마와 같이 평범한 무당의 일상과 의례생활, 단골과의 관계 등을 관찰하여 현대사회에서 무속을 연구하는 새로운 방향을 제시했다는 점에서 의의가 있다. 다만 현대사회에서 인간관계를 중심으로 관찰하여 무속을 여성, 유교를 남성으로 구분하여 설명하는 것을 그대로 수긍하기에는 의문이 든다. 즉, 유교와 무속에 대한 본질적 의미에 대한 문제를 생략하고 남성/여성의 관계만으로 다룰 수 있는 것인지. 또한 여성의 시각뿐만 아니라 종교민속에 대한 폭넓은 시각과 접근을 한층 수용했으면 하는 아쉬움이 든다.

최길성은 무속은 집을 중심으로 하는 지연이 중요한 신앙이고 무속의 많은 신도 집과 관련을 가진다고 보았다. 이런 신들은 거의 평등한 입장에서 집의 수호신적 역할을 한다고 보았다. 또한 그는 조상에게 제사를 지내는 것은 사회적 윤리 도덕에 의한 의무이지 제사를 지냄으로써 영혼을 구제하고 신앙적인 구원을 얻기는 어려웠다고 본다. 그는 유교이념이 강화됨에 따라 제사도 점점 중요한 비중을 차지하고 한국사회의 혈연성이 강화되었다고 본다.[11] 또한 그는 안과 밖의 원리로서 유교의 원리가 남성중심의 의례를 만들었고 남성을 밖으로 나오게 했으며 여성을 보다 안으로 칩거시키도록 촉진하여 여성을 가족신앙의 지지자의 입장을 그대로 지킬 수 있도록 하였으며 여성은 무속신앙을 지주로 삼고 유교와 대치하였다고 보았다.[12] 그는 한국사회에서 유교는 혈연원리적 도덕, 무속은 지연원리적 신앙이라는 이중적 기능으로 설명하고 있다. 이러한 해석은 유교와 무속에 대한 사회적인 경향을 설명하려는 데서 온 것으로 보인다. 사실 무속은 혈

11_ 최길성, 「무속에 있어서 집과 여성」, 『한국무속의 종합적 고찰』, 고려대 민족문화연구소, 1982, 121~122쪽.
12_ 위의 글, 123쪽.

연을 매우 중시 여긴다. 혈연을 중시하는 무속에서 유교의 혈연의식이 발전했다고 볼 수 있다. 최길성은 사회적 윤리 도덕으로만 유교를 본 것이 아닌가 하는 생각이 든다. 유교의 종교성도 간과할 수 없다. 또한 무속은 집을 중심으로 하는 지연이 중요한 신앙이고 무속의 많은 신도 집과 관련된다고 보았으나 이점도 다시 생각해 볼 수 있다. 재가집에서 굿을 할 때 집안의 신이 많이 등장하는 것은 사실이다. 그러나 그것은 무속의 신 중 일부이며 굿은 천지의 신들이 모두 모셔지는 구조와 의미를 가지고 있기 때문이다. 무속이 집을 중심으로 하는 지연이 중요하다는 주장을 일반화시킬 수 있을 지 의문이다. 무속은 지연과 혈연은 물론 다양한 인연에 의해 맺어진 연緣을 중시한다.

임돈희는 무속은 여성문화, 유교는 남성문화라는 아키바의 이분법적 견해를 수용하면서도 "그러한 차이가 왜 일어나게 되었나"[13]를 기제사와 조상거리의 비교를 통해 규명해 보고자 하였다. 그가 비교한 것을 도표로 정리하면 아래와 같다.

〈표 1〉 기제사와 조상거리 비교

	기제사	조상거리
조상관	조상은 자손에게 은혜와 덕을 베푼 분으로 초대받고 환영받는 존재	조상은 자손에게 불평을 하고 재앙을 내리며 떼를 써서 굿을 강요하는 모습
조상의 정체성	대상은 4대조 내의 남계 직계조상에 한함.	남계 지계조상뿐만 아니라 넓은 범위의 친족이 포함.
의례참가자	남자	여자
의례양상	정해진 순서. 엄숙함	예측하기 힘든 자유분방하고 감정폭발적인 분위기. 소란스러운 분위기

임돈희는 이러한 상이점이 나타나는 원인은 남자와 여자가 갖는 가족관

13_ 임돈희, 「조상의 두 얼굴, 조상덕과 조상 탓」, 『양주 경사굿 소놀이굿』, 열화당, 1989, 101쪽.

계의 경험이 다르기에 생긴 것이라고 보았다. 즉, 기제사는 남계 자손이 혈연으로 맺은 직계 조상들을 위한 의례이고 조상거리는 여자들이 인척으로 맺어진 남편의 친족 조상들을 위한 의례로 보았다. 이렇듯 부계가족제도에서의 남자와 여자의 상이한 가족관계의 체험은 조상으로부터 재산과 신분을 물려받을 수 있는 남자들이 자연 '조상덕'을 기리는 유교의 조상의례를 행하도록 만드는 요소가 되었고 반면 시집와서 특별한 혜택도 없이 남편의 친척들에 대한 의무만을 강요당하는 여자들의 입장에서는 남편의 친척들은 '짐'만 되는 대상이다. 그래서 시가의 조상들이 재앙을 내림으로써 떼를 써서 얻어먹는 무속의례의 근간이 된다고 보았다. 또한 유교의례는 가족 간의 상호의존, 협력, 화목을 강조하는 이념을 반영하는 반면 조상거리는 여자의 관심 가족원은 '자궁가족원(남편과 자식)'뿐이며 그 외 남편의 부모 형제는 자궁가족원과 독립적 경쟁적 갈등관계로 보는 이념을 반영한다고 보았다. 의례양상에서도 제사에는 부자지간의 관계가, 조상거리에는 시어머니와 며느리간의 관계가 반영되었다고 보고 그래서 기제사는 엄숙하고 절제된 양상이며 조상거리는 양자의 관계에 따라 다정할 수도 있고 험악할 수도 있다고 보았다.

인간관계를 중시하는 사회인류학적 관심에서 기제사와 굿의 조상거리를 검토한 임돈희의 연구는 남자와 여자가 갖는 가족관계의 입장을 의례생활에 투영하여 보았다는 점에서 의미가 있다. 특히 여성의 시선에서 여성이 처한 가족 내의 위치와 입장을 섬세하게 반영하여 부각시킨 것은 이 글의 장점이다. 하지만 이러한 점은 동시에 한계로 비춰질 수도 있다. 가정에서의 유교의례와 무속의례를 여성과 남성이라는 시선에서만 판단할 수 있을지. 남녀 간의 각기 다른 관심이 가정의 의례생활에서 유교의례는 '조상덕', 무속의 조상거리는 '조상탓'이라는 것으로 결론내릴 수 있는 것인지 논쟁이 될 수 있다.

전술한 사회인류학적 연구를 통해 도출된 이분법적 시각은 또 다른 논의가 파생되는 데 영향을 미쳤다. 금장태는 유교와 무속의 제의는 그 과정이나 구조에서 상당한 일치점이 보인다고 보았으며 연원적 상관성을 인정하였으나 유교에 비해 무속의 제의는 종교적인 성격이 강한 반면 윤리성 혹은 사회성은 결핍되어 있다고 보았다.[14] 이러한 관점은 유교와 무속을 이분법적으로 보았던 사회인류학적 연구자들의 시각과 무관하지 않다.[15] 무속의 본질은 윤리적이다. 신들은 선善을 강조하며 권선징악勸善懲惡, 사필귀정事必歸正과 같은 논리는 무속을 바탕으로 하는 민담에서도 자주 등장한다. 신은 무당에게 선한 행동을 하라고 하며 무당은 단골들에게 선을 당부한다. 금장태는 유교적 유토피아는 '대동大同'의 사회라고 하며 이 대동 사회의 이념은 개인과 가정으로부터 뻗어 나온다고 보았다.[16] 이점은 수신제가치국평천하修身齊家治國平天下에서 보듯이 가정윤리, 사회윤리에 앞서 개인의 수신을 강조하며 그것에서부터 사회윤리, 대동 사회로 확장된다. 그렇다면 무속은 기복만을 강조할 뿐 사회성이나 무속적 유토피아가 없는가. 무속의 핵심사상은 '조화'이다. 이것은 궁극적으로 천지인의 조화를 추구한다. 만물에 대해서 포용적이고 평화주의적 입장을 추구하는 무속적 유토피아는 온 세상이 평화를 유지하며 조화롭게 공존하는 삶이다. 이러한 정신은 대동의 안녕을 기원하는 대동굿에서도 드러난다.

마을굿은 기본적으로 공동체의 협동심과 단결이 전제될 때 이루어질 수 있으며 이 굿은 동민의 안녕과 평화를 지향한다. 사회적 규율과 질서 없이 마을굿이 이루어질 수는 없으며 고대의 제천의식 역시 공동체의 질서를 바

14_ 금장태, 『유교의 사상과 의례』, 예문서원, 2000, 180쪽.
15_ 금장태는 위의 책, 180쪽에서 임돈희의 앞의 글을 인용하며 유교에서는 조상의 덕과 관련된 조상의례를, 무속에서는 조상 탓과 관련된 사령 의례를 실천해왔다고 서술하고 있다.
16_ 위의 책.

탕으로 이루어졌다. 굿은 사회적 규율과 질서 속에서 존재할 수 있는 것이며 원시공동체 사회는 물론 향촌의 자치가 중시되었던 조선후기에도 예외는 아니었다. 원래 굿은 원시공동체를 이끌어가던 영적 지도자에 의해 집단의례로서 이루어진 것이기 때문에 사회성이 결핍되었다고 볼 수 없다. 대동을 위한 의례로서 굿의 본래 모습을 탈색하고 가제家祭만을 가지고 논하는 것은 굿을 균형 있게 보았다고 말할 수 없다.[17]

이상에서 유교와 무속을 이분법적 시각에서 검토한 사례를 살펴보았다.[18] 이들의 연구는 유교와 무속의 사회적 기능을 찾고자 하는 연구인데 연구지평을 넓혀서 상호 연관성 혹은 친연성을 찾는 연구도 요청된다. 접근방법에 있어서도 사회인류학적 시각 외에 종교민속학적 접근이나 종교윤리에 대한 비교(Comparative Religious Ethics) 연구 등이 요구된다. 유교-남성/무속-여성, 유교-혈연/무속-지연, 유교-사회 윤리적/무속-윤리성과 사회성 부재와 같은 사회적인 통념은 양자에 대한 본질적인 탐구를 통해 재고해 볼 필요가 있다. 또한 사회인류학적 연구는 당대의 사회현상에 주목한 나머지 종교의 심층에 있는 본질을 가볍게 볼 여지가 있어 성찰해 볼 필요

17_ 이능화는 "옛날에는 무당이 하늘에 제사지내고 신을 섬김으로써 사람들의 존경을 받았다. 그러므로 신라에서는 왕의 칭호가 되었고(차차웅 혹은 자충은 방언으로 무당) 고구려에는 사무(師巫)라는 칭호가 있었다 …(중략)… 외래의 종교가 우리 고유의 풍속에 섞이게 되면서 세간에서 높이 받드는 바 되어 다투어 종문을 세움으로써 우리의 고유한 풍속은 사회의 배척을 받아 동렬(同列)에 나란히 서지 못하게 되었다(이능화 저, 이재곤 역, 『朝鮮巫俗考』, 동문선, 1995, 10~11쪽)"고 한다. 후대로 내려오면서 무속이 주류사회에서 밀려났지만 민간에서는 여전히 사회적인 기능을 담당하였다. 국가적인 제천의례에서는 밀려났지만 촌락에서는 널리 마을굿이 행해졌다.

18_ 유교와 무속에 대한 차별적 시각이 강한 가운데에서도 동제에 있어서는 양자가 상관성을 가지고 있다는 연구가 있었다. 동제를 유교와 무속이라는 두 유형에서 보는 점은 아키바 다카시(秋葉 隆, 「村祭の二重組織」, 『朝鮮民俗』 第二號, 朝鮮民俗學會, 1933)를 비롯해 장주근, 유동식, 이두현 등에 의해서 거론된 바 있으나 이들은 부락제의 원형을 무속에 두고 있다. 최길성은 "유교식 동제가 곧 유교의 것이라고는 할 수 없다 …(중략)… 유교식 부락제라고 하여도 그 신앙적인 본질은 보다 원초적인 성격을 많이 지니고 있기 때문이다"고 하였다(최길성, 앞의 글, 96쪽). 오늘날 동제를 관찰해 보면 유교식 혹은 무속식이라고 엄격히 구분하기는 힘들다. 양자가 친연성을 많이 가지고 있으며 내용을 보면 무속적인 양상을 어렵지 않게 발견할 수 있다.

가 있다.[19] 따라서 아래에서는 의례에 내재되어 있는 상징을 찾고 그것을 통해 의미체계를 분석하여 그 본질 속에 함축되어 있는 사상을 예의 측면에서 살펴보고자 한다.

3. 예禮의 측면에서 본 기제사와 굿의 친연성

1) 기제사와 굿의 절차와 의미

유교 제례는 국가적 차원은 물론 일반가정에서 행하는 기제, 시제, 차례 등 다양한 유형이 있다. 무속의례는 공동체 의례인 고을굿, [20] 마을굿과 일반 가정에서 행한 재수굿, 천도굿, 병굿, 무당 개인의 굿인 내림굿, 신사맞이 등이 있다. 유교 제례에서는 천지의 신, 조상 등 대상이 다양하지만 일반가정에서 지내는 대상은 조상이 된다. 굿에서는 천지의 신, 조상 등 모든 신격이 포함되지만 굿을 하는 목적에서 보면 주로 재가집의 조상을 해원시키고 위무慰撫하는 것에 있다. 기제사의 절차가 참신, 강신, 진찬, 전폐, 헌작, 독축, 흠향, 강복, 송신, 음복으로 이루어진다면, 굿은 신을 청하여 모시고 대접하는 과정이 각 거리별로 이어진다. 이러한 양자의 의례구조 속에 내포되어 있는 의미와 기능, 의례의 목적 등을 통해 예에 대한 관념을 검토할

19_ "종교에 대한 인류학적 연구는 두 단계의 작업이다. 첫째, 종교의 핵심을 구성하는 상징에 구현되어 있는 의미체계의 분석이며, 둘째, 이러한 체계를 사회-구조적, 심리적 과정에 연결시키는 것이다. 내가 종교에 대한 현대의 사회인류학적 작업에 대해서 그렇게 불만스러워하는 것은 그것이 두 번째 단계에 관심을 가지고 있어서가 아니라, 그것이 첫 번째 단계를 무시하고, 그렇게 함으로써 가장 규명될 필요가 있는 것을 이미 주어져 있는 것으로 받아들인다는 점에서이다." 기어츠, 클리퍼드, 문옥표 역, 『문화의 해석』, 까치, 1998, 156쪽.
20_ 지역공동체 단위의 굿으로 강릉 단오굿과 같이 오늘날 시·군에서 행해지고 있음.

수 있다.

(1) 굿의 절차와 의미

굿은 지역에 따라 다양하지만 여기에서는 수년 전에 어느 굿당에서 행해진 황해도굿을 사례로 들었다.[21] 본 연구에서 이 지역의 굿을 선택한 이유는 강신무의 굿중에서 절차나 내용이 아직까지는 손상이 덜하고 굿의 전형을 이해하는 데 무리가 없다고 보기 때문이다. 독자들은 이 점에 대해 우려할 수 있다. 유교의 기제사의 일반적 절차와 어느 지방의 어느 무당이 행하는 굿을 통한 비교로 양자의 친연성을 제시할 수 있을까 하는 의구심이다. 유교의 기제사는 의례서를 통해 일반화 되어 있고 무속의 굿은 주로 신어머니로부터 체득한다. 굿은 지역성과 무당의 개인차가 있다. 이러한 현실로 인해 비교의 적정성에 문제를 제기할 수 있다. 하지만 본 연구는 예의 측면에서 양자의 친연성을 찾는 것으로 어느 지방의 굿을 하든, 어느 무당의 굿을 사례로 하든 비교의 적정성에 문제는 없다. 왜냐하면 어느 지역의 굿이라도 기본적으로 신을 청하여 모시고 대접하는 행위를 포함하고 있으며 그것은 경신敬神과 예禮를 바탕으로 하는 기본규칙에서 벗어나지 않기 때문이다. 무당에 따른 차이 역시 본 논의를 전개하는 데 문제가 되지 않는다. 필자가 다룬 지역의 굿을 다양한 무당의 사례를 통해 관찰해 본 결과 무당에 따라 굿거리의 세부적인 절차가 바뀌거나 가감되는 등의 변동이 있으나 그것을 통해 도출되는 문법이나 상징체계는 동일하기 때문이다. 즉, 굿→개별거리→등장신격으로 세분화되며 신에게 의례를 통한 예禮를 다하여 인간의 소원을 기원하는 의미체계는 어디에서든 동질하게 나타나는 보편적 특질이다. 따라서 본 연구를 위해 서울굿을 소재로 하든, 다른 무당

21_ 김덕묵, 「황해도굿의 무속지적 연구」, 한국학대학원 박사학위논문, 2009, 53~81쪽에 상세히 서술했음.

의 사례를 다루든 그것은 큰 문제가 아니다. 어느 굿에서나 통용될 수 있는 '일반성'을 소재로 하기 때문이다. 가령 서울새남굿의 안당사경맞이를 사례로 한다고 해보자. 이 굿은 주당물림, 부정거리, 가망청배, 진적, 불사거리, 호구거리, 도당거리, 초가망거리, 본향거리, 조상거리, 상산거리, 별상거리, 신장거리, 대감거리, 성주거리, 창부거리, 뒷전 순으로 구성된다. 이 굿의 의미체계를 도출해 보면 본고에서 사례로 들고 있는 아래의 굿과 보편적 규칙을 공유한다. 즉, 안당사경맞이를 소재로 해도 결론은 동일하다.

〈표 2〉 굿거리의 내용과 의미

굿의 절차	내용	의미
신청울림과 주당물림	징소리로 하늘의 신에게, 장고소리로 땅의 신에게 굿을 한다고 알리고 굿판에 '주당살'이 없도록 예방한다.	신을 청하고 주당살을 물림
산천거리	산의 비호 아래 사는 인간이기에 근방이든 원방이든 모든 산천에 계신 신들을 대접한다.	산신 및 산과 관련된 신들을 모심
초부정·초감흥거리	이 거리는 신이 들어오도록 부정을 닦고 모든 신을 모시는 거리이다. 모든 신을 모시는 거리라고 해도 특히 굿을 하게 된 원인이 되는 조상과 여타 조상들의 등장이 두드러진다.	굿청을 정화하고 신들을 모심
칠성거리	이 거리는 상위(上位)에 있는 칠성님과 제석님 등 천신과 용궁, 불교 관련 신들이 모셔진다. 천신계열의 신에는 도교와 관련된 신도 있다.	천신과 외래종교인 불교, 도교 관련 신들을 모심
군웅거리	군웅거리는 산천에서 피를 흘리며 죽은 군웅을 위로하고 대접하는 거리이다.	군웅과 재가집의 한 많은 조상을 모셔 한을 풀어줌
성주거리	가택신의 으뜸이신 성주님을 모신다.	성주신과 그 집안의 업신을 모심
대감거리	대감은 재물신을 대표하지만 재물대감 외에도 벼슬대감, 텃대감 등 무수한 종류의 대감들이 있다. 이 거리는 대감신을 모시고 노는 거리이다.	대감신을 모심
영정거리	초감흥거리 때 따라 들어온 잡신을 물리는 거리이다.	굿판의 정화를 위해 잡신을 물림
타살감흥거리	돼지를 부위별로 나누어 일부는 익히고 일부는 날고기로 하여 고기를 드시는 모든 신에게 대접한다.	고기를 드시는 신들을 대접함
말명거리	말명은 앞서 살다간 무당의 선배들이다. 그러나 무당만 포함되는 것은 아니다 신가물이 있었으나 제대로 불리지 못하고 죽은 사람 등이 모두 포함되며 여기에서는 이들을 모시고 논다.	말명을 모심
서낭거리	서낭님을 모시는 거리이다.	문신인 서낭신을 놀림
성수거리	경관만신(主巫)의 자기거리이다. 자신의 신명을 모신다.	주무(主巫) 자신의 신명을 모심

대신거리	대신은 작고한 무당들로 여기에서는 이들을 모신다.	대신을 모심
조상거리	굿을 하는 재가집의 조상을 모신다.	조상을 모심
마당거리	앞거리에서 대접 받지 못한 잡신을 대접한다.	잡신을 대접

굿의 구조는 다양한 신의 노는 과정이 반복되어 굿거리의 시공간을 시계열적으로 배열하고 있으며 그것을 여러 개의 군群(거리)으로 묶음에 따라 하나의 굿이 형성된다.[22] 이러한 틀 속에서 신은 자신에게 주어진 시공간을 이용하여 한 바탕 놀고 난다. 이러한 굿은 발생론적으로 볼 때 신을 위한 연회를 재현하는 것에서 비롯되었다고 볼 수 있으며 관념적으로 경신敬神에 기초한 예의 실천을 지향한다.

(2) 제례의 절차와 의미

여기에서는 현대 도시사회에서 행해지는 제례를 살펴본다. 본 제례는 근래에 어느 가정에서 행해진 제례를 중심으로 하였다. 절차와 내용을 보면 일반적인 의례서의 내용과 크게 다르지 않다.

〈표 3〉 제례의 내용과 의미

제례의 절차	내용	의미
분향 · 강신	제주는 꿇어앉아 모사에 향을 꽂아 불을 붙임. 이어서 집사자가 잔이 가득차지 않게 하여 채운 술잔을 받아 들고 왼손은 잔대를 잡고 오른손은 잔을 들어 모사에 세 번 나누어 따름	향을 피워 하늘의 신들에게, 모사에 술을 부어 땅의 신들에게 즉, 천지에 제를 지냄을 알리고 조상님이 오시기를 청함
참신	참석자들은 모두 재배함	왕림하신 조상님께 인사를 드림
초헌	제주가 잔을 받아서 모사 위에서 세 번 돌린 후 집사자에게 주면 집사자는 신위 앞에 잔을 올림	초헌관이 잔을 올림
독축	축관이 축을 읽음. 참석자들은 꿇어앉아 있으며 독축 후 제주는 재배함.	조상님께 추모하는 마음을 다하여 제를 올리니 흠향하시라고 고함

22_ 위의 글, 81쪽.

아헌	초헌 때에 올린 잔을 퇴주그릇에 쏟고 집사자가 잔을 채운 후 아헌자에게 줌. 아헌자가 그것을 받아 모사 위에 세 번 돌린 후 집사자에게 주면 집사자는 신위 앞에 놓음	아헌관이 잔을 올림
종헌	종헌자가 아헌 때처럼 잔을 받아 집사자에게 줌	종헌관이 잔을 올림
첨작	제주는 종헌자가 올린 술잔 위에 주전자를 세 번 기울여 첨작함	
계반·삽시·정저	메의 뚜껑을 열고 숟가락을 꽂고 젓가락을 구이 위에 올림	음식을 흠향하시도록 청함
합문	병풍을 좁혀 제상을 일부 가린 후 문밖으로 나와 엎드려서 기다림.	음식을 드시는 동안 기다림
계문	밥을 아홉 숟가락 먹을 정도의 시간이 경과한 후 제주가 헛기침을 하면 모두 일어나 문을 열고 병풍을 넓힘	식사를 마치면 문을 열고 들어감
점다(點茶)·철시(撤匙)·복반(復飯)	탕을 내리고 그 자리에 숭늉을 올림. 메를 세 번 떠서 숭늉에 말아 놓음. 숟가락을 숭늉그릇에 담아놓고 젓가락을 들어 상위에 세 번 쳐서 고른 후 제자리에 놓음. 참석자들은 양손을 모으고 고개를 숙인 후 잠시 차를 마실 시간 정도 기다린 후 메의 뚜껑을 덮고 숟가락을 내려놓음	차(숭늉)를 올리고 숟가락을 내리고 메그릇의 뚜껑을 닫고 차를 마시는 동안 잠시 기다림
사신	참석자들은 재배를 함. 제주는 지방과 축문을 들고 대문 밖 조용한 곳으로 가서 태움	작별인사를 드리고 지방과 축문을 밖으로 나가서 소(燒)함.
철상	제상의 음식을 내림	상을 치움
음복	음복을 함	조상님께 바친 음식을 모두 나누어 먹음

기제사는 조상에게 만찬을 제공하는 행위를 시계열적으로 배열시킨 구조이다. 즉, 조상에게 만찬을 제공하기 위해 필요한 20여 가지의 소소한 행위를 체계화시켜 놓았다. 기제사는 굿의 한 거리를 떼어내어 놀이부분을 생략하고 영매 대신 제관이 축문을 읽으며 감사의 마음을 전하는 엄숙하고 절제된 만찬 의식이라고 볼 수 있다.[23] 기제사의 의미체계는 조상을 청하여 대접하고 보내는 것으로 요약되며 발생론적으로 볼 때 경신敬神에 기초하여 신에게 만찬을 제공하는 예의 실천에 있다.

23_ 기제사와 달리 종묘제례(宗廟祭禮)나 석전제(釋奠祭)에서는 춤과 음악이 곁들어지는 것을 고려할 때 모든 제례에서 춤과 음악이 배제되는 것은 아니다.

2) 예禮의 측면에서 본 기제사와 굿의 친연성親緣性

(1) 기제사와 굿의 구조와 양상으로 본 예禮

전거한 바와 같이 굿의 절차는 신청울림에서 시작하여 마당거리로 마무리 된다. 각 세부거리는 신을 청하고 굿판을 정화하며 신을 대접하고 놀리는 과정으로 요약할 수 있다. 무속적 세계관에서는 가족들이 조상에게 이러한 기회를 제공하는 것이 예로 인식된다. 굿은 신에게 놀이판과 만찬이 있는 연회를 제공하는 형식이며 이것을 통해 신을 해원시키고 천지인의 조화를 추구하는 것이 굿의 중심테마이다. 제례의 절차와 내용을 보면 분향과 강신에서 시작하여 사신을 통해 조상을 보내드리고 철상과 음복하는 것으로 마무리 된다. 각 세부절차는 분향과 강신을 통해 신이 강림하시길 청하며 모두 인사를 드린 후 헌관이 잔을 올리고 축관이 만찬을 흠향하시라는 축문으로 조상께 고하고 음식과 차를 대접하고 하직인사를 드리고 보내드리는 것으로 요약할 수 있다. 유교적 세계관에서는 가족들이 조상에게 이러한 만찬의 기회를 제공하는 것이 예로 간주된다. 제사는 조상에게 만찬을 제공하는 형식이며 이것을 통해 조상을 추모하고 은혜에 감사하는 것이 기제사의 중심테마이다.

굿과 제례는 연회와 만찬을 신과 조상에게 제공함으로써 예를 실천하는 사상체계 속에 있다. 물론 이러한 양상의 문화적 저변에는 제祭(굿)를 올리는 것이 살아있는 사람의 당연한 도리이고 제를 지내지 않으면 도리에 어긋나거나 벌을 받을 수도 있다는 심리적인 문제를 담고 있는 제사문화가 놓여 있다. 이러한 제사문화는 어디에서 오는 것일까. 인간사회의 일상적 모습을 신의 세계에도 투영하는 무속적 사유와 관련이 있다. 살아계신 분에게 정성을 다해 밥을 짓고 갖가지 음식을 봉양하듯이 돌아가신 분에게도 같은 이치로 대접을 하고 연회를 베푸는 것은 이승과 저승, 산 자와 죽은 자, 인간세계와 신의 세계, 인간과 자연 등을 동일선상으로 보는 무속적 세계관의 표현방식이다.

(2) 제물의 측면에서 본 예禮

굿상에는 각 신격의 취향에 맞게 생고기, 익힌 고기, 껍질을 벗기지 않은 과일, 생선, 떡, 전, 과자, 사탕, 메, 생쌀, 술, 옥수 등 다양한 음식류를 사용한다. 조상상에 올리는 음식은 기제사에 올리는 음식과 형식상 동일하다. 음식 외에도 꽃(床花로서 紙花), 신복, 조상옷, 신구神具나 기호품인 담배 등 재가집의 정성을 표하는 다양한 물품이 신에게 봉헌奉獻될 수 있다. 제물을 준비하기 위해 참석자들은 부조를 하며 굿청에서 공식共食을 하고 굿을 마친 후 제물을 나누어 갖는다. 굿에서는 음식류, 옷, 신구, 기호품, 꽃 등 다양한 물질을 통해 섬김의 도리와 정성을 표시한다.

기제사의 상에는 익힌 고기, 위와 밑의 껍질을 빚어낸 과일, 생선, 떡, 과자, 사탕, 메, 술 등의 음식류를 올린다. 기제사에는 음식 외에 다른 제물은 올리지 않는다. 제물을 준비하기 위해 참석자들은 부조를 하며 제를 마친 후 공식을 하고 제물을 나누어 갖는다. 기제사에서도 음식을 통해 섬김의 도리와 정성을 표시한다. 굿과 제례는 예를 표하는 예물로서 제물을 활용하는 사상체계 속에 있다.

(3) 초대되는 신격을 통해 본 예禮

굿에서는 천지의 모든 신이 초대된다. 물론 굿을 하게 되는 동기에 있어 특정 조상을 해원하기 위한 측면에서 굿을 하게 되는 경우가 일반적이지만 형식에 있어서는 모든 신을 청하는 천지인의 대동잔치를 지향한다. 여기에서 개방적이며 평등적인 무속의 신관을 볼 수 있다. 기제사에서는 기일을 맞이한 조상을 대상으로 한다. 물론 부부를 함께 모시는 것을 원칙으로 하고 있어 부부가 모두 작고했을 때는 남편의 기일이나 부인의 기일이 되면 두 분의 신위神位를 함께 모신다. 그 밖의 조상이나 신들은 초대받지 못한다. 굿이 모든 신을 모시는 대동잔치를 지향한다면 기제사는 해당되는 조상만을 모시는 가례家禮의 성격을 띤다. 굿과 기제사에서 모시는 신에는 차이가 있음을 알 수 있으나 유교적 신분제 속에서 가례의 성격상 자신의 조상만을 모시게 되는 기제사도 발생론적 측면에서 볼 때 영적 존재를 믿는 무속적 다신관에서 분화, 발전된 것임을 알 수 있다. 즉, 경신敬神을 토대로 하는 무속적 예사상과 기제사에서 드러나는 예사상은 친연성을 가지고 있다.

물론 양자를 비교해 볼 때 차이점도 있다. 첫째, 굿이 신에게 만찬과 놀이가 있는 연회를 제공하며 음식뿐만 아니라 신복, 신구, 기호품 등 다양한 제물을 제공하는 것이라면 기제사는 만찬을 제공하는 것에 그친다. 둘째, 굿이 영매인 무당을 통해 신과 소통을 지향한다면 기제사는 축문을 통해 일방적으로 축원 할 뿐 신과의 소통과정은 없다.[24] 셋째, 굿이 떠들썩한 분위기에 춤과 음악, 놀이 등 종합예술이 결합된 형태라면 기제사는 만찬의 장이지만 엄숙함이 강조된다. 넷째, 굿에는 천지의 신이 모두 청해지지만 기제사에는 해당 조상만 청해진다. 이러한 차이점에서 이질감 보다는 양자의 친연성을 확연하게 느낄 수 있다. 기제사의 양식은 굿에서 조상을 중심으로 하여 특정부분만을 꺼내어 구성한 것으로 보이기 때문이다. 즉, 발생론적으로 제례의 양식은 굿과 무관하지 않음을 짐작할 수 있다. 굿과 제례를 올리는 것은 자손으로서 신이나 조상에게 바치는 실천윤리에 해당한다. 유교에서 제례는 효를 실천하는 기본적인 덕목에 속한다. 굿 역시 신과 조상에게 바쳐야 하는 당연한 도리로 인식된다. 결국 유교나 무속의례가 지향하는 예

24_ 고대 중국에서는 시동을 이용하다가 후에 신주로 대신한 것을 볼 때 제례도 강신에 대한 구체적인 행위가 점차 간소한 상징으로 변했음을 알 수 있다.

사상의 핵심은 자손된 도리를 실천해야 한다는 관념이다. 조상에게 보본반시報本反始하며 신종추원愼終追遠하며 추원감시追遠感時한다는 관념은 제례를 둘러싼 유교적 예사상을 보여준다. 하지만 이것은 유교 제례에만 해당되는 것은 아니다. 경신敬神을 중시하는 무속이야 말로 이러한 사상을 바탕에 두고 있기 때문이다.[25]

흔히들 유교하면 혈연과 그것에 기초한 조상숭배를 중시하는 것으로 생각할 수 있다. 그러나 그것은 지극히 무속적인 것에 바탕을 둔다. '영혼숭배'와 '관계'를 중시하는 관념은 무속의 핵심적인 요소이기 때문이다. 무속은 연緣을 중시하며 특히 혈연은 매우 중시된다. 조상거리만 보더라도 친가는 물론 인척 관계에 있는 조상들이 들어온다. 이점은 혈연으로 이어진 끈을 중시하기 때문이다. 그러나 가끔씩 조상 이외의 사람들이 등장하는 경우를 볼 수 있다. 친구나 생전에 인연이 깊었던 사람이 보이기도 한다. 연을 중시하는 무속적 성격을 알 수 있는 단면이라고 볼 수 있다. 무속의 연은 김인회가 말했던 '관계내적 존재로서의 인간관'[26]으로 설명할 수 있다. 무속은 조상숭배사상이 강한데 이것은 혈연의식과 관련된다. 나의 몸에는 조상의 피가 흐르고 조상에 의해 나의 길흉화복도 영향을 받을 수 있다는 생각은 조상숭배사상으로 이어진다. 그러나 이것은 가족공동체 속에서만 의미를 갖는 것이 아니라 가족주의를 넘어 모든 인간에 대한 '관계'로 이어진다. 인간의 족보를 거슬러 올라가면 가족, 친족, 민족을 넘어 인류가 결국 같은 핏줄로 이어졌다고 볼 수 있기 때문이다. 이러한 사상은 유교의 세계

---

[25] 물론 모든 종교는 믿는 사람들이 신에 대해 경외하는 마음에서 비롯된 禮사상을 가지고 있다. 따라서 禮사상은 유교와 무속뿐만 아니라 일반적으로 드러나는 성질이다. 그런데 굳이 본고에서 禮를 강조하는 것은 유교는 禮가 있고 무속은 禮가 없고 보편적 성격이 없다는 통념이나 이분법적 도식을 재고해 보기 위해서이다.

[26] 김인회, 앞의 책, 186~290쪽.

관에서도 일정부분 드러난다. "유교적 세계관은 고립된 개체의 집합이 아니라 첩첩이 연결된 견고한 결합 구조로 이루어져 있다. '나와 남'이나 '나와 사물'은 서로 의존하고 서로 침투하여 있는 것으로서, 마치 하나의 생명체와 같은 유기적 연결체로 이해된다. 곧 '작은 나小我'를 넘어서 다른 존재를 포용하고 결합함으로써 '큰 나大我'를 지향하는 것이다. 이러한 지향은 '온 세상이 한형제四海同胞', '온 세계가 한집안天下一家', '나와 천지만물이 한몸物我一體'이라는 의식들로 이어지고, 다시 '하늘과 사람이 하나가 된다天人合一'는 의식으로 나아가 유교적 세계관의 큰 줄기를 형성한다.[27] 이상以上에서 살펴본 예의 측면에서 본 기제사와 굿의 친연성을 도표로 제시해 본다.

〈표 4〉 예의 측면에서 본 기제사와 굿의 친연성

	굿	기제사	비고
의례의 구조와 양상	신을 대접하고 연락(宴樂)하게 하는 잔치의 형식	조상에게 만찬을 베푸는 형식	예(禮)를 봉행하는 행위
제물의 측면	신격에 맞게 다양한 음식(생고기, 익힌 고기, 껍질을 벗기지 않은 과일 등)과 꽃, 신복, 신구나 기호품 등을 봉헌	조상에게 맞추어 각종 음식(익힌 고기와 껍질을 벗긴 과일 등)을 올림	제물을 통해 섬김의 도리와 정성을 표현
초대되는 신격	천지인의 대동잔치를 지향하며 모든 신격을 청함	해당되는 조상만 모심	영적 존재를 인정하며 경신을 토대로 하는 예(禮)를 바탕으로 함
양자의 친연성	기제사의 형식은 모든 신을 모시는 굿에서 조상이라는 부분만 떼어 내어 만찬을 중심으로 재구성된 것으로 볼 수 있음. 해당 조상만을 모시는 기제사도 발생론적으로 보면 영적 존재를 믿는 무속적 다신관에서 분화된 것으로 볼 수 있음.		

4. 맺음말

유교와 무속에 대한 비교연구는 양자가 가지는 세계관과 논리구조, 의

27_ 금장태, 앞의 책, 125쪽.

례의 분석에서 드러나는 실증성을 바탕으로 조명해 보아야 한다. 사회적 기능에서 본다고 해도 유교와 무속은 친연성을 바탕으로 한 보완적 관계로 볼 필요가 있다. 연구범위에 있어서는 가정에서 행해지는 굿을 통한 가족주의적 시각에서만 볼 것이 아니라 조선시대에 별기은과 같이 국가전례에 무당이 참여하고 활인서에도 무당이 제 역할을 다한 점을 고려해야 한다. 아울러 국가적 차원뿐만 아니라 지역사회에서 축제나 동제에서 무속이 차지하는 비중 등을 다각적으로 보아야 한다.[28] 굿은 개인적 차원뿐만 아니라 마을굿, 고을굿, 나라굿 등 대동사회를 위한 공동체성을 희구하였다. 근대화가 되기 전 한국인의 공동체 의례와 놀이는 구조적으로 굿의 양식을 띠었으며 내용적으로도 굿이 지향하는 세계관을 담고 있었다. 이것은 곧 굿이 가지는 보편적인 사회성을 보여주는 증거라고 볼 수 있다. 유교에 대한 연구도 가문 내의 제례에서만 바라본다면 편협한 시각에서 벗어날 수 없다. 국행제國行祭 등 다양한 제례를 인식하면서 넓은 범주에서 제례의 성격을 파악할 필요가 있다.

일제강점기에 일본인들은 굿의 대동성을 경계하여 공동체의 의례를 이런 저런 핑계로 금지시켰다. 이러한 시대상황에서 아키바 다카시는 굿의 다양성을 논외로 하고 가정에서 지내는 굿을 중심으로 하여 무속과 유교를 이분법적으로 논하였다. 이후 이러한 시각은 국내외 학자들에 의해 계승되었으며 무속은 여성적, 가족적, 폐쇄적/유교는 남성적, 윤리적, 사회적이란 도식이 생성되었다. 본 글은 이러한 사회인류학적 시각에서 벗어나 유교의례와 무속의례에서 모셔지는 신, 의례의 구조와 상징과 의미를 분석하여 예의 측면에서 양자의 친연성을 설명해 보았다. 그 결과 유교의례와 무속의례에

28_ 조선시대에 제주목사 이형상(李衡祥)이 같이 신당을 불태우고 음사(淫祠)라고 단속하는 이도 있었지만 광범위하게 기층에 내재되어 있는 무속을 근본적으로 해체시킬 수는 없었으며 유학자들 역시 무속과 대립적 관계에 있었던 것은 아니다.

서 모셔지는 신은 상당부분 일치하며 기제사와 굿에 내포된 상징과 의미를 분석해 볼 때 양자가 지향하는 핵심은 경신敬神을 바탕으로 하는 예의 실천에 있음을 알 수 있었다. 즉, 양자는 예의 실천이라는 윤리성을 지향하는 친연성을 바탕으로 한다고 볼 수 있다. 일본인 학자 가지노부유끼는 유교는 원유原儒의 샤머니즘을 기반으로 효孝라는 독자적인 개념을 만들어냈다고 보고 이 효를 기초로 가족이론을 구성하였으며 샤머니즘을 기초로 정치이론까지를 지니고 있는 이론이 유교라고 보았다.[29] 윤리학자 이서행은 한국 윤리의 기원을 무속의 윤리에서 찾고 있으며 조상의 신령·영혼숭배가, 또 부조父祖 일반에 대한 '효'와 가까운 거리에 있으며 효 관념이야말로 무속의 풍토에서부터 있었던 것이라고 보고 있다.[30]

굿과 제례, 유교경전과 의례서 등을 보면 양자의 상관성을 적지 않게 발견할 수 있다. 그럼에도 불구하고 그동안 왜 양자에 대한 비교는 사회인류학적 연구 이외에 이렇다 할 연구가 없었는가 반문해 볼 수 있다. 유교 연구자는 유교만, 무속연구자는 무속에만 몰두하다 보니 양자를 아울러 볼 수 있는 혜안이 부족했던 것이다. 무속이 종교의 서장[31]에 위치한다는 말은 공감을 얻고 있으나 그럼에도 무속이 유교에 어떤 영향을 주었으며 양자는 어떤 친연성이 있는지에 대한 구체적인 연구는 국내에서 미흡하였다. 무속연구가 무속의 보편성을 찾아 사상사적으로 자리매김하기 위해서는 타종교의 그것과 비교하여 사상적 보편성을 무속 에서 추출해 볼 필요가 있다. 이와 관련된 선행연구가 부족한 현 단계에서 본 연구는 의례의 비교를 통해 양자에 공존하는 예의 측면을 살펴보고 그것을 통해 무속의 보편성을 찾아보고

29_ 부유끼, 가지노, 김태준 역, 『유교란 무엇인가』, 지영사, 1999.
30_ 이서행, 『한국윤리문화사』, 한국학중앙연구원 출판부, 2011.
31_ 유동식, 『韓國巫教의 歷史와 構造』, 연세대출판부, 1989.

자 하였다. 이 분야는 아직 불모지로서 현 시점에서는 무속에서 예의 측면을 모색하는 정도를 크게 벗어날 수 없었다. 즉, 무속에 대한 사상적인 접근이 완숙하게 무르익지 않은 현실에서 본 연구는 탐색적인 과정에 있으며 추후 보다 심화된 연구로 나아가야 하는 숙제를 안고 있다. 앞으로 이 방면에 대한 연구가 활성화 되었으면 한다.

샤머니즘에 대한 선교사들의 태도는 왜 대비되는가?

박일영
가톨릭대학교 명예교수

1. 서론 : 연구의 계기 및 목적

이제까지 외국인 선교사들은 한국의 전통종교와 문화, 민간신앙에 대하여 한 결 같이 적대적인 태도로 일관한 것으로 알려져 왔다.[1] 그러나 필자의 최근 조사에 따르면, 외국인 선교사들 중에서도 한국의 전통문화나 민간신앙, 고유 풍습 등에 대하여 매우 다른 태도를 갖고 있던 인물들도 있었던 것으로 밝혀졌다.[2] 이러한 맥락에서 본 연구에서는 한국에서 활동했던 외

---

[1] 샤를 달레, 최석우·안응렬 역주, 『한국천주교회사』 상, 왜관 : 분도출판사, 1979, 209~224쪽 참조. 이 책의 원본은 1874년 프랑스 파리에서 출간되었다. 조현범, 「19세기 중엽 프랑스 천주교 선교사의 조선 인식. 다블뤼 주교를 중심으로」, 『종교연구』 27, 한국종교학회, 2002/여름, 211~236쪽 참조. 조현범의 연구에 의하면, 한국에서 21년 이상 선교활동을 한 다블뤼 주교의 경우 나중에는 한국인의 신앙이나 종교에 대하여 다소 누그러진 태도를 보였다고 한다.

[2] 대표적인 경우가 1911년 2월부터 4개월 여에 걸쳐 한국을 방문한 독일 상트 오틸리엔 베네딕도회

국인 선교사들이 한국의 민중종교에 대하여 서로 어떻게 다른 태도를 지니고 있었는지, 그러한 상이한 태도의 배경에는 어떠한 사상이나 시대정신이 깃들어 있는지를 천착하고자 한다.

제2차 바티칸공의회 폐막 10주년을 기념하여 교황 바오로 6세가 1975년에 반포한 회칙 「현대의 복음선교(Evangelii Nuntiandi)」에는 민간신앙과 그리스도교 선교의 관계에 대하여 이렇게 말하고 있다:

> 민간신앙은 순박하고 가난한 사람들만이 알아볼 수 있는 하느님께 대한 갈망을 표현하고 있습니다. 그러한 신앙은 신앙을 위해서라면 헌신과 영웅적 희생도 할 수 있는 것을 보여줍니다. 그리고 하느님의 부성, 섭리, 사랑, 현존 등 하느님의 속성을 이해할 수 있는 예리한 감수성도 볼 수 있을 뿐만 아니라 다른 데서는 보기 드문 인내심, 일상생활에 있어서의 십자가의 의의, 해탈, 귀의심, 신심 등 내적 자세도 볼 수 있습니다. 그러기에 나는 민중의 종교심이라고 하기보다 민간신앙 즉 민중의 종교라고 기꺼이 부르고자 하는 것입니다… 선도만 잘 된다면 이 대중적 신앙심은 오늘의 일반 대중들이 그리스도를 통하여 점차적으로 하느님과의 참된 상봉을 이루게 해 줄 것입니다. (48항)[3]

위의 글은 현대 그리스도교회가 개별 문화권의 토속종교 내지는 민간신앙에 대하여 어떠한 태도를 지녀야 할지 그 지침을 정하여 주는 공식문헌이라고 판단된다. 그 이전에도 가톨릭교회는 이미 제2차 바티칸공의회가 공

연합회 총원장 노르베르트 베버와 그의 동료 수도자들이다. Norbert Weber, *Im Lande der Morgenstille*, Oberbayern : Missionsverlag St. Ottilien, 재판 : 1923[초판 : 1914]. 이 책의 번역본은 박일영/장정란 역주본으로 『고요한 아침의 나라』, 왜관 : 분도출판사, 2012로 출판되었다

3_   교황 바오로 6세, 이종흥 역, 『현대의 복음선교』, 한국천주교중앙협의회, 1977, 61~63쪽.

포한 일련의 문헌을 통하여 비그리스도교에 대한 교회의 태도라든가 종교의 자유에 대한 진일보한 자세를 내비치기는 했으나 민간신앙 내지 민중종교를 지적하여 이렇게 명확한 자세를 정리한 것은 최초가 아닌가 한다. 교황 요한-바오로 2세가 1990년에 반포한 회칙 「교회의 선교사명(Redemptoris Missio)」에서도 "복음과 민족문화와의 융합"이라는 소제목 아래 교회가 여러 가지 문화에 복음을 융화시킴으로써 전체 교회가 더욱 풍부한 자기표현 방법을 얻을 수 있음을 공의회 문헌과 그 후의 교도권의 문헌들에서 그리고 교황 자신의 젊은 교회들에 대한 사목 방문 시에 거듭 거론한 사실을 상기시킨 후 이어서 이렇게 말하고 있다:

다른 나라와 교회에서 파견된 선교사들은 출신 지역의 문화 환경을 초월하여 파견된 지역의 사회적 문화적 환경에 자신들을 적응시킬 필요가 있다. 그들은 활동하고 있는 지방의 언어를 습득하고, 주요한 문화재와 친숙해지고 체험으로 그 장점을 발견해야 한다. 이런 것을 알고서야 감추어진 신비를(로마 16, 25; 에페 3, 5) 신빙성 있게 효과적으로 그 백성에게 알려줄 수 있다. (53항)[4]

이상에 소개한 가톨릭교회의 공식 문헌들은 그리스도 신앙의 "현지(문화)적응"[inculturation]과 관련하여 각 민족의 문화와 종교가 갖는, 그 중에서도 특히 민간신앙이 가지는 적극적인 의미를 잘 표현한다고 보인다. 그렇지만 그리스도교회가 이와 같이 타종교나 민간신앙에 대하여 적극적인 관심을 보이고 긍정적인 평가를 내린 것은 비교적 최근의 일로 기억된다. 가톨릭교회의 경우는 제2차 바티칸공의회(1962~65)를 기점으로 다양한 전통문화와 종

4_ 교황 요한-바오로 2세, 정하권 역, 『교회의 선교사명』, 한국천주교중앙협의회, 1991, 83쪽.

교를 보존하면서 저마다의 문제를 안고 있는 오늘의 현대세계에 교회를 적응시키는 문제[aggiornamento]에 대하여 심각하게 고려하기 시작했다고 할 수 있다.

그리스도교의 입장에서 한국 샤머니즘을 본격적으로 연구한 최초의 연구자들은 서양 선교사들이었다. 그러므로 본고에서는 초기 가톨릭 선교사들의 샤머니즘에 대한 이해와 노선을 비교 고찰하기로 하겠다. 한반도에서 활동한 외국인 선교사들의 저술, 선교 보고서, 일기, 여행기 등의 문헌 자료 등을 수집하여 그들이 왜 한국의 민중종교에 대하여 관심을 기울였는지 알아보고, 서로 상이한 결과를 초래한 피선교 지역 문화에 대한 이해의 다양성을 분석한다.

특히나 본고를 구상하고 작성하게 된 계기를 마련해 준 것은, 베네딕도 수도회의 한국 진출 100주년[2009년]을 기화로 다양한 기념행사가 기획되고 실행되는 중에, 한국에 베네딕도회를 처음으로 진출시킨 장본인인 노르베르트 베버 총원장의 한국 여행기 완역이었다. 베버 총원장이 피선교 지역 문화, 그 중에서도 특히 종교문화에 대하여 지녔던 존중심과 상호 배움의 자세는 오늘날 선교의 현장이나, 종교 연구에서마저도 보기 드문 사례라고 여겨진다. 이러한 기회에 선교사들이 지녔던 서로 다른 태도에 대하여 비교 분석하는 기회를 갖고자 한다.

2. 파리외방전교회 선교사들의 경우

샤머니즘 나아가서는 한국의 민중종교와 그리스도교가 이 땅에서 처음 접촉한 시기는 언제일까? 확실한 사료가 남아있는 것은 아니나, 이미 삼국 시대에 이 땅에 전래된 불교가 그리스도교의 일파로 당시 중국[唐]에서 상당한 세력을 얻고 있던 경교景敎(Nestorianism)의 영향을 다분히 받았다던가, 적어도 고려 시대에 와서는 몽골과의 빈번한 접촉으로 경교가 이 땅에서 영향력을 끼쳤을 것이라는 가설들이 있기도 하다.[5] 그것이 정말이라면, 토착종교와의 광범위한 습합을 그 특징으로 하는 경교의 성격으로 미루어 보아서, 샤머니즘과 그리스도교가 이 땅에서 서로 접촉하고 상호 관심의 대상이 된 시기도 신라나 고려시대로까지 소급될 것이다.[6]

그러나 샤머니즘이 그리스도교와 본격적으로 만나고 문제가 되어 연구되고 기록으로 남기 시작한 것은 1830년대부터 이 땅에 잠입해 들어오기 시작한 파리외방전교회(Missions Etrangères de Paris) 출신 가톨릭 선교사들에 의하여서라는 것이 정설로 되어 있다. 그러나 이들 선교사들은 한국의 고유한 문화전통에 대한 몰이해로 해서 이 땅에 진작부터 있어온 종교문화 전반을 우스꽝스러운 미신으로 치부하는데 서슴지 않았다. 이들은 샤머니즘을 위시한 민간신앙 일반[7]에 대하여서만이 아니라, 유교나 불교 등도 무신론의 일부로 단정하였다.[8] 이들의 샤머니즘 연구 작업은 당시의 한국인들을 서양문화로 채색된 그리스도교로 성급하게 개종시키기 위한 편협한 선교정책의 일환이었다. 그렇기 때문에 이들의 샤머니즘을 보는 눈은 매우 적대적이었고, 그러한 "미신"에 매달린 한국인들에 대한 동정 어린 시선이었다.[9]

한국에서 숨어 다니며 활동하던 선교사들이 몰래 보내준 편지들을 토대

5_ 오윤태, 『한국기독교사(한국경교사)』, 혜선문화사, 1973, 315쪽; 서양자, 『15세기 이전에 동방에 온 선교사』, 계성출판사, 1986, 11~23쪽 등 참조. 종교가 지닌 역동적 성격을 감안할 때 이미 7세기 초반 당나라에 전해진 경교가 비슷한 시기에 한반도에 전래되었을 가능성은 충분히 있다고 본다. 물론 이러한 가설은 아직까지 사료의 미비로 인해 더 철저한 고증이 요구된다고 하겠다.

6_ 박일영, 「무속과 그리스도교의 교류. 회고와 전망」, 『종교연구』 8, 한국종교학회, 1992, 80~83쪽 참조.

7_ 조현범, 앞의 글, 225~226쪽 참조.

8_ 샤를 달레, 앞의 책, 218쪽 : "조선에 있어서 유교와 불교의 현상은 이러한 것이다. 이 두 가지 교리는 사람들이 흔히 그리고 필자가 보기에는 매우 정확히 지적하다시피, 실상은 무신론의 두 가지 다른 형태에 불과하다."

9_ 박일영, 「일제시대 토착종교와 가톨릭의 만남」, 『종교연구』 36, 한국종교학회, 2004, 109~136쪽 참조.

로 방대한 분량의 『한국천주교회사』를 집필한 달레Claude-Charles Dallet(1829~ 1878)는 18세기 이후 천주교가 한국에 소개되고 들어온 이후 1870년대까지 그 기원과 발전, 선교사들과 신자들의 활동을 기록하였다. 주로 박해사를 기술하기 위한 사전 이해의 차원에서 한국의 역사, 제도, 언어, 풍습, 습관 등을 기록하고 있다. 그 중에 「서설」 제11장에서 한국의 종교 전반에 걸친 소개를 하고 있다. 특히 천연두가 유행할 때에 무당을 불러 굿을 하는 '손 님굿'의 정황을 설명하고 있으며, 덧붙여서 이러한 강신무와는 달리 경문을 읽어 병마를 쫓으며 점복을 위주로 하는 눈먼 남자 무당盲覡, 즉 판수에 대하여서도 언급하고 있다. 또한 조그만 단지나 호리병 속에 잡귀를 몰아넣는 푸닥거리에 대하여도 흥미롭게 자세한 설명을 곁들이고 있다. 그러면서 한국인들의 종교성을 이렇게 묘사하고 있다.

그들은(조선 사람들은) 가장 미신을 잘 믿는 사람들이다. 그들은 어디 에서나 귀신을 본다. 그들은 길일과 흉일, 상서로운 곳과 불길한 곳을 믿으며, 그들에게는 모든 것이 길흉을 나타내는 것이다. 끊임없이 그들 은 운명을 점치고 점장이들을 찾아간다…… 집마다 출생과 생명의 보 호신인 성주와, 주거의 보호신인 터주 등의 가신家神을 넣어두는 단지 가 한 두 개 있고, 때대로 그 단지 앞에서 큰 절을 한다. 산을 지나다가 무슨 사고가 일어나면 산신에게 어떤 제물을 바쳐야 한다……

이런 미신과 그 밖에 수많은 미신이 나라에 널리 퍼져 있는데… 궁 중에서부터 아주 보잘 것 없는 오막살이에 이르기까지 널리 행하여진 다. 이런 점으로 보아, 조선에는 남녀 간에 얼마나 많은 사기꾼이며, 음양가며, 점장이며, 요술장이며, 사주장이가 민중의 고지식함을 이용 하여 살아가고 있는가를 알 수 있다. 돈을 받고 와서 알맞는 집터나 묏자리를 살펴주고, 사업하는데 상서로운 날을 점쳐 주고, 장래 배우자

들의 사주를 보아주고, 불행이나 사고를 액막이하여 주고, 악기惡氣를
몰아내 주고, 이러저러한 병에 주문을 외워주고, 귀신을 내쫓아 주고
하는 자들을 어디서나 볼 수 있다. 그 때마다 큰 의식을 행하고, 법석
을 떨고, 많은 음식을 차린다. 왜냐하면 점장이들의 게걸이 조선에서는
널리 알려진 것인 까닭이다.[10]

이렇듯이 달레는 선교사들의 보고서를 근거로 하여, 조선 사람들은 모
두 실제적으로는 무신론자들이며 미신을 믿는 사람들이 많다고 판단하였
다. 길일과 흉일을 믿으며, 집집마다 가신을 섬기고 있으며, 산신을 떠받들
고, 불을 소중히 여기는 점 등이 바로 조선 사람들이 가진 미신의 대표적인
형태라고 열거하고 있는 것이다. 달레는 계속해서 당시 조선 천주교회의 책
임자였던 다블뤼Marie Nicolas Antoine Daveluy(安敦伊, 1818~1866) 주교의 편지글을
직접 인용한다.

굉장한 목소리가 아닌가! 정말이지 지옥의 마귀들을 모두 달아나게
하기에 충분하다는 것을 나는 단언합니다. 푸닥거리[굿거리]마다 서너
시간씩 계속되고, 때로는 다시 시작하는데, 줄곧 더 세차게, 하룻밤에
세 번씩 며칠 밤을 계속해서 합니다. 이런 일이 벌어지는 집 옆에 사는
사람들은 불쌍합니다. 나도 여러 번 겪어보았습니다만, 눈을 붙이기란
절대로 불가능한 일입니다.[11]

10_ 샤를 달레, 앞의 책, 219~221쪽.
11_ 위의 책, 222쪽; 조현범, 앞의 글, 226쪽에서도 같은 내용을 다루는 다블뤼 주교의 글을 인용하고 있
다. 여기서 인용한 글의 출처는 다블뤼 주교의 서한 필사본 제3권으로, 파리외방전교회 고문서고에 보관되
어 있는 『조선사 입문을 위한 노트(Notes pour l'introduction à l'histoire de la Corée)』이다. 이 서한은
1857~1860년 사이에 작성된 것으로 추정된다.

그러면서 달레는 엑스타시ecstasy에 의거해서 귀신과 직접 교통하는 마술사나 무당이 실제로 있다는 사실을 시인하면서, 조선에서 뿐 아니라 성서에서도 그 예를 찾을 수 있다고 덧붙이고 있다. 이러한 기본자세는 그 이후에 한국에서 활동한 파리외방전교회 출신 선교사들에게서 한결같은 모습으로 나타난다.[12]

이하에서는 파리외방전교회 선교사들이 파리 본부에 보낸 보고서들을 토대로 발간된 선교지 『꽁뜨 랑뒤Compte Rendu』의 한국 관련 내용을 추려서 번역 발간한 『서울교구연보』[13]와, 선교사들의 보조원 역할을 하던 회장(catechist)들의 지침서인 『회장직분』[14]에 나타나는 한국 샤머니즘을 대하는 선교사들의 태도를 도표화하여 보기로 한다.

〈표 1〉 『서울교구연보』의 샤머니즘 관련 내용

년도	기사 내용	비고
1885	경북 칠곡에서 어떤 마녀 점쟁이가 신자들의 기도 모임에 몰래 참석한 후, 주변 사람들에게 긍정적으로 소개	I, 42쪽 [점쟁이]
1894	경기도 평택에서 귀신 들린 여자를 무당, 판수들이 쫓아내려 하다가 실패하자, 성당에 나와서 해결함	I, 150~153쪽 [무당, 판수]
1896	전북 전주 지방에서 마귀 들린 여자를 성수를 뿌려서 효험을 봄	I, 199~200쪽 [신들림]
1896	전라도 동부지방에서 천연두를 낫게 하기 위하여 무당을 불러 굿을 하였으나 점점 더 악화될 뿐이었고, 사제가 축성한 성수를 뿌리자 치유됨	I, 201쪽 [손님굿]
1900	서울 용산의 어느 할머니가 한평생 신령을 숭배하고 절에도 다녔으나, 천주교 교리를 접하고 개종함	I, 272~273쪽 [신령숭배]
1901	제주도에서 무당들이 조합을 결성하고 천주교와 대치하여 많은 사상자를 냄[신축교난/이재수의 난].	I, 288~291쪽 [신축교안]

12_ 이러한 자세는 조선교구장을 43년간 역임(1890~1933)한 뮈텔 주교(Gustave Charles Marie Mutel, 閔德孝, 1854~1933)의 일기에도 나타난다. 그의 1892년 6월 11일자 일기는 터주귀신[터주대감]에 들린 한 여인의 행태를 자세히 묘사하고 있다. 천주교 명동교회 편, 『뮈텔주교일기』 I, 한국교회사연구소, 1986, 59~60쪽 참조.

13_ 한국교회사연구소 역편, 『서울교구연보』 I(1878~1903), 천주교 명동교회, 1984; 한국교회사연구소 역편, 『서울교구연보』 II(1904~1938), 천주교 명동교회, 1987.

14_ 르 장드르, 이영춘 역주, 『회장 직분』, 가톨릭출판사, 1999.

1904	목포의 최 베르나르도가 걸린 병을 낫게 하려고 사람들이 무당을 불렀으나 실패하였고, 예수 마리아의 이름을 부르며 성호를 긋자 병이 나았다.	II. 14~15쪽 [굿]
1904	남양군의 한 외교인 여자가 마귀에 접하여 고통을 받았는바, 의사와 무당은 오히려 사태를 악화시켰다. 천주교 신자들이 기도하면서 성수를 뿌리자 완쾌되었다.	II. 15~16쪽 [신들림]
1906	청도의 양반집 여자가 귀신이 붙어 이상한 말을 하고, 이상한 글자를 썼다. 성당에 데려와 성수를 뿌리자 정상으로 돌아왔다.	II. 35~36쪽 [공수]
1906	목포에 사는 박씨의 아들이 원인 모를 병에 걸리자, 무당이 시키는 대로 하여 일시적으로 나았으나, 재차 발병. 천주교 회장에게 기도를 부탁하여 완쾌되었다.	II. 38쪽 [신들림]
1909	충청도 한산의 여자 예비교우가 중병에 들자 가족들이 푸닥거리를 하려고 하였으나, 본인은 완강하게 거절. 교우들이 돌보고 위로.	II. 72쪽 [푸닥거리]
1915	용정에 사는 이 제오르지오는 외교인 여자와 결혼. 신앙생활이 어렵게 되자 가정불화 발생. 용한 여자 무당에게 물어보자, "큰 신"을 공경하는 종교 때문이라고 알려주어, 온 가족이 입교.	II. 132~134쪽 [신관]
1936	수원의 폴리(Polly) 신부는 한 무당으로 하여금 십년 동안 굿에 사용해 왔던 모든 도구들과 옷가지들을 버리고 영세를 받도록 주선. 몇 몇 무당들의 탈을 쓴 마귀가 온 힘을 다해 저항했지만, 폴리 신부는 조금도 동요하지 않음.	II. 283~284쪽 [무구] [종교간 갈등]

〈표 2〉 『회장직분』의 샤머니즘 관련내용

년도	기사 내용	비고
1923	마귀, 귀신, 우상, 일월성신, 물건, 신, 사람, 짐승을 무한히 큰 자로 알고 섬기는 것은 이단	81쪽 [무신]
1923	마귀를 공경하며 무당의 힘을 빌어 도움을 구하는 것은 이단	81쪽 [무의(巫儀)]
1923	사람의 힘으로 알지 못하는 것을 점쟁이나 무당에게 물으며, 손금을 보거나 굿을 하며, 택일을 하는 것은 이단	82쪽 [무꾸리]
1923	신당(神堂)을 짓는 곳에서 일을 하면 안 된다.	85쪽 [신당]
1923	이단(異端) 하는 글자를 쓰거나 보관하면 안 된다. 빌리거나 설명해 주어도 안 된다.	87쪽 [부적]

  결국 파리외방전교회 출신 선교사들이 본 샤머니즘을 비롯한 한국인의 종교관은 이렇게 요약된다. 조선인의 정신생활을 지배하고 있는 것은 겉으로는 불교와 유교인데, 이 두 가지 종교는 사실은 무신론에 불과하다. 그것은 선교사들의 눈에 비칠 때, 조선 사람들이 믿는 유교와 불교에는 신앙 관념이 없는 것으로 보였으며, 조선인은 내세관도 없는 사람들이라고 비쳤던 까닭이다. 조상숭배를 비롯하여 죽은 사람들을 존중하는 전통과 갖가지 귀

신을 섬기는 행위는 있으나, [서양식의] 종교 개념에 합치되지 않는다고 조선인들은 종교 개념을 가지고 있지 않다고 일방적으로 단정하였던 것이다.

그러나 파리외방전교회 선교사들은 중국 사람들과 마찬가지로 조선 사람들도 조상들에 대한 의식[祭]을 종교 신앙으로 절대시하지 않았기 때문에 그리스도교 신앙을 수용하는데 갈등을 빚지 않는 좋은 여건을 갖추고 있다고 보았다. 그 결과 그들이 열렬한 신앙을 갖게 되었으며, 많은 순교자까지도 낼 수 있었다고 보았다.[15]

3. 상트 오틸리엔 베네딕도회 수도자들의 경우

독일 남동부 상트 오틸리엔St. Ottilien에 본부를 두고 있던 베네딕도 수도회에서는 1909년 한국에 수도자들을 파견하게 된다. 한국[당시 조선]의 천주교회를 책임지고 있던 구스타브 뮈텔Gustave Mutel(1854~1933) 주교의 간청에 의한 것이었다. 뮈텔 주교는 당시 요원의 불길처럼 퍼지고 있던 한국인들의 교육에 대한 요구를 상트 오틸리엔 베네딕도회 수도자들에게 맡기고자 하였다. 그리하여 1909년 2월부터 계속하여 베네딕도회 소속 수도자들이 조선으로 파송되기에 이른다.

노르베르트 베버Norbert Weber(1870~1956)[16]는 교육활동을 주목적으로 조선에 수도자를 최초로 파견한 성 베네딕도회 오틸리엔 연합회의 총원장(Abbas)이었다. 총원장으로서 선교지에 파송된 베네딕도 회원들의 활동에 적극적인 관심을 기울이던 베버는 회원들의 활동을 격려하기 위하여 조선을

15_ 김정옥, 「박해기 선교사들의 한국관」, 『한국교회사논문집』 2, 한국교회사연구소, 1985, 716~720쪽 참조.
16_ 박일영, 「노르베르트 베버가 본 조선의 종교」, 『종교연구』 55, 한국종교학회, 2009, 35~63쪽 참조.

직접 방문하게 된다. 일차적으로, 1911년 2월 조선을 방문한 베버 총원장은 그 해 6월까지 약 4개월 동안 머무르면서, 이미 조선 체류 1~2년여 만에 조선의 언어와 문화에 상당한 정도의 이해도를 갖추고 있던, 에카르트[17] 신부 등을 대동하고 전국 곳곳을 두루 순방하였다.[18] 베버 총원장은 조선의 전통 문화와 풍습, 민속, 종교 등에 심취하여 전국의 유명 사찰이나 향교, 민간신앙 장소, 그리스도교의 선교 현장들을 찾아다니면서 자세히 관찰하고 기록하였다.

본국으로 귀환한 베버 총원장은 조선 여행 중에 경험한 여러 가지 견문들을 엮어서 여행기를 간행하였다. 1914년에 독일에서 출판된 그의 첫 번째 여행기는 500여 쪽에 이르는 분량에 조선의 풍습과 민속, 종교와 민간신앙, 베네딕도 수도회의 활동상을 손에 잡히는 듯한 필치로 그려내었다. 그는 이 책에서 20세기 초엽 조선의 종교 상황을 정확하게 전해주고 있을 뿐 아니라, 면밀한 평가와 예리하고 적중률 높은 통찰을 보여주고 있다.[19] 1925년에는 한국을 재차 방문하여 금강산의 불교 현황을 집중적으로 다룬 여행기[20]를 출간하였으며, 1만5천 미터에 달하는 방대한 분량의 16mm 기

17_ Andreas Eckardt(玉樂安, 1884~1974)는 1909년 한국에 파견되어 N. Weber 총원장이 한국을 방문한 1911년에는 이미 상당한 정도의 한국어 실력을 갖추었을 뿐만 아니라, 그 이후에도 꾸준한 연구와 답사를 통하여 한국의 역사, 풍습, 종교, 미술, 음악, 문학 등에 대하여 상당한 업적을 쌓게 된다. 1928년 독일로 귀국한 후, 한국학 관련 다수의 논저를 남겼다. 뮌헨 대학교에서 최초로 한국학 교수좌를 차지함으로써 유럽 한국학의 원조가 된다. Andreas Eckardt, *Geschichte der koreanischen Kunst*, Leipzig : Verlag Karl W. Hiersemann, 1929; 권영필 역, 『에카르트의 朝鮮美術史』, 열화당, 2003, 381쪽 : "안드레 에카르트 연보" 참조.

18_ Norbert Weber, *Im Lande der Morgenstille*, St. Ottilien : EOS Verlag, 1914(재판 : 1923), 박일영/장정란 역주, 앞의 책, 2012.

19_ Frumentius Renner, "Mutterabtei Sankt Ottilien und Entfaltung der Kongregation", in : *Der Fünfarmige Leuchter*, Bd. 2, hrsg, v. Frumentius Renner(St Ottilien : EOS Verlag), 2. Auf. : 1992(1971), p.34; 최석우, 「조선」, 『한국가톨릭대사전』제10권, 한국교회사연구소, 2004, 7685~7686쪽 참조. 독일에서 이 저서를 출간하여 당시 유럽에 한국의 종교와 문화에 대한 역사적 배경과 현황을 깊이 있게 알린 공로를 인정받아 베버 총원장은 뮌헨 대학교 신학대학에서 명예 신학박사 학위를 받기도 하였다.

20_ N. 베버, 김영자 역, 『수도사와 금강산(*In den Diamantenbergen Koreas*, St. Ottilien : EOS Verlag, 1927)』, 푸른숲, 1999.

록영화[21]_도 제작하였다.

　이하에서는 한국에 선교사를 파견한 장본인이며, 스스로 두 차례 한국을 방문하여 면밀한 기록을 남기고, 소속 수도회 선교사들에게 선교의 방향을 제시하는데 결정적 역할을 한 인물인 노르베르트 베버가 본 당시 한국의 샤머니즘 관련 내용들을 먼저 들여다보기로 한다. 그와 아울러 실제 한국에서 활동하면서 직접 선교현장에서 샤머니즘을 대하고 반응을 보인 선교사들의 기록물인 선교보고서들[22]_을 활용하여 독일인 수도자들이 한국 선교활동을 하면서 가지고 있었던 샤머니즘에 대한 태도를 정리하여 보고자 한다.

　다음의 인용문은 베버 총원장이 한국을 방문하여 여러 곳을 다니면서 사라져가는 전통문화들에 대하여 어떤 안목을 가지고 있었는지를 잘 보여준다.

　　아시아 문화라는 이 수천 년 늙은 거인은 서양에서 접합봉 몇 개를 빌려다 쓰고는, 새로운 기운으로 젊은 유럽과 그보다 더 젊은 아메리카를 뒤좇아 가고 있다. 유규한 문화, 신성한 전통, 온존溫存하는 제도들 일랑은 서둘러 밟아 뭉개 버렸다. 오래고 오랜 기억들이 수레바퀴에 깔려 으스러진다…… 새로운 풍조가 몰려왔다. 옛 성곽이 무너졌다. 장중한 성문도 헐렸다. 이로써 도성의 역사적인 면모가 달라졌다. 문화의 증거들은 포악하게 짓눌려 으깨졌다…… 나는 여기 수집된 자료 대부

21_ 베버가 촬영기사를 대동하고 1925년에 두 번째로 방한하여 촬영한, 한국 최초의 16mm 기록영화 자료를 왜관의 베네딕도 미디어에서 편집하여 90분짜리 VHS 비디오로 배포한 동영상 자료『조용한 아침의 나라(Im Lande der Morgenstille)』. 그 중에서 "민속신앙(Volksglaube)"이라는 소제목 하에 신성한 나무[당산나무]와 돌무더기, 판수의 축귀 의식, 전통 장례식, 신주단지, 제사 장면들을 보여주고 있다. 선지훈, 「조용한 아침의 나라에서. 75년 전 독일 수도원 원장 노르베르트 베버 신부는 왜 한국문화를 15km에 달하는 필름에 담았나?」,『들숨날숨』1, 분도출판사, 1999/5, 52~59쪽 참조.
22_ 예를 들면 상트 오틸리엔 수도회의 포교지(布敎誌) Missionsblätter von St. Ottilien과 동 수도회의 연대기(年代記) Chronik der Kongregation von St. Ottilien에 나타나는 관련 기사 등을 참조할 것이다.

분이 다시는 이 정도 규모로 발견되거나 입수되기 어려우리라 감히 확신한다. 또 일부는 전혀 찾지도 못할 것이다. 이유는 간단하다. 새 시대의 문화가 한국 고유의 중요한 옛 가치들을 너무나 신속하고도 무참하게 파괴시켜 버릴 것이기 때문이다.[23]

다음 장면에서는 베버 총원장이 한국의 전통 종교문화나 민간신앙의 대상물에 대하여 호감을 가지고 바라보고 있는 모습을 잘 나타내 준다.

우리는 재미있는 이정표 앞에서 발길을 멈추었다. 곁길 어귀에 우뚝 서 있는 두 개의 핏빛 나무기둥(장승)이었다. 꼭대기에는 길고 괴이한 두상이 새겨져 있었다. 몇 걸음 떨어진 숲 속의 사찰에 이르기까지 우리는 그 두 기둥과 옆의 다른 두 기둥을 지나야 했다. 기둥들은 그런 모습으로 절을 찾는 나그네를 맞이하고 있었다. 타는 듯한 붉은 빛은 소나무의 짙은 초록을 뚫고 강렬한 빛을 내뿜으며 바스락거리는 마른 잎 사이로 불타오르는 것이었다! 이것이 외로운 나그네에게 절 있는 데를 알려 주는 한낱 이정표일 뿐이겠는가? 그럴 리 없다. 깊이 새겨진 글씨를 보니 이 멋들어진 기둥들은 필경 민간신앙과 관련이 있다. 그것이 악귀를 막아준다고 한다.[24]

그 다음에는 상당히 자세하게 한국인들이 실천하고 있는 민간신앙의 내용과 숭배 대상인 신령의 명칭과 기능 등을 비교적 정확하게 정리하고 있다. 그의 여행에 동반하였던 에카르트 신부를 위시한 선교사들과 주변 인물

23_ 노르베르트 베버, 앞의 책, 9~10쪽.
24_ 위의 책, 76~77쪽.

들로부터 깊이 있는 정보를 얻었음을 보여준다.

붓다와 공자에도 아랑곳없이 숱한 신들이 유구한 민속신앙으로 간직되어 왔다. 몇 가지만 들면 이렇다 : 깊은 바다 화려한 대궐에는 용왕이 산다. 용왕은 물에 빠져 죽은 사람을 데려와 새 삶을 살게 한다. 집집마다 특별한 그 집 귀신이 있다. 조왕竈王(Tjo-ong)[25]-이라는 부엌 귀신을 특별히 섬기는데 이 신은 중국에서 전래되었다. 토종 귀신인 독신(Tuoksin)[26]-은 밭작물을 지켜준다. 벼농사는 도깨비가 도와주어야 한다. 도깨비에게는 주로 밤에 제물을 바치는데, 돼지 대가리나 소대가리가 제격이다. 우물이나 샘에 있는 귀신에게는 쌀을 바친다. 출산 때나 아기가 아플 때에는 삼신三神(Samsin)에게 빈다. 이 때는 깨끗한 물 한 사발만 있으면 된다. 삼신은 좋은 일만 만드는 창조의 신이다. 무서운 호랑이를 막기 위해서는 산신山神(Sansin)에게 작은 사당(산신각)을 지어 바치고 그곳에 산신상을 모셔 둔다. 온화한 웃음을 머금은 산신령의 발치에는 그의 자애로 길들인 호랑이가 엎드려 있다. 사람들은 산신령의 환심을 사기 위해 음식을 바치고 향을 피운다. 질병도 귀신의 농간이다. 악귀가 질병을 불러 일으킨다. 마마귀신인 호구별성胡鬼別星(Hokupyolsong)[27]-이 특히 그러하다. 한국인이 정성을 다하여 조상을 기리는 데는 예외가 없다.[28]-

---

25_ 부엌을 관장하는 가신(家神)인 화신(火神)으로서 조왕각시, 조왕대신, 부뚜막신이라고도 한다.
26_ 강을 주관하는 신.
27_ 胡鬼別星. 집집마다 찾아다니며 천연두를 앓게 한다는 여신.
28_ 노르베르트 베버, 앞의 책, 81~82쪽. 번역본 출간 당시, 본서의 편집자가 고증이나 학술적 근거 없이 임의로 삽입한 한자나 고유명사 등은 필자의 판단에 따라 다시 생략하였다.

서울 동소문 앞에 서 있던 당산나무를 사진과 함께 소개하는 글도 있다. 당산나무가 생태 보호에 일익을 담당하고 있음을 알아채는 베버의 안목도 흥미를 끈다. 최근 전통문화가 지닌 친환경적 요소들에 대한 관심이 다시 일고 있는 점과 대조해 볼 부분이기도 하다.[29]

우리는 하늘 높이 솟은 한 그루 나무 아래 섰다. 이 나무는 어떻게 인간의 분노로부터 자신을 구해낼 수 있었을까? 나무가 스스로 그 연유를 말해 주었다. 사람 키만 한 돌무더기가 보호벽처럼 나무줄기를 둘러싸고 있는 것이었다. 사실 이 나무를 지킨 것은 돌무더기가 아니라, 돌무더기에 깃든 미신이었다. 이 나무는 기적의 나무요 마법의 나무(당산나무)다. 길가에 이런 나무가 심심찮게 눈에 띄었다. 지나가는 사람마다 옛 돌 위에 새 돌을 얹었다. 이런 나무는 감히 가지 하나도 손 댈 수 없지만, 여느 나무의 사정은 딴판이다.[30]

이어지는 베버의 여행기는 방방곡곡의 민간신앙 현장들에 대한 묘사로 넘쳐나고 있다.[31] 특히 베버는 장례식에 대하여 적극적인 관심을 나타내어 자세하게 묘사하고 있다.[32] 1911년 4월 24일(월요일)에 예정되어있던 외출을 못하게 되자 "공자"라는 별명으로 불리는 전통 예법에 대한 지식이 해박한 한국인 천주교 신자에게서 "임종에서 무덤까지"(상례와 장례)에 대하여 탐문한 내용을 장장 12쪽에 걸쳐 기록해 놓기도 하였다.[33] 병상에서 남녀 무당이나

29_ 주강현, 『굿의 사회사』, 웅진출판, 1992, 124~157쪽 : "마을에 깃들인 지킴이" 참조.
30_ 노르베르트 베버, 앞의 책, 85쪽.
31_ 위의 책, 271쪽 이하 참조.
32_ 위의 책, 320쪽 이하.
33_ 위의 책, 320~332쪽 참조.

장님 판수의 역할에 대하여 논하는가 하면, 무덤에서 패철을 사용하여 방위를 잡는 지관에 대하여도 빼놓지 않고 있다. 저승사자를 소개하면서 "저 세상을 다스리는 위대한 귀신[34]의 심부름꾼"이라고 부르며, 그리스 신화에 등장하는 "카론Charon[35]과 비견할 만한 존재"라고 비교문화론적 접근을 시도하기도 한다. 그런가하면 많은 사람들이 떠들썩한 분위기에서 즐기는 설, 단오, 추석, 삼짓날 등 축제에 대하여도 많은 지면을 할애한다.[36] 추석의 의미는 가톨릭의 '모든 성인의 날 대축일'[37]과 같다고 해석한다.

특히 우리의 주목을 끌만한 대목이 있다. 즉 안중근이 유소년 시절을 보낸 황해도 신천군 두라면 청계리黃海道 信川郡 斗羅面 淸溪理[38]에 대한 방문기의 내용이다. "부군Pugum 나무 아래서"[39]라는 소제목을 달고 독립적으로 한 장(chapter)을 할애하고 있다.

이 나무[부군나무]는 한 때 신령한 나무였다. 과거 이 나무가 마을에서 차지하는 의미는 지금과 비교도 되지 않았다. 지금도 고즈넉한 모습

34_ 염라대왕을 비롯한 열 지옥의 십대왕十王을 가리킨다.
35_ 그리스 신화에서 죽은 자를 저승으로 건네준다는 뱃사공.
36_ 노르베르트 베버, 앞의 책, 347~350쪽, 474쪽 참조.
37_ 가톨릭에서 11월 1일에 지내는 축제. 모든 성인들, 특히 교회력에 있어 축일이 지정되지 않은 성인들을 기념하기 위한 날이다.
38_ 청계리 혹은 청계동은 유서 깊은 천주교 敎友村 가운데 하나이다. 이곳에는 일찍부터 천주교인들이 모여 살고 있었으나 1866년 시작된 丙寅迫害로 公所가 파괴되었다가, 進士 安泰勳에 의해 다시 교우촌을 이루어 1896년 공소로, 1898년 본당으로 설정되었다. 안태훈은 진해 현감을 지낸 安仁壽의 3남으로 태어나 진사시에 합격하고 1884년 국비유학생으로 선발되었던 인물로서 甲申政變의 실패로 유학의 꿈이 좌절되자 가족을 이끌고 청계동으로 이주, 천주교 신앙을 받아들였고 이어 가족들을 천주교로 인도하였다. 또한 안태훈의 장남 안중근도 천주교 신앙생활을 하는 한편, 1906년 진남포에 三興학교, 敦義학교를 세워 교육사업을 전개했고, 후에 연해주로 망명하여 무장독립운동을 전개, 1909년 10월 26일 만주의 하얼삔에서 이또오 히로부미(伊藤博文)를 사살하였다.
39_ 노르베르트 베버, 앞의 책, 387~412쪽 참조.
　　조선 전기부터 한양의 각 관청에 설치하고 신을 모신 곳을 '府君堂'이라고 불러왔다. 여기서는 부군당 주위에 있던 나무라는 뜻으로 '부군나무'라고 부른 듯하다. 원래는 附君 또는 付根이라 하던 것이 뒤에 府君으로 변한 것으로 추정된다.

으로 마을의 자랑거리가 되고 있다. 이교 시대에는 해마다 두 번, 봄가
을로 이 나무에 제사를 지냈다. 우리를 안내한 남자들 가운데 이 제사
에 참여한 이가 여럿이었다. 그들은 세 번 절하면서 술과 고기를 제물
로 바쳤다고 말했다.[40]

이어지는 글과 사진, 스케치 등에서는 청계동이 천주교 교우촌이 된 내
력과 안중근 집안의 활약상 등에 대하여 상세하고 다루고 있다.
　이제부터는 상트 오틸리엔 수도회의 선교보고서에 나타나는 샤머니즘
관련 기사들을 도표화해서 보기로 한다.[41]

〈표 3〉『포교지』(布敎誌)에 나타나는 샤머니즘 관련 내용

년도	기사 내용	비고
1913/ 1914	제주도 삼성혈 신화를 성경에 나오는 노아의 이야기와 연결. A. Eckardt가 1913/7/20~8/4 제주도 현지 방문에서 수집. 대홍수 설화는 전 세계 수많은 민족들이 가지고 있는 보편적인 집단 기억이라고 주장하면서, 한국의 대표적 사례로 제주도 설화를 제시.	169~171쪽. [베네딕도회 수도자가 유럽에 최초로 소개한 무가]
1924/ 1925	서울 동묘[관우 사당]에 관한 연구. 동아시아 전역의 관우 신앙과 비교.	103~105, 134~135, 172~175쪽
1926	사람들이 음식을 장만하여 산신제를 지낸다. 귀신에게 예를 갖추기 위해 여러 번 절을 하고 음식을 먹는다. 나무에 바구니가 매달려 있고, 그 안에는 밥, 생선, 떡, 동전이 들어있다. 천연두 귀신을 몰아내기 위해 치성을 드린 것이다.	Missions- echo Tutzing [분도회 수녀원 포교지]215쪽.
1931.6.	마을 사당이 우람한 떡갈나무 아래 작은 언덕 위에 있다. 그곳의 나이 많은 무당이 독일 신부를 보자 성호를 그었다.	가족 소장 서한 [G. Steger]

40_　노르베르트 베버, 앞의 책, 389쪽.
41_　이하의 도표에서 사용한 자료는 다음과 같다. 『포교지(布敎誌)』= Missionsblätter von St. Ottilien[상
트 오틸리엔 수도회의 포교용 정기 간행물]; 『연대기(年代記)』= Chronik der Kongregation von St. Ottilien
[상트 오틸리엔 수도회의 연대 순서에 따른 사업 기록]. 연대기의 비고란에는 보고서가 작성된 장소와 작성
자를 표기한다.

1931	바위 밑에 사당이 있다. 지역 주민들의 신앙은 귀신에게 바치는 제사가 전부다. 무당은 어떤 귀신이 화가 났는지, 어떤 제물을 바쳐야 하는지 말한다.	112쪽. [서낭당, 귀신, 무당, 굿, 제물]
1935	외교인들은 가족 중 누가 병에 걸리면 굿을 한다. 무당도, 의사도 고치지 못하면 선교사를 찾아온다.	111쪽. [병굿]

〈표 4〉 『연대기(年代記)』에 나타나는 샤머니즘 관련 내용

년도	기사 내용	비고
1922.12~1923. 부활절.	목단강 인근 낙타봉의 산신각에 모셔진 형상들 앞에서 군인들이 이마가 땅에 닿도록 9번씩 절을 하는 것을 목격.	연길, B. Koestler
1925.2~7.	무당이 굿을 하여 귀신 쫓는 의식을 하였다. 영험한 무당굿도 역부족이었는지 귀신은 다시 돌아왔다.	내평, C. d'Avernas
1925.5~12.	토지 매입 시 묘지 이장이 화근(禍根)이 되다.	서울, Ch. Schmid
1926.12.18~1928.1.1.	1927/2/12 신년제; 1927/2/17 신년운수 보기; 1927/3/12 마귀를 쫓아내기 위해 신줏단지를 내버리라고 요구.	청진, M. Bainger
1930.12	나이 든 한국 사람들은 조상숭배를 고집하고, 젊은 세대는 볼셰비즘 사상에 쉽게 물들고 있다.	원산, F. Damm
1933	신사참배 허용 여부가 동아시아의 가톨릭교회에서 문제가 되고 있다.	덕원, V. Zeileis
1933.5~1935.10.	일본 경찰이 강제로 신줏단지를 없애고, 일 년에 네 번씩 지내던 산신제도 없앤다. 선교에 도움이 될 것이다.	영흥, G. Steger

이제까지의 논의를 요약 정리하면 다음과 같다. 상트 오틸리엔 베네딕도회 출신의 수도자들은 한국의 전통문화에 대하여 일반적으로 호의적인 자세를 견지하고 있다는 것이다. 외국인이라고 할지라도 현지 문화에 적응하여 피선교지역의 민족문화를 존중하고 중시한다는 태도이다. 그러나 실제 굿을 비롯한 샤머니즘의 의례활동에 대하여는 배타적으로 대한다. 그것은 당시 세계교회의 공식 입장을 따라야 했던 교회 내적 조건과, 시대적 제약에 따를 수밖에 없었던 한계를 노정한 일이기도 하였다.

선교사들이 이 민족과 어우러져 살면서, 그리스도교와 그 교리에 합치하는 한, 모든 관습을 용인할 뿐 아니라, 신자들에게 장려하기까지

하는 모습은 흐뭇한 감동을 준다. 사제들은 조상숭배와 맞서 싸우면서도, 돌아가신 무보의 장례를 성심껏 치르는 것은 매우 중요시했다. 많은 젊은이가 부친상 후 꼬박 2년 동안 상제 두건 차림으로 외출하는 것을 귀찮아한다…… 선교사들은 부모공경에서 비롯되는 옛 관습을 지켜줌으로써, 효孝의 종교적 가치뿐 아니라 탁월한 민족적 역량까지 보존했다. 부모에 대한 효도야말로 위대하고 고귀한 한국인의 민족혼을 형성하는 한 요소이기 때문이다.[42]

4. 결론

파리외방전교회 출신 선교사들이 한국의 전통문화나 민중종교에 대하여 엄격하고 배타적인 자세를 갖게 된 배경에 대하여 같은 단체 소속의 후임 선교사는 이렇게 말하고 있다.

파리외방전교회 선교사들은 모두 프랑스의 시골 출신이었고, 그들의 태도는 그들이 양성된 유럽 사회와 동질적인 것이었기에 그들은 엄격한 도덕가적인 색채를 보였던 것이다. 19세기 사람들은 당시의 신학, 즉 트리엔트 공의회와 제1차 바티칸 공의회의 신학밖에 몰랐다. 또 뮈텔 주교는 권위 의식과 기존 권위를 존중하는 소유자였으며 진정한 '조선 양반'으로 지내려 하였다.[43]

42_ 노르베르트 베버, 앞의 책, 200쪽.

43_ 배세영(M. Pélisse), 「한국에서의 파리외방전교회의 전교 방침(1831~1942)」, 『한국천주교회 창설 이백주년 기념 한국교회사논문집』 I, 한국교회사연구소, 1984, 760쪽.

파리외방전교회 선교사들은 이렇게 농촌 출신으로 안정을 추구하는 성향을 가졌던 인물들로, 20대 중반의 나이에 한국에 파견된, 연소하고 비교적 낮은 학력의 소유자들이었다. 이들의 출신 국가인 프랑스는 1789년의 정치혁명 이후, 반교회적 세속화 과정의 소용돌이 속에 들어있었다. 파리외방전교회원들은 이러한 시대를 겪은 이들이었기에 교회내적으로도 엄격하고 방어적이었다. 또한 그들은 박해시기에 한국에서의 선교활동을 시작하였기에 늘 생사의 기로에서 쫓기는 삶 속에서 여유로운 문화 수용은 사치였다고도 보인다. 이러한 배경이 그들로 하여금 한국의 샤머니즘은 물론이거니와 전통문화 일반에 대하여 편견과 몰이해로 일관하게 만들었다고 보인다.[44]

반면에, 상트 오틸리엔 출신 수도자들은 한국 진출 초기부터, 고등교육을 열망하는 당시 한국 사회 분위기에 부응하여, 교육 사업을 위주로 간접적인 방식의 문화선교를 표방하였다. 파리외방전교회 선교사들처럼 일선 사목현장에서 신자들을 긴박하게 돌보는 대신, 그들은 수도원에 정주定住하면서 여유롭게 생활하고 연구할 여건을 갖추고 있었다. 그들 중에는 유럽의 유수한 대학에서 박사학위를 취득한 수도자들도 상당수 있었다.[45] 훗날 뮌헨 대학교 한국학 교수가 된 에카르트A. Eckardt는 한국에 도착한지 얼마 안된 시점에 기록한 글에서 "이 나라 사람들은 저항할 수 없는 힘으로 우리를 끌어당기고, 감동과 창조의 기쁨으로 우리를 가득 채우고 있다."[46]고 말하고 있다.

그런가하면 베버 총원장은 한국에 파견된 수도자－선교사들이 갖추어

44_ 최석우, 『한국 교회사의 탐구』 II, 한국교회사연구소, 1991, 340~412쪽 참조 : "재한 천주교 선교사의 한국관과 선교정책."

45_ 예를 들어, 훗날 연길교구장을 지낸 Theodor Breher(1889~1950) 주교 아빠스는 1921년 來韓 이전에 이미 베를린 대학교에서 중국학 박사학위를 받은 인물이다.

46_ *Chronik der Kongregation von St. Ottilien*, 1910.4., Seoul.

야 될 자세로, "다시 어린아이가 되어 말하기를 배워야 한다. 눈을 크게 떠 모든 것을 보고, 온갖 것을 듣기 위해 귀를 세워야 한다."[47]고 독려하고 있다. 덧붙여서 베버 총원장은 파리외방전교회원들로서는 한계에 부딪힌 상황을 아래와 같이 묘사하면서 한국 진출의 당위성에 대하여 말하고 있다. "프랑스 정부 차원의 지원도 끊겼으며, 파리외방전교회 소속 선교사들에게는 병약하고 죽은 사람들을 대체할 인원이 모자란다."[48] 몇 년 후 다른 기회에 베버 총원장은 "프랑스를 대신하여 동아시아 백성에게 손을 내밀어 구원의 길로 인도하는 것이 가톨릭의 의무이다."[49]라고도 하였다. 베버 아빠스는 한국을 순방하는 기회에 "한국의 정신 속에 좀 더 깊이 스며들기 위하여"[50] 안드레아 에카르트 신부 등을 대동하고 전국 각지로 여행을 다니기도 하였다.

이렇게 볼 때, 베네딕도회 수도자-선교사들은 신교와 선교의 자유 획득 이후 한국에 진출하여, 수도원을 배경으로 한 여유로운 영성적, 심리적, 문화적, 학문적, 경제적 환경에서 활동하면서 한국의 전통문화나 민중종교에 대하여 너그럽고 심도 있는 안목을 키울 수 있었다고 보인다. 베네딕도회의 새로운 선교정신을 정초하고 수도자들을 한국에 파견한 베버 총원장의 혜안이나, 에카르트 같은 문화적이고 예술적인 소양을 갖춘 수도자들이 성숙하고 호혜적인 종교와 문화의 만남을 주도했던 것이다.[51] 그러한 맥락에서 베네딕도회 출신의 수도자-선교사들은 한국의 전통문화와 샤머니즘

47_　*Missionsblätter von St. Ottilien*, 1910/1911, p.34.

48_　Ibid, 1910/1911, p.122.

49_　Ibid, 1915/1916, p.103.

50_　*Chronik der Kongregation von St. Ottilien*, 1911.4. Seoul.

51_　독일 문화투쟁(Kulturkampf) 시기 이후 가톨릭교회의 민족문화 중시 사조에 대하여는 아래 글들을 참조하라. 조현범, 「분도회 선교사들의 한국 문화 연구」, 『교회사연구』 33, 한국교회사연구소, 2009, 167 ~222쪽; 이유재, 「노르베르트 베버 신부가 본 식민지 조선. 가톨릭 선교의 근대성」, 『서양사 연구』 32, 한국 서양사연구회, 2005, 149~187쪽 참조.

을 포함한 고유종교에 대하여 소극적인 흥미 내지 관심을 나타내는데 그치지 않고, 일본 제국주의와 서구의 물질주의 영향 때문에 사라져가는 한국의 오랜 전통과 민족문화를 적극적으로 보존하고자 하는 태도까지 보이고 있다.

그렇다면 샤머니즘을 위시한 전통문화에 대한 이들의 기본자세는 다음과 같이 정리될 수 있겠다. 즉, 역사적 유물로서의 한국 전통문화에 대하여는 피선교지 문화로서 존중하는 자세를 보인다. 그것은 사라져가는 전통문화에 대한 안타까움에서 그러한 소중한 "보물"을 기록, 수집, 보존하려는 열망의 발로이며, 문화민족인 조선인에 대한 존경심의 표현이다.[52] 그리하여 한국 사회의 전통과 풍습이 지닌 종교적 성향 속에서 그리스도교의 질적인 선교 가능성을 발견하려는 의도에서였다. 이들이 이해하고 실천한 선교활동이란 서양문화의 단순한 이식이 아니라, 한국의 전통적 문화와 가치 그리고 덕목을 교회 내에 받아들여 융합시키고자 하는 적극적인 의지의 표명이었다.

물론 당시 시대적 제약[53] 때문에 조상제사, 무당굿, 불교사찰 방문시 불상 앞에 예를 표하는 절하기 등을 거부하고 비판하는 장면들도 있다. 그것은 현실에 살아있는 한국의 민속종교문화에 대하여는 선교의 경쟁자 혹은 당시 그들이 이해하였던 복음의 적대자로 인식하였기에, 역사적 유물에 대한 태도와 달리 배타적이고 부정적으로 대하였던 한계를 노정한 것이었다. 그들도 역시 "시대의 아들"이었던 것이다.

그럼에도 불구하고, 지역 고유문화에 대한 존중이라는 새로운 노선의 채택은 가톨릭교회에 훗날 선교 패러다임의 변화를 가져오는데 선구적 역

52_ 이유재, 앞의 논문, 159쪽 참조.
53_ 교황청의 조상제사 금지령 해제는 1939년 말에 와서야 이루어진다. 박일영, 「일제시대 토착종교와 가톨릭의 만남」, 『종교연구』 36, 한국종교학회, 2004, 112~117쪽 : "가톨릭의 신사참배에 대한 태도" 참조.

할을 담당한 것으로 보인다. 가깝게는 '선교학'을 대학 정식 교과과정으로 최초로 개설하도록 만들었으며, 교황청 문헌들에서 선교활동의 유럽중심주의(Euro-centrism)를 반성하게 이끌었다. 결국에는 서론에서 일별한 바와 같이, 개별문화를 존중하는 선교,[54] 민간신앙에 대한 재발견,[55] 민족문화와 복음화의 상호 선교[56]라는 세계교회의 세상을 향한 열린 자세라는 일관된 정신을 일구어냈던 것이다.

다양한 문화와 여러 모습의 종교, 풍습이 자주 접촉하는 다문화, 다종교 시대에 우리는 살고 있다. 이러한 현대 우리의 삶 속에서 여전히 종교 간의 겨룸과 다툼은 지구촌 곳곳에서 뜻있는 이들의 심각한 우려를 불러일으킨다. 이러한 때에, 200여 년 전부터 이 땅을 찾았던 선교사들이 낯선 문화, 처음 대하는 종교, 문화, 풍습 등에 관하여 간직했던 다양한 태도와 자세를 비교 고찰함으로써 오늘 이 땅에서 종교 간 만남과 교류, 문화 간 협력의 올바른 길을 찾는 사람들에게 타산지석이 되리라고 기대한다.

54_ 「교회의 선교활동에 관한 교령」, 『제2차 바티칸공의회문헌. 개정판』, 한국천주교중앙협의회, 2002, 951~1067쪽 참조.
55_ 교황 바오로 6세, 이종홍 역, 『현대의 복음선교』, 한국천주교중앙협의회, 1977 참조.
56_ 교황 요한-바오로 2세, 정하권 역, 『교회의 선교사명』, 한국천주교중앙협의회, 1991 참조.

한국 샤머니즘과 그리스도교의 사상적 이해

목진호
한국예술종합학교 강사

1. 들어가는 말

샤머니즘shamanism은 샤먼shaman(만신)을 중심으로 한 총체적인 신앙체계를 일컫는 말로서, 이는 의식행위와 신앙관, 사상, 유물 모두를 아우르는 개념이다.[1] 샤머니즘의 문화권에서 한국은 중요한 위치를 차지하고 있다. 한국은 중앙아시아나 시베리아 샤머니즘, 또는 네팔 히말라야 샤머니즘과 유사한 형태를 보이면서도 독자적인 형태를 보이고 있다.[2]

---

[1]　이 글은 목진호, 「한국 샤머니즘 사제의 특징과 그 의미」, 『예술문화융합연구』 4, 중앙대학교 예술문화연구원, 2016, 53~76쪽에 게재된 논문을 수정 보완한 것임.

[2]　양종승, 「히말라야 샤머니즘 : 영검을 좇아가는 네팔」, 『민속소식』 182, 국립민속박물관, 2001, 8~9쪽; 라리사 파블린스카야(Larisa Pablinskaya), 「시베리아 샤머니즘의 역할, 기능, 그리고 현재 상황」, 『국제학술세미나 자료집 : 시베리아 샤머니즘』, 국립민속박물관, 2012, 294~305쪽; 이건욱, 「시베리아 샤먼에 대하여 : 샤먼의 자격, 입무 과정, 샤먼의 종류」, 『한국시베리아연구』 13, 배제대 한국 – 시베리아센터, 2009, 181~

샤머니즘의 연구사에서 샤먼에 관한 연구는 비중은 매우 큰 편이다. 한국에서의 경우도 마찬가지다. 한국 샤머니즘의 사제는 무당巫堂, 무녀巫女, 여무女巫, 남무男巫, 무격巫覡, 화랑花郎, 낭중郎中, 만신萬神 등으로 다양하게 불리며, 그러한 호칭은 성별이나 연령, 지역, 시대에 따라서 달리 불렸을 정도로 관심의 대상이었다.[3]

현재 한국의 샤먼은 만신이나 무부, 또는 박수나 심방 등으로도 불린다. 주로 만신이 샤먼의 역할을 맡고, 무부가 악사나 여흥적인 거리를 담당한다. 박수는 여성의 역할을 맡는 남성으로, 심방은 제주지역에서 샤먼을 부르는 호칭이다.

한국 샤머니즘은 지역별로 활발한 전승을 보이고 있다. 지역에 따라 서울새남굿, 경기도도당굿, 은산별신제, 동해안별신굿, 남해안별신굿 등이 있다. 그 외에도 제주영등굿, 황해도철물이굿, 황해도배연신굿, 진도씻김굿 등 다양한 종류가 있다. 그 중에서도 중요무형문화재 제98호로 지정된 경기도도당굿은 '화랭이'라고 불리는 무부들의 다양한 굿거리를 가지고 있는 마을굿이다.[4]

한국의 샤먼은 의례과정인 굿과 그 안에 담겨진 상징을 통해 그들의 고유한 정신세계를 드러낸다. 그 정신세계에는 별자리와 관련한 믿음도 들어있다. 이 믿음은 생명의 근원이 삼태성이나 북두칠성과 관련되었다는 것이며, 풍요와 다산, 또는 생산에 대한 기복적 성격을 가지고 있다.

한국의 샤먼이 갖는 특징은 오랜 역사를 통해 형성되었다. 그러한 특징

201쪽.

3_　목진호, 「경기 도당굿 '화랭이' 연구」, 중앙대학교 박사학위논문, 2013, 34쪽 참조. 이글에서는 무당과 무부들을 모두 일컬어서 '샤먼'이라는 호칭을 병행해서 사용하고자 한다. 그 이유는 무당과 무부를 영어로 번역하면 샤먼이 되기 때문이다. 무부의 경우는 현재 예술적으로 역할이 분화되었기에 샤먼이라고 보기 어렵지만, 과거 샤먼집단을 이루었기 때문에 통시적 측면에서 샤먼으로 보고자 한다.

4_　이글에서는 주로 중요무형문화재 제98호로 지정된 경기도도당굿을 중심으로 논의하고자 한다.

은 샤먼의 노래나 말에서 드러날 것이며, 소도구나 무복 등의 물질문화에도 나타날 것이고, 또 한편으로는 의식행위로도 표출될 것이다. 이렇게 무가나 물질문화, 그 밖의 의식행위에 표출되고 있는 핵심적 사상의 기반이 무엇인지를 파악하는 것은 한국 샤머니즘을 이해하는데 있어서 중요한 열쇠가 될 것으로 사료된다.

이러한 핵심적 사상으로서, '별에 대한 이해'와 '세속화'를 대표적으로 들 수 있다. 별에 대한 이해는 인류가 별을 어떻게 바라봐왔는지에 대한 민족 간, 종교 간 다양한 시각을 드러내고, 세속화는 현대 자본주의 사회 안에서의 종교적 성격을 드러내는 주제이기에, 이러한 담론은 한국 샤머니즘과 그리스도교 사이에 간극을 상당히 좁혀줄 수 있는 기회가 될 수도 있다.

따라서 이글에서는 한국 샤머니즘과 그리스도교에서 바라본 별의 의미와 세속화에 대한 담론을 전개함으로써, 한국 샤머니즘의 특징을 좀 더 다양한 시각에서 바라보고 그리스도교와의 상호이해를 도모하는 데에 그 목적을 둔다.

2. 별의 의미

별은 우리의 눈으로 보면 하늘에 떠 있는 생명체처럼 보인다. 밤마다 어디선가 불쑥 나타나고 가끔씩 떨어져 사라지기 때문이다. 사람들은 그런 별이나 별자리에 이름을 붙였다. 북두칠성, 삼태성, 북극성, 직녀성 등이 그것이다.

그리스도교에서는 별과 관련된 아기예수 탄생이야기가 있다. 이 이야기에는 동방박사東方博士(magi)가 등장한다. 이들은 별자리를 보고 아기예수를 경배하러 가는데, 이들은 베들레헴보다 동쪽지역의 바벨론이나 바사, 혹은 아라비아(페르시아)에서 온 점성술사들로서, 발타살St. Balthasar · 가스팔St. Caspar · 멜키올St. Melchior로 알려져 있다. 『신약성서』에 의하면, 동방박사는 몰약, 유향, 황금을 각각 선물로 가져왔다고 한다.

동방박사는 점성술사로서 별자리를 보고 예수탄생을 미리 알고 있었다. 그래서 미리 선물도 준비했고, 어느 누구보다 먼저 베들레헴 나사렛의 마구간으로 찾아갔다. 이들이 별자리를 해독하여 예수탄생을 예측할 수 있었던 근거는 무슨 의미를 가지고 있을까?

동방박사이야기에는 마태오 복음사가의 저술의도가 들어있다. 그 의도는 그리스도교의 아기예수 탄생이 전 세계적 사건이 되며, 전 우주적 차원의 사건이라는 것이다. 그 밑바탕에는 점성술과 그 분야의 전문가인 동방박사에 대한 믿음이 있었다. 이러한 믿음이 없었다면, 동방박사 이야기는 아기예수 탄생의 신빙성을 떨어뜨리는 이야기가 될 수도 있다. 하지만, 동방박사는 중세 가톨릭에서 성인으로 모셔져 지금까지도 축일로 기억되고 있다.

이러한 별자리에 대한 관념은 보다 오래된 역사를 되돌아봄으로써 더욱 타당해진다. 고대에는 별을 그린 그림들이 제법 등장한다. 고대 이집트 벽화에서 황소의 넓적다리에 해당하는 북두칠성은 사라지지 않는 별이다. 당시 우주의 중심축으로 여겨졌던 북극성은 고대 이집트 왕이 사후에 돌아가야 할 고향이었다. 고대 아메리카의 인디언들과 중앙아시아 유목민들 역시 별을 신성한 대상으로 여겼다.

우리나라의 경우, 별에 대한 이야기는 '견우와 직녀의 이야기'에서 등장한다. 이 이야기는 동아시아에서 잘 알려져 있는 설화로, 매년 음력 7월 7일이 되면 견우牽牛(소를 모는 목동)와 직녀織女(베를 짜는 여자)가 오작교 다리 밑에 재회를 한다는 이야기이다. 여기에 등장하는 오작교는 까치머리로 다리를 만든 모양과 같다고 해서 붙여진 이름으로, 옥황상제의 딸 직녀가 일 년에 한번 견우를 만나러 갈 때 생긴다고 한다. 이 직녀성과 견우성, 그리고 그 사이에 놓인 은하수다리는 여름철에만 보이는 하늘의 별자리로서, 별에 대한 상상력의 산물이다.

또한, '직성'이라는 말이 있다. 일반적으로도 사람들은 '직성이 안 풀렸어!', '그럼 직성대로 해라'라고 말하는 경우가 종종 있다. 뭔가 할 맛이 안 나거나 일이 잘 안 풀리면 직성 탓을 하는 것이다. 직성이 따로 어디엔가 있다는 말인데, 그럼 여기서 말하는 직성은 무엇일까?

사전적인 개념으로, 직성直星이란 "사람의 나이에 따라 그 운명을 맡고 있는 아홉 별. 제웅직성, 토직성, 수직성, 금직성, 일직성, 화직성, 계도직성, 월직성, 목직성"이라고 한다.[5] 직성의 개념에는 자기 자신을 별과 연관 지어 우주 안에서 자기의 존재의미를 부여하는 것이고, 자신의 본성을 객관화된 실체로 긍정한다는 뜻이 담겨 있다.

조선시대에는 별에 대한 제사도 지냈다. 문헌기록에 의하면, "직성에 대한 제사는 조선전기에는 소격전에서 했다고 하는데, 민간에서는 직성길흉에 따라 도액하는 법이라 하여 정월 14일에 이를 행하였다"고 한다.[6] 도교에서 받드는 노자老子는 옥황로군玉皇老君・천존제군天尊帝君・태상로군太常老君이라고 불렸다. 그의 저술로 전해오는 도덕경道德經은 도교경전의 하나로 자연에 대한 인간의 심원한 태도를 드러낸다.

한국의 샤먼들 역시 별을 노래해 왔다. 별과 관련한 신은 삼불제석이나 칠성이다. 만신萬神은 여러 신을 모신다고 해서 붙여진 이름으로서, 밤하늘의 무수한 별 속에서 해와 달, 삼태성과 북두칠성 등을 노래했다.

먼저 삼불제석에 대해 논의하고자 한다. 제석帝釋은 태양을 뜻하는 일광제석, 달을 일컫는 말로 월광제석, 석가여래를 뜻하는 삼불제석으로 나타난

5_　『표준국어대사전』(http://stdweb2.korean.go.kr).

6_　정승모, 『한국의 농업세시』, 일조각, 2012, 188쪽.

다. 제석은 천신이나 하늘의 해와 달을 뜻하면서, 불교적 의미에서 우주와 삼라만상을 주재하는 부처를 뜻하기도 한다. 또한 제석은 생명의 근원이기 때문에, 이는 삼신할머니이기도 하고 마고할멈이기도 하다.

〈악보 1〉이용우의 〈제석청배〉 19~30마디[7]

이용우 장고·창, 목진호 채보(2013)

경기 도당굿의 제석거리에서 제석은 화수 뜰 화수선비, 용궁 뜰 용녀부인에게서 태어난다. 하지만 제석은 일찍 부모를 여의고, 아재비 삼촌 집에서 아주머니의 구박을 받으며 산다. 한식날, 어린 제석은 나무하러 갔다가

7_   목진호, 앞의 논문, 2013, 156~157쪽.

〈사진 1〉 당금애기 신화를 다룬 그림자극[8]

서천서역국에서 온 도승의 도움으로 불법에 귀의한다. 그리고는 도승이 된 제석이 스님들과 내기를 하여 당금애기를 찾아가 쌀 세알을 먹게 하고, 삼불제석을 잉태시킨다. 아이를 밴 당금애기는 부모에게서 쫓겨나 제석을 찾아 절로 오고, 삼불제석을 낳게 된다는 내용이다. 삼불제석 이야기의 핵심에는 우주의 별 삼태성을 노래한 생명사상이 담겨있고, 별과 연계된 출생이라는 상징적 의미를 담고 있다.

그 다음 이야기는 북두칠성에 대한 것이다. 칠성은 시루와 관련이 깊다. 시루는 고사떡을 쪄먹을 때 쓰는 그릇의 일종인데, 시루의 검은 색은 밤하늘과 같고, 시루의 구멍은 밤하늘의 별과 같다고 한다. 그래서 북두칠성에게

8_　2015년 10월 4일 은평구 숲속극장에서 공연된 〈21세기 굿음악 프로젝트 '경기 도당굿'〉의 한 장면. 이 공연은 유은경 연출, 목진호 제작, 출연자로는 승경숙(무녀), 목진호(무부), 최민자(그림자극), 벽사진경(북청사자놀이), 양환극(대금), 고동욱(해금), 곽승헌(피리), 류정호(징), 아작 퍼포먼스그룹(김정태 대표)이 참여했다.

〈사진 2〉 거북산당도당제에서의 오수복과 김운심의 '시루돋음' 장면

무언가를 빌 때 고사시루를 놓고 빌었다. 고사시루를 놓고 칠성에게 빌어서 무엇을 얻고자 했는가? 이것은 탄생과 관련이 깊다. 새로 이사 가거나 새로 가게를 여는 경우, 무엇이든지 새로 시작하는 경우, 탄생의 의미를 갖게 된다. 그 탄생의 절차에서 하늘에 고하는 의식이 고사告祀인 것이다. 결국, 고사시루를 놓고 하늘에 고하는 것은 무슨 일의 시작이던지, 별과 관련지었다는 것을 의미한다.

또한, 시루떡은 중요한 의미를 갖고 있다. 마을의 도당굿에는 '시루돋음'이라는 거리가 있다. 매년 음력 10월 7일 수원 영동 남문시장에서 열리는 거북산당 도당제에는 '시루돋음'이라는 절차에서 샤먼이 떡시루에 대고 축원과 덕담을 하면, 떡시루가 움직이는 것에 따라 잘 받았는지 알 수 있는 거리가 있다.

칠성에 관한 무가로는 〈시루청배〉가 있다. 〈악보 2〉에 제시한 대로 무녀의 굿거리에 앞서 부르는 이 노래는 칠성을 신화한 내용을 담고 있다.[9]

이 이야기에는 천하궁 당칠성이 매화뜰 매화부인을 만나 선문이와 후문이를 낳게 되는데, 선문이는 해를 쏘아 제석궁帝釋宮에 걸어두고 후문이는 달을 쏘아 명도궁明圖宮에 걸어 둔다는 천지창조이야기가 담겨있다.

〈악보 2〉 조한춘의 〈시루청배〉[10]

별에 대한 관념은 그리스도교의 마태오복음서에서나 한국의 샤머니즘 전통에서나 공통된 측면을 갖고 있다. 인간의 탄생과 별의 세계가 연결되어 있다는 믿음이 그것이다. 한국의 샤머니즘에서 별은 인간에게 필요한 생명과 풍요를 비는 대상이기도 했다. 삼태성이 삼불제석으로, 북두칠성이 시루성신으로 받들어진 셈이다. 이러한 별에 대한 의미는 탄생에 관한 의미를 극명하게 보여준다는 점에서 샤머니즘과 그리스도교(기독교) 간의 상호 이해

9_　赤松智城·秋葉隆, 沈雨星 譯, 『朝鮮巫俗의 硏究』 上·下, 東文選, 1978, 87~96쪽.
10_　최태현·최상화, 『한국음악 : 경기 도당굿』 30집, 서울 : 국립국악원, 1997, 79~88쪽.
　　　"온다 열하나 임신은 초부정 초가망에 영부정영가망에 전물로 놀아
　　　그밑 쫓아오는 임신은 어느 임신 아니오시랴
　　　동두칠성 서두칠성 남두칠성 북두칠성 태일성 태박사 전두진정 오시는구나"

를 도모하기 위한 매개물로 볼 수 있지 않을까?

3. 세속화世俗化(secularization)

세속화의 사전적 의미는 "세상의 일반적인 풍속을 따름, 또는 거기에 물들어 감"이다.[11] 세속화는 과거 가톨릭교회의 사유재산과 정치적 권한 등이 무너져가는 시점에서 생긴 말이다. 이는 종교적 질서가 뿌리내린 사회에서 이성적 합리성이 대체해나가는 근대를 거쳐 물신주의에 매몰되어가는 현대에 이르기까지 적용되는 개념이기도 하다. 이 개념의 밑바탕에는 그리스도교의 하느님과 그 섭리가 지배하는 세계 대신 인간의 욕망에 기반을 둔 자본주의의 이념이 지배하는 세계가 상정되어 있다.

이러한 세속화의 개념을 한국 샤머니즘에 적용한다는 것은 본질적으로 맞지 않는 것으로 여겨질 수도 있다. 한국 샤머니즘에서 성과 속의 구분을 두고 있지 않기 때문이다. 오히려 한국의 만신은 현세의 욕망을 극대화하여 재수를 불어주고, 음식과 술, 노래와 춤으로 개인의 신명을 일으켜 자유로운 경지를 맛보게 해주는 특징을 본질적으로 갖추고 있기 때문이다.

그럼에도 불구하고 이러한 세속화의 개념을 통해서 한국 샤머니즘을 다루는 것은 종교 간 특징을 깊이 인식할 수 있는 개념도구로 활용할 수 있기에, 유용한 측면을 가지고 있다.

그리스도교 관점에서 보면, 한국 샤머니즘이 철저히 세속화된 종교적 색채를 띠고 있지만, 그 안에서 종교적인 갈등을 겪지 않는다는 점에 주목할 만한 이유가 있다. 그럼 세속화의 견지에서 한국 샤머니즘과 그리스도교

11_ 『표준국어대사전』(http://stdweb2.korean.go.kr).

를 이해해 보고자 한다.

그리스도교 『신약성서』에는 광야의 유혹에 등장하는 사탄이 있다. 빵에 대한 유혹, 죽음에 대한 유혹, 권력에 대한 유혹 등이 그것이다. 첫 번째 유혹은 광야에서 굶고 지친 예수에게 필요한 것이었고, 두 번째 유혹은 그런 고통을 피할 수 있는 대안으로서의 죽음과 그 죽음의 두려움을 극복할 수 있는가에 대한 유혹인 것이었다. 세 번째 유혹은 지배욕에 대한 유혹이다.

세속화에 대한 담론을 전개할 때, 이 이야기를 꺼내는 것은 어쩌면 당연할지도 모른다. 이 세 가지 유혹은 시대를 뛰어넘어 현재에도 그리스도교를 위협하고 있기 때문이다. 특히 자본의 흐름이 전 세계의 정치, 경제, 문화에 영향을 미치지 않는 곳이 없을 정도로 막강한 요즈음은 어느 시대보다 그 폐해도 크게 부각되고 있다.

그리스도교에서는 현대에 이르러 민족 간의 문화와 종교를 인정하고 사회구조의 변화를 포용해서 인류의 발전과정을 긍정적으로 보려는 제2차 바티칸 공의회의 정신에 주목하고 있다. 또한 그리스도교가 세계적 변화의 과정을 내적인 자기탐색의 기회로 삼아, 세속화의 문제를 제기해왔다.

하지만, 인류가 걷고 있는 물질적 풍요에 따른 빈익빈 부익부의 구조 문제, 절제되지 못하는 인류의 물질주의적 욕망, 제국주의적 종교 이데올로기의 실천, 급격한 산업화와 도시화에 따른 환경훼손의 문제 등 여러 부작용을 안고 있음에도 불구하고, 그리스도교는 대안을 마련하지 못한 채 자본주의적 세계체제에 적응해나가는 형국이다. 더욱이 현재의 자본주의 바탕이 된 프로테스탄트의 윤리는 무신론의 한 현상으로 해석되기도 한다. 비단 가톨릭이 이 흐름에 저항한다 하더라도, 오히려 자본주의 안에서 가톨릭의 존립이 문제가 되는 실정이다. 때문에 그리스도교의 종교적 이상은 이미 세속화의 과정에서 타협과 동화의 과정을 거쳐 그 빛을 거의 바랬는지도 모른다.

한편, 한국의 샤머니즘은 세속화의 다른 특징을 보인다. 샤머니즘은 현실에서 무엇인가가 이루어지기를 바라는 사람들에게 언제나 맞춰져 있을 뿐이다. 즉, 샤머니즘 의례에서는 어떠한 종교적 교리나 신념을 강요하지 않는다. 마을주민과 개인들의 소원을 열심히 듣고 그들의 바람을 실현하도록 거들 뿐이다. 만신은 그 바람이 경제적 욕구이든지, 관직이나 명예이든지, 좋은 직장이나 학교에 입학하든지, 또는 사업을 번창하는 것이든지 개개인의 바람에 충실한 방향에서 축원과 덕담을 하게 된다. 샤먼의 의례 목적은 결국, 개인과 개별 단위 공동체인 마을이나 국가의 희망을 실현하기 위한 것에 있기 때문이다.

이러한 공수나 춤, 노래를 통한 의례는 세속화의 전형을 보여 주기도 한다. 샤먼 의례의 목적은 세상 사람들에게 맞춰져 있기 때문에, 세속적이지 않은 신이나 종교적 세계를 가정하거나 믿음을 강요할 필요가 없다. 샤먼이 하는 노래는 이미 사람들이 일상에서 누리고 좋아하는 그러한 세속적인 음악이 되어있고, 그것을 하면 할수록 더욱더 사람들은 세속적이 되고 즐거워한다. 샤먼이 신적 전환을 이뤄도 마찬가지다. 신적인 전환을 이뤄서 노래하면 할수록 신명이 올라오고 사람들은 즐거워할 뿐이다. 더욱더 신명이 넘치고 재미가 있어서 신바람이 일어나는 것이다. 즉, 한국 샤머니즘에서 성과 속의 구별이 따로 분리되어 있지 않으며, 일상적 영역과 영적 영역이 분리되어 있지 않다.

그렇기 때문에 굿판에서는 대중가요나 민요가 흘러나와도 어색하지 않다. 사람들은 이러한 난장판을 즐거워하면서 굿판에서 희열을 맛본다. 술을 마시고 춤을 추고, 웃고 떠들어도 문제가 되지 않는다. 다른 사람들에게 큰 피해를 주지 않는 선에서 절제할 수 있고, 의례를 막는 극단적인 행위가 없으면 문제 삼지 않는 것이다.

한국의 샤머니즘의 특징은 수요자의 요구에 맞춤형으로 응대하는 유연성과 실용성에서 찾을 수 있다. 이에 따라 한국 샤머니즘의 세속화 경향을 크게 두 가지 측면에서 정리할 수 있다.

첫 번째 측면에서 한국의 샤머니즘은 기복적이라는 것이다. 기복적 성격은 세속화의 경향을 단적으로 드러내는 것으로, 재수나 재화를 추구하기 위해 종교적 행위를 벌이는 경향을 말한다. 흔히 이를 서울·경기지역에서는 '재수굿'이라고 한다. 이러한 굿은 바로 현실에서 필요한 재수나 재화를 벌어들이기 위해 행하는 세속화된 종교행위인 것이다.

특히, 이러한 전형들은 대감거리나 제석거리에서 잘 드러난다. 한국의 만신은 오방기를 뽑고 재수를 점쳐 미래에 대한 불안감을 해소시켜주고, 명잔이나 복잔 등의 술잔을 받아 마시게 한다. 만신이 돈을 받은 경우에는 신복에 끼워 넣기도 하고, 얼굴에 붙이는 경우까지 종종 있다. 이는 스스로 세

〈사진 4〉 대감거리에서 돈을 전립에 꽂은 만신의 모습[12]

12_ 2011년 거북산당도당굿에서 승경숙 만신의 대감거리 사진자료.

속화되어 생산과 재수를 염원하는 신격임을 직설적으로 드러내는 행위라고 볼 수 있다. 재수를 주는 신은 재수를 보여줌으로써 더욱 재수를 끌어들인다. 사업을 잘하는 것이나 돈을 많이 버는 것, 또는 아이를 많이 낳는 것도 모두 넓은 의미에서 모두 재수의 일종으로 볼 수 있다.

이러한 한국 샤머니즘의 세속성은 그 안에 다른 의미를 담고 있다. 그 의미는 현실적인 참여자의 요구를 정면에서 수용해왔다는 점이다. 샤먼은 요구에 대한 일종의 보상을 굿 의식 안에서 제공한다. 이런 특징은 세속적인 사회에서 세속적인 사람들의 욕구를 만족시켜주면서 만들어져 왔고, 미래에로 나아간다. 애당초 형식화된 윤리나 엄격한 교리dogma와는 거리가 멀었다.

두 번째 측면의 세속화는 만신을 통해 신과 인간이 합일된다는 점이다. 샤머니즘의 신령은 세계 안에서 현전하며 사람들과 먹고 마시거나 춤추고 노래하면서 함께 놀고 즐기는 존재이지, 세계 밖에서 존재하는 대상이 아니었다. 마을 사람들은 대동의 굿판을 열어 함께 굿상의 음식을 나눠 먹거나 굿판에서 무감을 서서 신명을 발현해보기도 한다. 샤먼은 사제자로서 엄숙함이나 경건함으로 제의를 진행하기보다, 화려한 춤과 노래를 통해 신을 현재화시키는 존재다.

그러기에 샤머니즘에는 세속적 여흥과 신명이 뒤따른다. 만신과 신격이 서로 다른 차원이나 다른 공간에 머물지 않기 때문이다. 연행 공간 안에서 만신은 신격이 되고, 사람들과 함께 춤과 노래를 통해 신의 언사와 행위를 보여줌으로써, 신과 인간의 만남이 이루어지는 것이다.

이런 한국 만신의 가무능력은 신적 세계를 드러내는 굿판에서 빛을 발휘한다. 만신은 스스로 신격이 되며, 반짝거리는 별과 같이 자신의 가무능력을 통해 존재를 실현하게 된다. 이 존재는 신의 형상화로 굿판에서 서는 만신 자신이 교감하는 신을 형상화함에 따라 드러나는 존재이다. 신의 형상화하는데 필요한 가무내용은 참여하는 사람이 원하는 경향을 따르게 마련이다. 이 지점 때문에 만신의 가무가 세속화의 특징을 보이는 것이다.

이글은 세속화의 경향을 두 종교의 입장에서 서술함으로써, 서로의 입장에 대한 극명한 차이를 드러내고자 했다. 그리스도교에서 말하는 세속화에 대한 종교적 입장과는 다르게, 한국 샤머니즘에서 세속화는 재화의 추구나 풍요에 대한 갈망, 신명의 발현을 통한 삶의 의지를 고양시키는 측면을 지닌 것이었다. 이런 차이에 대한 이해는 서로 갈등하는 종교로 바라보는 관계를 넘어서서, 상호 이해와 보완을 가져오는 기회가 될 것이다.

4. 나가는 말

이글은 한국 샤머니즘과 그리스도교의 사상적 이해를 위한 담론으로서 별의 의미와 세속화를 중심으로 논의한 글로서, 종교 간 상호 간 이해를 증진하려는데 그 목적을 둔 글이다.

세 가지 주제에 입각해서 논의한 결과는 다음과 같다.

첫째, 한국 샤머니즘에 담긴 별에 대한 신앙은 그리스도교 아기예수 탄생을 경배하러 갔던 동방박사이야기 안에서도 관련되어 있는 것으로, 인간의 탄생과 별의 관계성을 단적으로 드러내주는 것임을 밝혔다.

둘째, 이글에서는 그리스도교가 세속화의 경향을 비판적으로 성찰해 왔음을 제시하였고, 한국 샤머니즘에 드러난 세속화의 경향을 '기복적 성향'과 '신인합일'로 밝혔다. 그럼에도 불구하고 자본주의 체제에서 이 두 종교의 역할은 긍정적이고 상호 보완적인 측면을 가지고 있음을 제시했다.

칠성신앙과 삼신신앙의 관계성*

양종승
샤머니즘박물관 관장

1. 들어가는 말

칠성신앙은 별에 대한 숭배로써 오랫동안 한민족 고유의 신념으로 계승
되어 왔다. 단군조선시대를 거쳐 삼국시대, 고려시대, 조선시대를 지나 오
늘날까지 우주에 대한 공경과 믿음으로 신앙되어져 온 칠성신앙의 역사적
사실을 밝히는 수많은 자료 중 대표성을 띠는 것은 오늘날까지 이 땅에 고
고유물로 전해져 온 고인돌(고임돌 또는 굄돌), 즉 지석묘支石墓이다. 선사시대
돌무덤으로 남아 있는 우리나라 고인돌은 지금까지 밝혀진 것만도 대략 4
만 5천여 개에 이르고 있으며 이는 전 세계 고인돌 40 퍼센트 이상을 차지

---

*　　본 글은 양종승의 「무교의 칠성신앙과 도교의 칠성신앙 고찰」, 『한국무속학』 34집(한국무속학회, 2017) 내용과 중첩되고 있음을 밝힌다.

할 정도로 많은 양이다. 형식상 지상의 것과 지하의 것으로 분류되어지는데 전자의 것은 4면을 널돌로 막아 널방을 만들어서 윗면에 상돌로 덮는 것이고 후자의 것은 널방을 만들어서 돌을 괸 후 상돌을 얹는 것이다. 이와같이 고인돌의 형식이 다르게 존재하는 것은 지역성을 띠기 때문인데, 지상의 것은 북방식이고 지하의 것은 남방식으로 분류된다. 그런데 고인돌에서 주목되는 것은 일곱 개의 바위 구멍이 새겨져 있다는 것이다. 경우에 따라서 고인돌 구성 자체가 일곱 개로 배치되기도 한다. 이러한 사실은 우리 민족이 칠성에 대한 믿음을 고인돌에 담아 장례풍습으로 전승하여 왔음을 알게 한다. 즉, 주검을 칠성신앙에 담아 고인돌로 상징화되었음을 엿볼 수 있는 것이다.

한편, 삼신신앙은 단군을 중심으로 성립된 산에 대한 숭배이다. 신앙 대상은 전국 각 고을마다 존재하는 주산主山의 신령으로 나타나는 산신山神이다. 신령이 머무는 주산主山은 마을 진산鎭山으로서 역할하며 천상과 가장 가까이 있는 거대하고 높다란 영산靈山으로써 존립된다. 그래서 이곳은 씨를 준 조상이 존재하는 시조산始祖山의 의미를 담고 있는 것이다. 따라서 시조산으로써의 산신은 한민족 정체성(national identity) 확립에 중요하게 작용되는데, 이는 단군을 모체로 성립된 삼신신앙의 구조와 체계를 갖추고 있기 때문이다. 단군은 민족이 수난을 당하고 위기에 봉착하였을 때마다 단합과 결합을 추구하며 구심체로써 구실을 해 왔을 뿐만 아니라 한민족 역사와 문화의 정체성을 밝히는 데에 중요한 등불 역할을 해 왔다.[1] 한편, 산신으로 좌정된 단군의 실재는 환인 그리고 그의 아들 환웅이 하늘로부터 수많은 무리를 거느리고 하강한 태백산으로부터 확인되며, 그곳에서 환웅의 아들 단군이 나

1_ 서영대, 「단군관계 문헌자료 연구」, 『단군-그 이해와 자료』, 서울대출판부, 1994, 47~81쪽; 「한말의 단군운동과 대종교」, 『한국사연구』 114, 한국사연구회, 2001, 217~264쪽.

라를 세워 백성을 다스린 후 산의 신령이 되었다는 사실에 기인한다.

본 글은 칠성신앙 수 7과 삼신신앙 수 3의 관계성을 밝히는 것이다. 그래서 우선 한민족 고유의 신앙 체계 속에 있는 칠성신앙과 삼신신앙의 전개 그리고 단군을 모태로 성립된 삼신의 신앙적 형태에 논하고자 한다. 그리하여 두 개의 신앙 체계가 시원적으로는 동일 선상에서 전개되어 계승 발전되어진 것임을 밝히려는 것이다. 이를 위해, 첫째, 한민족 고유의 칠성신앙과 관련된 자료를 열거하여 그 형태와 의미를 파악할 것이다. 더불어 중국 도교로부터 유입되어진 칠성신앙에 대해서도 언급하면서 고유의 것과 변별되는 사례를 살펴보고자 한다. 둘째, 삼신신앙의 구조와 형태를 살펴보기 위해, 단군, 산신, 고깔 등에 나타난 삼신신앙 신앙적 형태를 열거하여 그 속성과 특징을 밝히고자 한다. 그리하여 본 글에서 궁극적으로 밝히고자 하는 칠성신앙에 담긴 수 7과 삼신신앙의 담긴 수 3에 내재된 수리 체계적 의미 그리고 양자 간 신앙적 관계성을 논할 것이다.

2. 칠성신앙

1) 한국 고유의 칠성신앙

우리나라에서 발견된 고인돌은 신석기시대 유물이다. 그리고 이것이 보편적으로 사용되어진 시기는 적어도 기원전 8세기에서 7세기 이전부터이며 그 풍습은 기원전 2세기까지 이어져 왔다.[2] 고인돌이 우리나라 고유의 칠

2_   이영문, 『한국지석묘사회연구』, 학연문화사, 2002; 강인구, 『한국 고대의 고고와 역사』, 학연문화사 1997.

성신앙과 관련되어 있음을 알게 하는 것은 다음의 사례들을 통해 확인된다. 경기도 용인에서는 고인돌을 칠성바위라 불렀다.[3] 전남 영암군 덕진면 금강리에서 발견된 고인돌은 그 배치 형태가 북두칠성을 닮았는데 사람들은 이를 칠성바우라고 불렀다.[4] 경기도 하남시 교산동 객산 아래쪽 능선에 놓여 있는 일곱 개 고인돌은 칠성바위라는 명칭을 갖고 있으면서 신성시되어 왔으며, 충북 제천시 한수면 송계리에서 발견된 고인돌에는 일곱 개의 굼이 파여 있다. 그래서 사람들은 이 돌을 칠성바위라 불렀다.[5] 경북 김천시 미평리에서 발견된 고인돌도 칠성바위로 불리었는데 돌 위에 여러 개의 구멍이 나 있다.[6] 일곱 개 놓인 고인돌을 칠성바위라고 부르는 전남 장흥군 대덕읍 연정리 평촌마을과 장흥군 장동면 만년리 삼정마을 등 전남 지역 11개 마을 사례를 통해서도 고인돌이 칠성신앙과 관련되어 있음을 알게 한다.[7]

고구려(기원전 37년~668년) 고분벽화에서 다량의 북두칠성 형상이 발견된 것 또한 칠성신앙이 한국 고유의 것임을 말하는 주요한 사례이다. 고분벽화 속에 수백여 개나 그려진 별들이 고구려인들의 천문과 이상향에 대한 꿈이 결합된 소우주를 묘사하고 있는 것과 같이[8] 우주와 천체 현상에 대한 고대 한국인들의 우상과 믿음은 별신앙이 지속적으로 계승 발전하는데 중요한 역할을 하였다. 주목되는 것은 이 시기는 도교가 한국으로 유입되기 전이라는 것이다. 도교는 중국 5대 종교 중 유일하게 중국에서 발원된 것으로써 도교 형성시기인 2세기의 중국 사상과 철학 그리고 신앙적 관념을 철저하게

3_   우장문, 『경기지역의 고인돌 연구』, 학연문화사, 2006; 제천시지편찬위원회, 『제천시지』, 2004.
4_   목포대학교박물관, 『영암의 고인돌』, 2003.
5_   최근영·이호영·최몽룡·지병목, 「제천 한수면 송계리 선사유적 조사보고」, 『사학연구』 54, 한국사학회, 1997.
6_   김천시·대구대학교박물관, 『문화유적분포지도』, 2003.
7_   표인주, 「칠성」, 『한국민속신앙사전』 가정신앙, 국립민속박물관, 2012.
8_   김일권, 『고구려 별자리와 신화』, 사계절, 2008.

수용한 종교이다. 도교에 관한 이러한 정황을 중시한다면, 도교 유입 전과 후의 한국인의 종교적 관념은 판이하게 다를 수 있다. 따라서 도교 유입 전의 한국의 신앙체계는 적어도 고구려가 1세기 초부터 기원 후 7세기 중엽에 이르는 근 800년간 고조선과 부여의 풍습을 이어받아[9] 신앙을 비롯한 문화, 정치, 경제, 군사 등의 분야에서 독창성을 갖고 문명국의 일로를 개척해 왔던 것이다. 그리고 이러한 시대적 상황 속에서의 천체에 대한 신앙은 바로 고구려 고유의 것으로써 그 잔재가 고구려 고분벽화로 남아 있는 것이다. 3세기에 이르러서 보이기 시작한 고분 벽화의 형식은 처음에는 일상생활과 관련된 것들이 주류를 이루었지만 점차 좋지 못한 해로운 악귀를 쫓아내는 벽사기능의 사신도四神圖까지 창출되어 졌다. 그리고 신비의 세계, 즉 천체에 대한 믿음과 함께 칠성에 대한 신앙이 고분의 벽화로 표현된 것이다. 이러한 신앙체계를 바탕으로 당시 광개토대왕을 위시한 고구려 사람들은 자신들이 천손민족이라 자칭하여 북두칠성 자손임을 밝히는 데까지 이어졌던 것이다. 광개토대왕비 상단과 경주 호우총 출토 청동 광개토대왕명 호우 상단에 한결같이 정井자가 표시되어 있는 것도 결국은 북두칠성이 존재하는 곳임을 의미하는 것으로 풀이된다.[10] 이 곳, 즉 정井의 위치는 하늘과 맞닿아 있는 지상의 영지靈地이다. 그러면서 이곳은 백두산 천지와도 연관되어진다. 그런데 이곳에는 항시 생명의 탄생수로 알려진 물이 고인다. 이러한 전통을 이어받아 우리나라 곳곳에 존재하는 정井자 형태의 샘들에서 나는 물을 생수生水라 하고 매년 우물제 또는 용왕제를 올린다. 샘물 존재성에는 생명 및 나라를 통치하는 군주의 탄생을 암시하는 상징성도 함께 하기도 한다. 그래서 우물은 새로이 세상을 다스릴 존재의 출현을 알리거나 또는 준

9_   주영헌, 「고구려 벽화무덤에 대하여」, 『고구려 고분벽화』, 조선화보사 동경, 1986.

10_   최인호, 『왕도의 비밀』, 샘터사, 1995.

비하는 공간으로 인식되기도 하는 것이다.[11] 어머니 뱃속에서 생명이 탄생할 때 양수가 터져야 하는 것과 같은 이치이다. 어찌되었건, 백색의 부석浮石이 얹혀 있어 마치 흰 머리와 같다하여 명명되어진 백두산은 한반도에서 가장 높은 2,750m 산 일 뿐만 아니라 지리산에 이르기 까지 백두대간으로서 역할 하면서 한반도에 뻗친 모든 산의 모체가 되고 있다. 그런데 바로 이러한 성산聖山에서 단군檀君이 탄강誕降한 것이다. 이는 곧 정자의 샘물이 군주 탄생과 무관치 않음을 뜻하는 것이다. 그리고 백두산은 존재 그 자체로써 한민족 칠성신앙과 연관되어 있음을 알 수 있게 하는 대목인 것이다.

숫자 7로 상징화된 민족 고유의 칠성신앙은 민간신앙이나 무속신앙에서 다양한 신앙 형태를 갖고 전승 발전되어 왔다. 음양陰陽과 오행五行 조화로써 인간의 명복冥福을 비롯한 자손점지, 수명장수를 도우며 흉凶과 화禍를 면하게 하고 길吉과 복福을 불러 들일 뿐만 아니라 기우祈雨의 대상신으로써 봉신되는 칠성신은 경우에 따라 제왕을 탄생시키며 출세와 권세를 돕기도 한다. 이와 같은 현세적 길복을 앞세운 칠성신앙의 현장 모습은 다양하다. 인간으로 태어나기 위해서는 북두칠성의 기운을 받아야 하기 때문에 장독대 칠성단에 정안수를 떠 놓고 칠성님에게 소원을 빌었던 것이 그것이다. 그래서 민가에는 장독대가 곧 칠성단이 된다. 이곳은 지난 밤의 별 빛 이슬에 젖은 물로 정안수로 삼아 소원을 빌었던 칠성님 터전이 되는 것이다. 아기가 태어나 때가 되고 시가 되면 만신 신당에 명다리를 거는데 그 나이가 칠성을 상징하는 일곱 살이어야 했다. 집을 새로 짓거나 옮기게 되면 성주를 새롭게 모시게 되는데 성주를 받아야 하는 대주의 나이가 중시 된다. 그 나이는 서른일곱, 마흔일곱, 쉬흔일곱 등 나이 끝수가 일곱에 해당되어야만 하는 것이다. 그래야만 비로소 성주를 모실 수가 있는 것이다. 이러한 성주

11_ 권태효, 「우물의 민속, 그 신화적 상징과 의미」, 『생활문물연구』 16, 국립민속박물관, 2005, 5~24쪽.

신앙 풍습 또한 칠성신앙과 관련되어 있음을 보여주고 있다. 이뿐만 아니라 민간의 잉태의례나 장례풍습에서도 칠성은 주요하게 작용하였다. 사람이 태어나 처음으로 입게 되는 배냇저고리는 7일에 한 번씩 세이레 동안 갈아 입어야 칠성님으로부터 탄생되어진 생명에 대한 은혜를 갚는 것이라 생각하였다. 그래야만 아기 또한 무사하게 잘 성장한다고 믿었다. 사람이 죽어 장례를 치르게 되면 시체가 눕혀질 정도 크기의 널판으로 판을 만드는데 이를 칠성판이라 한다. 여기에 시신을 눕힌다. 그래서 예로부터 사람이 죽어 저승으로 갈 때는 칠성판을 짊어지고 간다라고 한 것이다. 칠성판에는 북두칠성을 상징하는 구멍 7개를 뚫거나 아니면 7개의 별자리 문양을 그려 넣는다. 그리고 칠성판에 눕힐 시신을 염을 한 후 일곱 매듭으로 묶는다. 이와 같이 주검에서도 응용되고 있는 것이 칠성이고 일곱이다. 이러한 풍습이 전승되는 이면에는 방상이나 무덤 앞의 석인과 같이 광중의 사귀를 쫓기 위한 목적도 있긴 하지만 그것 보다는 생을 다한 칠성 자손이 본디의 자리인 칠성 곁으로 돌아감을 의미한다. 그래야 죽음을 구제받고 저승에서의 새로운 삶을 개척할 수가 있는 것이며 산자들로부터 제례의 대상으로 등극될 수가 있기 때문이다.

2) 도교에서의 칠성신앙

도교는 중국 후한시대 장도릉張道陵이 창시한 종교이다. 도교가 애초에 추구하였던 것은 신선사상神仙思想이었다. 불로장수不老長壽를 이루기 위한 영생사상이 신앙적 목표였던 것이다. 그래서 득도에 도달한 사람을 신선神仙이라 했다. 신선은 죽음을 극복한 존재로 설명되어 지는 게 도교였다.[12]

12_　최수빈, 「도교에서 바라보는 저세상 : 신선(神仙)과 사자(死者)들의 세계에 반영된 도교적 세계관과 구원」, 『도교문화연구』 41집, 2014, 305쪽.

그러나 도교는 시간의 흐름 속에서 음양오행陰陽五行, 복서卜筮, 무축巫祝, 참위讖緯(미래 길흉화복의 조짐이나 앞일에 대한 예언) 등을 비롯한 도가道家[13]의 철학과 불교적 요소 등을 받아들여 오늘날과 같은 삶의 실천 속에서의 종교로 거듭나게 된 것이다. 영생사상을 향한 양생법養生法만으로는 도교를 유지시키는데 부족하다는 것을 깨달았던 것이다. 그래서 도교에서도 불멸을 추구하는 온갖 연금술이나 호흡법 등의 비법을 수용하고 이를 삶에 응용하게 된 것이다.[14] 결국 신선사상에다 민간신앙을 수용함으로써 배타성이나 편향성을 갖기 보다는 적절하게 받아들여 혼합성과 융화성을 표명하는 이른바 통합적 사상과 신앙체계로 거듭나게 된 것이다. 그리하여 시대 속에 사는 많은 사람들로 하여금 관심의 대상이 된 것이다.

한국에서의 도교는 624년 고구려가 당나라에 사신을 보내어 받아 들여오게되었는데, 당나라에서 도사道士로 하여금 천존상天尊像과 도법道法을 가지고와 노자老子를 가르치게 된 것으로서 부터 시작되었다. 그리고 시간의 흐름 속에서 주로 천문과 관련된 일월성신日月星辰신앙과 액 퇴치를 위한 부적符籍신앙이 일반화되기에 이르렀다. 그리고 한국으로 유입된 후 한국 고유의 무교를 비롯한 여타의 민간신앙에 영향을 끼치게 되었다. 이를 테면, 마을에서는 당집을 짓고 도교신들을 모시게 된 것이다. 그 것들 중 대표적인 것이 노인성老人星, 성제당星祭堂, 일월당日月堂 등[15]의 신당 들이다.

도교로부터 전파된 신앙 중 별신앙이 끼어있는 일월성신日月星辰신앙은 밝은 낮을 관장하는 일신日神과 컴컴한 어둠을 관장하는 월신月神 그리고 우

---

13 도가는 넓은 뜻으로 노자를 교조(敎祖)로 하여 뒤에 성립한 종교 도교(道敎)를 포함하는 것이지만, 일반적으로는 도교와 구별한다. 노자를 비롯한 장자(莊子), 열자(列子), 관윤(關尹) 등이 중심 되는 철학과를 가리키는 것이며, 좁은 뜻으로 노장철학(老莊哲學)을 말하는 것이다.

14 앙리 마스페로, 신하령·김태완 옮김, 『도교』, 까치, 1999, 40쪽.

15 아카마쓰 지죠(赤松智城)·아키바 다카시(秋葉 隆), 심우성 옮김, 『조선무속의 연구』, 동문선, 1991.

118   샤머니즘과 타종교의 융합과 갈등

주에서 태양처럼 스스로 빛을 내는 별들에 대한 신앙이다. 밝음, 즉 빛(太陽)을 주는 해신은 인간, 동물, 식물이 생명체로써 군림할 수 있도록 만들어 줄뿐만 아니라 인류 삶 속에 생존되는 자연환경이 제 구실을 할 수 있게 만드는 위대한 존재로 만들어 준다고 믿게 되었다. 또한 스스로는 빛을 내지 못하지만 지구 주위를 돌면서 태양빛을 거울처럼 반사하여서 그 존재를 드러내는 달신은 어둠을 몰아낸 다기 보다는 오히려 어둠의 일부를 밝히는 영적존재로 된 것이다. 천지 주야를 구분해주고 온 천하를 밝히는 해신과 달신은 마치 수컷과 암컷의 관계처럼 떨어지려야 떨어질 수 없는 불가분을 유지하면서 삶을 관장한다고 생각한 것이 도교인들의 기본적 믿음이었다. 도교의 일월성신신앙은 국가에서 의례장소까지 건립할 정도로 활성화를 꾀하기도 하였다. 그것이 상청上清, 태청太清, 옥청玉清 등을 위한 성제단星祭壇이고 이를 관장하는 관청이 소격서昭格署[16]였다. 그리고 소격소에서 행했던 대표적 의례가 초제醮祭였다.

도교식 초체에서 대표성을 띠는 것은 당연 칠성七星신에 대한 믿음이다. 도교의 칠성은 별자리 천추天樞, 천선天璇, 천기天璣, 천권天權, 옥형玉衡, 개양開陽, 요광搖光으로 구성되고 있다. 앞쪽 네 개의 별은 괴魁, 뒤쪽 세 개의 별은 표杓라 하는데 이 모두를 합하여 두斗라 칭한다. 그런데 이러한 칠성은 북두北斗와 남두南斗로 나뉘어져서 북두는 양陽으로써 죽음을 관장하고 남두는 음陰으로써 생명을 다스리는 사명신司命神을 구분되기도 한다. 주목할 것은 이러한 칠성신앙에서 섬기는 숫자는 7이다. 칠七의 신앙을 도가道家의 대표적 경문 옥추경玉樞經을 통해 보면 다음과 같은 것이다. 여기에는 일곱 개 성군星君과 일곱 개 여래如來를 뜻하는 칠성여래七星如來와 칠원성군七元星君이

16_ 소격서를 태종 이전에는 소격전(昭格殿)이라 하여 하늘과 별자리, 산천에 복을 빌고 병을 고치게 하며 비를 내리게 기원하는 국가의 제사를 맡아보게 하였다. 그러다가 1466년(세조 12) 관제개편 때 소격서로 개칭하였다.

속해 있다. 이들은 자손에게 만 가지 덕을 주는 천추성天樞星 탐랑성군貪狼星君 운의통증여래雲意通證如來, 장애와 재난을 없애주는 천선성天璇星 거문성군巨文星君 광음자재여래光音自在如來, 업장을 소멸해 주는 천기성天機星 록존성군祿存星君 금색성취여래金色成就如來, 소원을 이루어 주는 천권성天權星 문곡성군文曲星君 최승길상여래最勝吉祥如來, 백가지 장애를 없애주는 왕형성王衡星 염정성군廉貞星君 광달지변여래光達地邊女來, 복덕을 고루 갖추게 해 주는 개양성開陽星 무용성군武曜星君 법해유희여래法海遊戱如來, 수명을 오래토록 연장해 주는 요광성搖光星 파군성군破軍星君 약사류리광여래藥師瑠璃光如來로 구분된다.

3. 삼신신앙

1) 단군에서의 삼신신앙

서기전 2333년에 개국된 고조선(일명 단군조선) 건국 신화神話의 주인공 단군은 무교의 성립 및 존립에서 원천적 존재로 군림한다. 단군이 이와 같이 중요한 인물임에도 불구하고 '신화'라는 굴레 속에 갇혀져 있으므로 가치 정립에 있어서는 소극적이다. 주지하다 시피, 신화란 하늘과 땅이 처음 열리는 천지개벽이야기, 건국 영웅의 출현 과정을 말하는 건국시조이야기, 믿고 섬기는 영적 존재의 초월적 행적을 이야기 등 역사적 사건들에 관한 것이다. 그리고 이와 같은 이야기 속에는 고대인들의 진정한 사유와 표상이 투영되어 있다.

단군신화 속에 담긴 삼신三神의 역사적 내용은 고려 승려 석일연釋一然(1206~1289)의 『삼국유사三國遺事』 고조선 - 왕검조선 내용을 통해 알 수 있다.[17]

고기古記[18]_에 이런 말이 있다. 옛날에 환인桓因(帝釋을 이른다)[19]_의 서자庶子 환웅桓雄이 계셔 천하에 자주 뜻을 두고, 인간 세상을 탐내어 구했다. 아버지는 아들의 뜻을 알고, 삼위태백산三危太白山[20]_을 내려다 보니 인간 세계를 널리 이롭게 할만 했다. 이에 천부인天符印[21]_ 세 개 를 주어, 내려가서 [세상 사람들을] 다스리게 했다. 환웅은 그 무리 三천명 을 거느리고 태백산太白山 꼭대기의 신단수神檀樹[22]_ 밑에 내려와서 [이 곳을] 신시神市라 불렀다. 이 분을 환웅천왕桓雄天王이라 한다. [그는] 풍 백風伯, 우사雨師, 운사雲師[23]_를 거느리고 곡식, 수명, 질병, 형벌, 선

17_ 본 글에서는 1989년 이재호(李載浩)가 번역한 『삼국유사(三國遺事)』(광신출판사)의 권 제2 고조선(古朝鮮 - 王儉朝鮮) 부분에서 단군 및 삼신 그리고 단군신앙과 관련된 의례에 관한 사건을 중심으로 다루기로 한다.

18_ 『古記』라는 책은 현재 전해지지 않지만 「단군신화」 등이 수록되어 있었다고 전해지고 있는 한국 고대 역사서이다. 고려 인종 23년(서기 1145)에 김부식이 편찬한 한국 최고의 역사서 『三國史記』에 사료로 기록되어 있는데, 여기에 『古記』를 비롯하여 『海東古記』, 『三韓古記』, 『本國古記』, 『新羅古記』 등 다양한 기록서가 나타나 있다. 김부식은 이 기록서들을 일차 사료로 삼았으며, 중국 사료와 한국의 사료가 충돌하는 경우에는 한국 사료를 우선적으로 사용했다고 한다. 한편, 조선 정조 때 안정복은 『東史綱目』에서 『古記』는 『檀君古記』의 약칭으로서 단군의 사적을 기록한 문헌으로 보이며, 이승휴가 우리나라와 중국 역사를 칠언시와 오언시로 서술한 『제왕운기(帝王韻記)』에 인용되어지는 『檀君本紀』와 같은 책이라고 보았다. 한편, 고기(古記 또는 檀君古記)는 단순히 신화만을 기록하고 있는 것이 아닌 단군왕검이 나라를 세우고 도읍지를 정하는 것 등의 사실적인 한민족 역사 사건을 기술하고 있는 역사서이다.

19_ 환인(桓因)이란 승려 일연과 그의 보필자(補筆者) 무극(無極)에 의해 불교적 방향으로 윤색되어져 한문 표기의 "桓因"이라 한 것으로 해석된다. 이를 뒷받침하는 것은 그의 주석에 위제석야(謂帝釋也)라고 한 것으로 보아도 알 수 있으며, 환인과 제석은 모두 불교 용어로써 인도의 천주(天主) 또는 호법신(護法神)을 뜻한다. 단군 역사에서의 환인(桓因)은 오늘 말의 하늘, 혹 하느님의 근원이 되는 어떠한 어형의 표음인 듯 이해되고 있다.

20_ 삼위태백은 단군이 처음 하강한 곳과 되돌아 간 곳을 말한다. 오늘날 무교에서 산악신앙이 각별히 중시되고 있는 점도 단군이 산으로 강림하였고 또한 산으로 돌아갔기 때문이다. 이로써 굿에서 단군을 모시는 산거리(산거리, 상산맞이거리)는 앞부분의 서두에서 이루어지고 있는 중요한 굿거리 중 하나이다.

21_ 천부인은 신의 위력과 영검한 힘의 표상이 되는 신성한 부인(符印)을 이른 것으로써 거울(鏡), 칼(劍), 방울(鈴) 등을 말한다. 이것들은 동북아시아 민족의 공통된 신구(神具)이다. 일본 신화에도 세 가지 신기(神器)가 거울, 칼, 구슬로 되어 있다. 오늘날까지도 한국 무당들 사이에서는 방울, 동경(명두), 칼이 매우 귀중한 귀물(鬼物)로 취급되고 있다.

22_ 신단수는 태백산 꼭대기에 있는 나무이다. 하느님이 이곳으로 그의 아들 환웅을 강림시켰다. 그래서 신단수는 신성한 나무가 있는 곳으로써 하느님께 제를 올리고 큰굿을 지냈던 신성한 장소가 된다. 즉 땅과 하늘을 연결하는 소통의 신목(神木)이다. 오늘날 서낭당, 서낭나무와 같은 것이나 같다. 단군시대에서의 이곳은 큰굿을 하였던 굿당이며 신당인 동시에 정치의 근본지였다.

23_ 풍백, 우사, 운사는 각각이 행사할 수 있는 영험력을 가지고서 바람, 비, 구름을 주관하는 주술사이다.

악[24]- 등을 주관하고, 인간의 삼백 예순 가지나 되는 일을 주관하여 인간 세계를 다스려 교화시켰다. 이 때 곰[25]- 한 마리와 범[26]- 한마리가 같은 굴에서 살았는데, 늘 신웅神雄(桓雄)에게 사람 되기를 빌었다. 때마침 신神(=桓雄)이 신령한 쑥 한 심지炷와 마늘[27]-을 주면서 말했다. "너희들이 이것을 먹고 백날 동안 햇빛을 보지 않는다면 곧 사람이 될 것이다." 곰과 범은 이것을 받아서 먹었다. 곰은 기忌한지 이십일二十一(즉 三七일)만에 여자의 몸이 되었으나, 범은 능히 기하지 못했으므로, 사람이 되지 못했다. 여자가 된 곰은 그와 혼인할 상대가 없었으므로 항상 단수壇樹 밑에서 아이 배기를 축원했다. 환웅桓雄은 이에 임시로 변화여 그와 결혼해 주었더니, 그는 임신하여 아들을 낳았다. 이름을 단군왕검이라 일렀다. 왕검은 요임금이 왕위에 오른 지 오십五十년인 경인년에 평양성平壤城에 도읍을 정하고 비로소 조선朝鮮이라 불렀다. 또 다시 도읍을 백악산白岳山 아사달阿斯達[28]-에 옮겼다. 그 곳을 또는 궁弓 홀산忽山 또는 금미달今彌達이라 한다. 그는 일一천 오五백년 동안 여기서 나라를 다스렸다. 주나라 무왕武王이 왕위에 오른 기묘년에 [무왕이] 기자箕子를 조선에 봉封하니, 단군은 이에 장당경藏唐京으로 옮아

24_ 단군시대는 곡식(농업관계 즉 먹거리를 관장 하는 것), 수명(생명관계 즉 건강장수를 관장 하는 것), 질병(생명관계 즉 병환을 관장하는 것), 형벌(법률관계 즉 질서를 관장 하는 것), 선악(도덕관계 즉 인간적 삶의 방식을 관장 하는 것) 등이 중시되었다. 이러한 요건들은 인간이 삶을 영위하는데 필수적으로 요구되는 인간본능의 것으로써 집단체를 이루는 사회구조 속에서 필수적으로 수반되는 조건들이다.

25_ 고대 아시아인들의 숭배 동물인 곰에 대한 이야기가 단군 역사에 들어 있다는 것은 단군 이야기는 바로 역사적인 고대성을 충분히 뒷받침하고 있다고 할 수 있다. 참고 : 이정재, 『동북아의 곰문화와 곰신화』, 민속원, 1997.

26_ 북방 및 동방 아시아에서는 곰과 범이 가장 높은 급의 맹수로 알려져 있으며 자연숭배가 우선시 되던 시기에는 이것이 숭배의 대상 동물로 여겨졌었다.

27_ 쑥과 마늘은 주술적 효능을 발생하는 식물들이다. 이를 테면, 쑥은 나쁜 액을 씻어내고 부정한 액을 없애는 식물로써 오늘날에도 호남지역 씻김굿에서 망자 원한을 향물, 쑥물, 맑은 물로 씻어 낸다.

28_ 평양특별시 또는 황해남도 신천군과 안악군 일대에 있는 구월산으로 알려져 있다. 『大東地志』에는 황해남도 안악군의 고구려시대 이름이라 하고 있다.

갔다가 후에 돌아와 아사달에 숨어서 산신山神이 되었는데, 나이가 일
一천구九백여덟살이었다고 한다.

위와 같이 ①천신天神인 환인桓因의 ②아들 환웅桓雄이 인간세상을 구원
하고자 하니 아버지가가 그 마음을 알고 환웅을 지상으로 파견하였다. 환웅
은 하늘에서 땅으로 내려와 세상을 통치하였다. 지상의 곰과 호랑이가 환웅
을 찾아가 사람이 되게 해달라고 빌자 환웅은 이들에게 인간으로 변신할 수
있는 방법을 가르쳐 주었다. 호랑이는 지켜야 할 금기를 지키지 못해 변신
에 실패했지만 곰은 환웅의 지시를 잘 지켜 여성으로 변신하였다. 변신에
성공한 웅녀熊女는 환웅과 혼인하여 ③단군檀君을 낳았다. 그리고 단군은 고
조선을 건국하여 1,500년간 나라를 다스리다가 1,908세에 아사달산의 산신
이 되었다. 이로써 단군은 천신으로 하강하여 인간세상을 통치하고 교화 한
후 신격화되었다. 이를 통해 한민족에는 고대로부터 하느님桓因에 대한 신
앙이 존재하였고 천신桓因의 아들 환웅桓雄이 인간 세상에 강림함으로써 지
모신地母神에 대한 신앙과 종교 의례의 표현으로 곰이 쑥과 마늘을 먹고 동
굴 속에 머물러 여자 몸이 되었다. 그리고 모태를 상징하는 굴은 웅녀가 지
모신으로써 생산신을 의미하고, 곰녀가 하늘의 아들 환웅桓雄과 결합하여 단
군을 낳음으로써 천지天地의 융합이 이루어 진 것이다. 그리하여 ①하늘과
②땅의 융합에서 ③인간 창조가 이루어진 것이다.[29] 그 후, 여러 부족국가
에서 동맹東盟, 무천舞天, 영고迎鼓, 천군天君 등으로 불리는 단군의례의 유풍
이 이어진 것이다.

이와같은 단군의 신앙적 구조에는 삼신三神과 산신山神 그리고 천지인天
地人사상이 나타나는데 이는 최남선에 의해 주창된 불함문화론不咸文化論에

29_ 유동식, 『한국무교의 역사와 구조』, 연세대학교 출판부, 1983.

서도 주요하게 다루어졌다.[30] 이 학설은 백두산을 근간으로 형성된 한민족 고대문화에 한족, 만주족, 일본족 등이 속해 있다는 문화전파론이지만, 핵심은 신神, 천天, 태양太陽을 의미하는 광명사상을 표명하고 있는 것이다. 즉 불함문화권 중심지는 조선이며 그 중심에 천신天神이며 태양신太陽神인 단군檀君이 있다는 것이다. 난곡蘭谷이 발간한 서울굿 굿거리 그림책『무당내력巫黨來歷』에서도 단군신앙이 주요하게 거론되고 있는데,[31] "태초에 시월 삼일 신인神人이 태백산 박달나무 아래로 내려와서 신교神教를 만들어 사람들에게 가르쳤는데 그를 시조 단군이라고 하였다. 그의 큰아들인 부루扶婁는 현명하고 다복한 사람으로 사람들이 그를 존중하였고 후에 땅을 선택하여 단을 쌓고 토기에 곡식을 넣고 짚을 엮어서 씌었으니 이를 '부루단지扶婁壇地'[32] 또는 '업주가리業主嘉利'라고 불렀다. 매년 시월이 되면 신곡新穀을 시루에 쪄서 떡을 만들어 제주祭酒나 과일과 함께 바치어 제를 지냈다…"[33]

단군은 오늘날까지 무속의례 속에서 가망으로 좌정된다. 황해도굿의 초감흥굿, 평안도굿의 감흥굿, 서울굿과 경기굿의 가망청배, 호남굿의 초가망석, 동해안굿의 가망굿 등 전국 모든 굿에서 모셔지는 것이 가망이다. 가망은 단군신화에 나오는 환인, 환웅, 단군 등 삼신三神 중의 한분인 단군왕검을 지칭하는 고어이다. 원 뜻은 그므(검)이며, 그므(검)는 감이며 고어 굼에서 왔다. 이는 대감 영감 상감 등 높은 어른을 칭하는 데에도 사용되듯이

30_ 최남선,『不咸文化論』, 1925.

31_ 난곡,『무당내력(巫黨來歷)』, 서울대 규장각.

32_ 부루(夫婁 또는 扶婁)는 고조선을 건국한 단군왕검의 태자이다. 한편에서는 부루태자 또는 부루단군이라고도 부른다. 1675년 조선조 숙종1년 3월 상순 때 북애노인(北崖老人)이 저술한『규원사화(揆園史話)』에 따르면, 부루(夫婁)는 단군왕검의 아들이다. 기원전 2240년 제2대 단군으로 즉위하여 환인, 환웅, 단군 등 삼신(三神) 제사를 확립하였다. 부루단지는 지역에 따라 부리단지, 신주단지, 세존단지, 제석오가리, 몸오가리, 업주가리 등으로도 부르는데 종손이나 장손 집안에서 섬겼다. 매년 단지에 햇곡식을 담아 대들보 아래쪽에 단을 쌓아 모셔 놓는다.

33_ 난곡, 앞의 책.

124   샤머니즘과 타종교의 융합과 갈등

높임 그 자체를 의미한다. 굿에서는 가망을 비롯한 가뭉, 가뭉, 거뭉, 감응, 감흥 등으로 표기되거나 호칭되고 있다. 가망굿에서 가망이 민족 시조 단군임을 알게 하는 증거는 가망 공수를 통해 알 수 있다. "너희 부리에 본 주고 씨 준 가망"이라는 정형화된 공수가 그것이다. 가망이 성과 본을 준다는 것으로써 씨를 만들어 준 존재임을 알 수 있게 한다. 즉 조상의 원조임을 뜻하는 것이다. 현장에서 보이는 이러한 굿을 통해 가망이 근원신의 또 다른 이름임을 확인할 수 있는 것이다. 이러한 의미를 갖고서 굿에서 응용되는 것이 바로 "거므나 땅에 희나 백성'이다. 거므(단군)나(의) 땅에 희나(흰) 백성임을 뜻하는 것으로써 단군나라의 단군 자손을 말하는 것이다.

2) 산악신앙과 삼신신앙

산山의 의미를 깊이 있게 담아 신앙의례 속에 활용되고 있는 것이 고깔이다. 고깔은 삼신을 상징하는 의례용 모자이다. 이는 추위 또는 더위로부터 머리를 보호하거나 아름다움을 표현하기 위한 것과는 그 쓰임새가 다르다. 삼신을 표현하는 방법을 왜 하필 머리에 쓰는 고깔로 삼았을까하는 점 또한 궁금하지 않을 수 없다. 고깔을 쓰게되는 신체 부분은 머리이다. 머리는 뇌와 중추신경이 모여 있는 인체의 핵심이다. 이 곳에 귀, 눈, 입, 코의 이목구비가 갖추어져 있다. 그래서 머리는 신체 중 가장 윗자리를 뜻하는 두령頭領 즉 대갈이다. 우두머리 또는 꼭대기라는 뜻을 갖는 두頭 그리고 성혈을 받아 모신다는 어원의 영領이 합해진 곳이 바로 머리인 것이다. 그러므로 머리는 신체 중 최고 위치에 있는 곳으로써 지극히 성스러움을 암시한다. 따라서 고깔을 머리에 쓴다는 것은 곧 성 스러움 존재에 대해 예를 표하거나 그 대상을 상징화 하려는 것임을 알 수 있다. 고깔을 쓰는 것은 소망하는 바를 이루기 위해 신앙 대상에 대한 예를 갖추는 것이어서 동해안

지역 세존굿에서는 무녀가 종이로 접은 고깔을 머리에 쓰고 제석님에게 인간의 재복, 수명, 자손생산을 기원한다. 경기, 서울과 이북지역에서도 무당이 제석을 모시는 굿거리에서 고깔을 쓴다. 삼불제석은 세 분의 제석신을 말하는 것인데 재복, 수명, 자손생산을 담당하는 신을 말한다. 삼국유사에 나오는 환인. 환웅. 왕검을 지칭하는 것이다. 충청도 무속의례에서 사용하는 고깔은 두 종류이다. 하나는 삼불제석을 상징하는 고깔로써 삼각형으로 접어 신령상에 진설한다. 다른 하나는 법사가 쓰는 고깔인데 이를 의관이라고 부른다. 법사들이 읊는 경문 정심경 서두에 "엄정의관 절수좌계 등심정귀 고치연흠"이라는 대목이 나오는데 이는 의관(고깔)이 법사에게 중요하게 쓰이는 의례 복식임을 말해 주고 있다.

난곡蘭谷이 한양굿거리 내용을 채색하여 그려 놓은 두 권 무속 화보집 『무당내력巫黨來歷』과 『무당성주기도도巫黨城主祈禱圖』 제석거리에도 무당 고깔 그림이 나온다. 백장삼을 입고 허리에 홍띠를 두르고 어깨에는 홍가사를 맨 후 펼쳐진 부채와 방울을 양손에 나눠 들고 굿청을 바라보고서 신을 부르는 그림이다. 그런데 두 권의 책에는 여러 굿거리 그림이 있지만 유독 제석거리에서만 고깔 그림이 나오고 있다. 그런데 제석은 단군신화 속에 나오는 삼신신앙과 관련되어 있다. 그 사례가 황해도 평산 소놀음굿 제석 사설에 나타나고 있다.[34]

고깔의 순 우리말은 '곳갈'이다. '곳'은 뾰족한 모서리나 삐죽 나온 것을 뜻하고, '갈'은 머리에 쓰는 변弁 모양의 모자를 의미한다. 모자를 의미하는 한자어 변弁 자字 윗부분 'ㅿ'은 세 개의 선분으로 된 삼각형으로 형상화되고 있으며 아랫부분 'ㅛ'는 모자의 끈을 표현한다. 기원 전후부터 4세기경까지 낙동강 하류 김해, 마산 등의 지역에 존속했던 변한弁韓 또는 변진弁辰

34_ 국립문화재연구소, 『중요무형문화재 제90호 황해도평산소놀음굿』, 1998.

이라는 국가 이름은 고깔 모습을 형용한 변弁에서 따온 것이라 한다.[35] 당시 변한弁韓은 한반도 남부에 있던 마한馬韓 및 진한辰韓과 함께 삼한 중 하나로써 지금의 경상북도 일부 및 경상남도 지역으로써 남해에 접하고 서쪽은 마한, 동쪽은 진한에 접해 있었다. 『삼국지』 「위서」 동이전에 의하면 12개국이 있었다고 전하는데, 이곳 변한弁韓 땅에서 여러 작은 나라들이 공동 목적을 갖고서 연맹 왕국을 성립한 것이 바로 가야伽倻이다. 한편, 부여족夫餘族을 한민족의 중심 종족으로 보는 견해[36]는 단군을 계승하였기 때문인데, 이것이 상고사 서술에서 핵심적 논점이 되어야 한다고 강조되고 있다.[37] 그런데 부여족夫餘族은 중국 동북부(만주)에 존재했던 민족과 국가로써 『삼국사기三國史記』 및 『삼국유사三國遺事』 등의 기록에 보면, 두 개의 부여 즉 북부여와 동부여가 존재했다고 전해진다. 그러나 학계에서는 이들이 동일 분파였다고 하고, 부여족 건국 전에는 예濊족이 있었다고 한다. 예濊족은 맥貊족과 함께 예맥족이라고 불리는 고대 한민족으로써 한반도 북부와 중국의 동북부에 살았던 한민족韓民族의 근간이 되는 종족으로 파악되고 있다. 예濊족과 맥貊족을 갈라서 보는 견해도 있는데 전자는 요동과 요서에 있었고 후자는 그 서쪽에 분포하고 있었다고 한다. 그러다가 고조선 말기 이르러 합쳐진 것이라 한다. 이와는 달리, 예맥濊貊족을 단일 종족으로 보는 견해에서는, 이들이 고조선의 한 구성을 이루던 종족이었으며 중심 역할을 하였던 고조선의 세력이었다는 것이다. 이후, 부여扶餘, 고구려, 옥저, 동예 등의 족속들은 모두 예맥족에 포함되어진다는 것이다. 그런데 이 부여족이 단군조선의 정통을 이어 받아 기원전 2세기 때부터 두막루豆莫婁[38]까지 중북부 만주에

35_ 정형진, 『고깔모자를 쓴 단군』, 백산자료원, 2003, 50쪽.

36_ 신채호, 박기봉 역, 『조선상고문화사 독사신론, 조선사연구초, 사론, 외』, 비봉출판사, 2007; 최진열, 『대륙에 서다 2천 년 중국 역사 속으로 뛰어든 한국인들』, 미지북스, 2010.

37_ 신채호, 『讀史新論』, 이만열 주석, 『역주 조선상고문화사』, 단재신채호선생기념사업회, 1998, 21쪽.

서 활동하였다고 한다. 이 부여족의 특징은 철기를 사용하였고 영고迎鼓라는 제천 의식을 행하였으며 순장과 일부다처제의 풍습을 갖고 있으면서 15세기 혹은 12세기에서 기원전 7세기 초까지 소아시아小Asia[39] 지역에서 활동했던 주도 세력으로 알려져 있다. 그런데 주목되는 것은 바로 이들에게 중요한 복색 중 하나가 고깔이었다는 것이다.[40] 고구려에서도 읍락사회를 지배한 유력자층 소가小加[41]들이 위로 솟고 밑으로 퍼져 있는 삼각형 모양의 절풍변折風弁을 착용했는데 그 모양새가 고깔과 같다고 했고[42] 그 모습은 고분벽화에서도 확인되고 있다고 보았다.[43]

위에서 논한 바와 고깔이 역사 곳곳에서 깊은 의미를 갖고 있는 것은 곧 삼신三神을 상징하는 민족 고유의 모자이기 때문이다. 고깔 모양새의 모서리 세三곳은 산山의 모습을 이루게하는 꼭지점으로써 천지인을 상징한다.[44] 위쪽 뾰족한 끝 부분은 하늘과 맞닿는 꼭짓점이면서 초자연적인 영적 존재와 연결되는 통로가 된다. 따라서 고깔은 그 자체로써 존엄함을 상징하는 것이고 이를 착용함으로써 신앙의 대상이 되기도 한다.[45] 그래서 고깔을

38_ 두막루(豆莫婁)를 대막루(大莫婁), 대막로(大莫盧), 달말루(達末婁)라고도 부르는데, 부여의 유민들이 건국한 나라라고 알려져 있다. 약 300년간 존재하다가 726년 발해 무왕에게 멸했으며, 그 영토는 발해와 흑수말갈로 양분되었다가 결국 발해로 흡수되었다.

39_ 아시아의 서쪽 끝에 있는 흑해, 에게 해, 지중해에 둘러싸인 반도로써 터키의 대부분을 차지하며, 예로부터 아시아와 유럽을 잇는 중요한 통로였다.

40_ 정형진, 앞의 책, 14쪽.

41_ 소가(小加)란 부여와 고구려 등 고대 초기국가에서 읍락사회를 지배한 유력자층을 말한다. 『후한서』 동이전 부여조에 '읍락은 모두 여러 가(加)에 소속되어 있다.'라고 하였는데, 읍락 지배자는 가라고 하고 있다. 『삼국지』 동이전 부여조에서 제가(諸加)들이 관할하는 곳 중, 큰 것은 수천가(數千家), 작은 것은 수백가(數百家)였다. 이와 같이 읍락사회 지배자 가는 수천가를 주관하는 대가(大加)와 수백가를 주관하는 소가(小加)로 나뉘어져 있었다.

42_ 其小加著折風形如弁(소가는 절풍을 쓰는데, 그 모양이 고깔과 같다)[『삼국지』 권제30, 27장 앞쪽, 『위서』 30 오환선비동이전 고구려].

43_ 참조 : 정형진의 『고깔모자를 쓴 단군』에서 제시하고 있는 고구려 고분벽화 자료.

44_ 이에 대한 보다 자세한 내용은 양종승의 「고깔민족 – 민족정서와 영적에너지로 우리 삶 속에 내려온 고깔문화」, 『종이나라』 75/19, 12~14쪽을 참조하기 바란다. 한편, 2016년 3월 26일 정릉 샤머니즘박물관에서 열렸던 샤머니즘사상연구회 발표회에서 「곳깔 민족의 삼(三)사상과 산(山)신앙」의 논문이 발표되었다.

쓴 사람의 역할은 하늘과 연결 짓는 매개자인 것이다. 이와 같이 고깔로 상 징되고 있는 산山에 대한 내력은 『삼국유사三國遺事』의 단군신화를 통해 확 인된다. 환인의 아들 환웅이 하늘로부터 수많은 무리를 거느리고 하강한 곳 이 산(태백산)이요, 나라를 세워 백성을 다스린 단군왕검이 산신으로 좌정 되었다는 것 등의 내용이 그것이다. 이는 국토 70%가 산으로 되어있는 지 형적 여건과 산악 환경을 배경으로 고대사회로부터 있어온 장구한 한민족 의 산악신앙을 알게 하는 대목이기도 하다.[46] 그래서 초능력 영험력을 발휘 하여 인간세상을 지배하여 온 산신山神은 오래 전부터 산악숭배사상의 핵심 으로 군림하여 왔다. 초능력적 영험력을 발휘하여 인간세상을 지배하여 온 산신山神의 존재는 『삼국유사』 처용랑 망해사조에 헌강왕이 오악신五嶽神에 게 제사를 올렸다는 기록을 통해 오래전부터 한민족의 산 숭배사상을 알게 한다. 신라시대에 삼신산三神山이라 하여 금강산·지리산·한라산이 숭배되 었고, 오악산으로 불린 토함산·계룡산·태백산·부악·지리산에도 제사 를 지냈다. 고려 때에도 지리산, 삼각산, 송악산, 비백산의 사악신四嶽神에게 제를 올렸고, 조선시대에 와서는 금강산, 묘향산, 백두산, 지리산, 삼각산을 오악산이라 하여 숭배되었다. 뿐만 아니라 전국 500여 고을에서도 주산主山 이나 진산鎭山을 설정하여 정기적 산신제를 봉행하면서 민족의 산악신앙 맥 을 이어 왔다. 이러한 산악신앙 의례는 지역민의 평화와 안녕을 도모하고 나라의 국태민안國泰民安과 시화연풍時華年豊을 염원하는 것이다. 그리고 산 을 매개로 하여 하늘과 연결 통로를 만들어 신과 교감대를 형성하여 신인합 일사상神人合一思想 완성하려는 소망을 담고 있는 것이다.[47]

45_ 양종승, 앞의 글.

46_ 양종승, 「산신제」, 『한국민속신앙사전』 마을신앙 (1), 국립민속박물관, 2010; 양종승, 「산과 산신령」, 『민속소식』 85, 국립민속박물관 2002.

47_ 유동식, 『한국 무교의 역사와 구조』, 연세대학교 출판부, 1975; 양종승, 「황해도 맞이굿 형식과 특성

삼신三神은 의례에서 사용되는 산종이, 본향지, 감흥지 등에서도 응용되어 진다. 산종이[山紙]는 한편에서 본향지本鄕紙라고도 하는데, 산종이는 산신의 종이이고 본향지는 본향신의 종이이다. 그러나 그 근본은 같다. 본향本鄕은 본디의 고향을 가리키는 것으로써 조상이 계시는 고향의 산을 말하기 때문이다. 고향의 산은 고향에 있는 주산主山을 지칭하는 것인데 이곳에 계시는 신이 본향신이다. 그래서 산종이든 본향지이든 한지를 세 번 접어 삼각형이 되도록 뫼 산山자 모양새로 꾸민다. 앞서 말한 고깔 형상과 같이 삼각형 세 곳에 모서리가 형성되도록 만드는 것이다. 삼각형 모형의 산山 그리고 숫자 삼三이 표현되도록 형상화된 종이를 굿의 산거리 또는 본향거리에서 만신이 양손에 나눠 쥐고서 신내림을 받는다. 그리고 산신과 접신하여 그 신력을 갖는다. 산종이 또는 본향지와는 달리 물고종이라는 것도 있다. 내림굿이나 맞이굿을 하기 위해 세 곳의 삼위삼당을 돌며 기도를 올려 당신堂神으로부터 재가裁可를 받아 온 종이를 물고종이라고 한다. '물고 받기'를 위해선 생미, 생고기, 삼색과 그리고 청주를 제물로 준비하는데, 당신堂神 앞에서 굿을 하게 됨을 고한 후 신내림을 받아 당으로부터 인印을 받는 것이다. 인을 내려 받은 물고 종이를 갖고와 굿청 한 편에 마련된 제당맞이상 옆에 걸어 둔다. 그리고 제당맞이를 하면서 양손으로 나눠 쥐고 청배와 춤을 추어서 당신堂神 내림을 받는다. 황해도굿에서는 삼각형 모양의 감흥띠라는 것도 사용된다. 근자에 와전 되어져 망건이라 부르지만 본디 명칭은 감흥띠이다. 하얀 한지로 만든 삼각형 모양의 감흥지를 검정색 천으로 된 머리띠 안쪽에 감싸 넣고서 이마에 맞닿도록 머리에 묶는다. 삼각형 모양새를 갖춘 감흥지가 갖는 의미는 고깔이나 산종이 또는 물고종이와 다를 바 없다. 이는 산신 즉 단군을 상징한다. 이 것을 신이 들어오는 첫 번째 통로

고찰」, 『한국무속학』 16, 2008, 53~92쪽.

인 머리에 닿도록 하는 것이다.

4. 맺는 말 - 칠성신앙과 삼신신앙의 관계성

단군신화의 핵심은 삼三이다. 삼三은 한국 문화 속의 기본수[48]로 작용한다. 이는 무교의 근본적 수이기도 한다. 환웅이 내려온 곳이 삼위태백三危太白이인데 이는 봉우리 셋을 뜻하는 높고 흰 산을 의미하는 것[49]이다. 그리고 환웅(1)이 자리 잡은 희고 높은 세봉우리(3)는 1이 3의 세계로 나아감을 뜻한다. 이는 곧 하나가 셋으로 분화됨을 뜻하는 것이다. 고로 삼위태백은 봉우리가 셋(3)이고 몸통은 하나(1)인 산을 의미한다. 몸통의 신단수 밑이 환웅이 펼친 신시이고 단군의 나라 조선인 것이다. 고로 3이 갖춰진 세계에 1의 뜻은 3으로 귀착된다. 이것은 궁극적으로 3은 3임을 뜻하지만 1이 3으로 그리고 3이 1로 수렴됨을 말한다. 환웅은 임금이 될 자에게 주는 세 개의 보인寶印으로 칼, 거울, 방울의 천부인天符印을 하늘로부터 받아 지상으로 내려와 나라를 다스리게 되는데 이는 시작과 창조 등을 상징한다. 인간사의 곡식, 인명, 질병, 선악 등을 주관할 사람들은 풍백, 우사, 운사 3인이며 이들은 인간 문명의 창조자를 뜻하는 것으로써 이 또한 창조를 상징한다. 신단수 밑에 터를 잡고 신시를 건설할 무리 숫자는 3,000명이다. 여기서의 삼천은 많은 무리 즉 무한, 무진 등을 상징적으로 표현되어 진다.

숫자 3은 무속의례 곳곳에서 확인되는 수이다. 바리공주 서사무가에 등장하는 뼈살이, 살살이, 숨살이 등 인간 존재 삼 요소 또한 이 같은 구조를

48_ 박흥주, 「바닷가 마을굿에서 나타난 3수 원리 분석 - 당산굿을 중심으로」, 경희대대학원 석사학위논문, 2004; 박흥주, 앞의 책, 163쪽.
49_ 윤철중, 『한국의 시조신화』, 보고사, 1998.

바탕으로 이루어지는 것이다. 대전 충청지역 무속의 성주 모시기에서도 동쪽으로 뻗은 대추나무나 감나무를 성주대로 사용하는데 그 길이는 손가락 3마디가 되도록 하여야 한다거나 신에게 제물을 받칠 때 쓰이는 귀물鬼物로써의 삼치창 끝 세 가닥이 해 달 별을 상징한다는 것 등이 이와 같은 구조에 의해 성립된 귀물鬼物들인 것이다. 무당으로 입무하기 위해 내림굿을 하려면 자신이 태어난 고향 땅의 주산을 포함한 세 곳의 산을 밟으면서 신령께 고하고 허락을 받아야 하는 것이나 굿상 제물 중 부모(조상), 나(본인), 자손(자녀)을 상징하는 산채山菜 고사리, 야채野菜 도라지, 가채家菜 숙주나물 등의 세 가지 음식 또한 이와 같은 삼신상 구조에 의해 확립된 것이다. 만신 복색에서도 이를 확인할 수 있다. 만신이 굿을 하기 위해 기본적으로 입는 신복은 노랑저고리와 빨강치마이다. 저고리는 위上體, 上衣에 입는 윗옷으로써 색은 노랑이다. 노랑은 밝음을 상징하므로 양陽이 된다. 저고리에서 중요한 부분은 눈과 코에 해당하는 깃과 섶이어서 저고리 자체가 사람 얼굴에 해당된다. 치마는 아랫도리옷이며 빨강으로써 음陰에 해당한다. 노랑저고리에 얹은 파랑 깃과 섶 그리고 빨강치마는 천지인天地人 즉 하늘(파랑), 땅(빨강), 사람(노랑)을 상징하는데 이는 삼신三神의 또 다른 표현인 것이다.

황해도 및 평안도 무당들이 사용하는 방울은 아흔아홉 개가 달린 상쇠방울 또는 구구九九방울이다. 세 개의 방울을 한 묶음으로 하여 삼십삼三十三개의 묶음이 되어져 총 아흔아홉九十九개 방울이 되도록 만든다. 숫자 3은 33이 되고 이것이 다시 99가 되는 것이다. 99의 다음 수는 100이다. 100백은 최초의 시작 수 3이 되는 수이다. 따라서 100(백)은 완전, 완성, 성립, 안전을 뜻한다. 아기가 태어나 백일이 되어서야 비로소 완전, 완성으로 간주하여 백일잔치를 베푼다. 그 이전까지는 미완성이고 미안전의 불안한 상태이다. 사람들이 원하는 바를 성취하기 위해 백일기도를 하여 소망함을 이룬다. 단군신화에서 곰과 호랑이가 사람이 되고 싶어 할 때 환웅이 굴속에 있도록 정한 기간이 백일인 것도 같은 이유에서이다. 백년 묵은 여우가 인간으로 변화될 수 있다는 것 또한 주어진 시간에 능력을 갖추었다는 것을 뜻한다. 이러한 숫자 이면에는 분화법[50]이 관여되어 있다. 숫자 하나는 셋으로 분화되어지고 셋은 또 다시 각각 셋으로 분화되어져 완성수 9를 이룬다. 고깔이나 산종이 또는 본향지 그리고 물고종이와 감흥지 등의 삼각형 모양 속에 담긴 숫자 3은 시작, 완성, 안정, 조화, 변화, 무한, 무진, 재생, 반복, 완성, 안정, 다양, 영구, 불변, 최대, 맺음, 신성 등을 상징하고 있다.[51] 이로써 삼신신앙의 대상은 천天, 지地, 인人의 삼신三神이다. 그러나 그 근본적 원리는 하나가 셋이며 셋은 하나로 귀일한다는 것을 알 수 있다. 이때의 하나는 천상과 지상을 연결하는 매개이며, 이를 통해 인간이 신과 합일되어지므로 결국은 한울(天), 땅(地), 사람(人)이 동일시된다는 원리를 갖는 것이다.

칠성신앙의 7이 삼신신앙의 3과 수리체계상 연관 선상에 있는 것은 다음과 같다. 앞서 논한바와 같이 3은 완전수 있다. 3이 3으로 3번 되풀이 되는 과정을 통해 99가되고 그것이 완성 단계에 이르게 되면 100이 된다. 이러한 풀이를 달리 말하면 1이 3번째 반복수에 의해 3이 되고, 이 3이 두 번 다시 반복되어 6이 된다. 그리고 다시 이 두 번이 다시 3번에 이르기 위해 또 1번의 반복이 가해지면 7이 된다. 그러므로 7은 곧 3이다. 3은 1로 시작되지만 그 마무리는 7인 것이다. 고로 7은 3과 연관선상에서 풀이되는 것이며 3 또한 7의 반복에 의해 이어지는 수이다. 이것은 결국 칠성신앙이 삼신신앙으로부터 기인하였다는 역발상을 해 보는 것에 크게 무리가 가지 않는다.

한편, 도교의 칠성신앙은 초제라고 하는 의례를 통해 한국에 널리 알려

50_ 우실하, 「도교와 민족종교에 보이는 3수 분화의 세계관」, 『도교문화연구』 24집, 2006, 129쪽.
51_ 강재철, 「3의 법칙 연구」, 1991년 추계 비교민속학회 13회 연구발표대회 발표문.

졌지만 도교 유입 이전의 한국고유의 칠성신앙이 존재했었다. 그리고 이는 앞서 밝힌바와 같이 삼신신앙에 기반하고 있는 것이다. 즉 한국 고유의 칠성신앙은 도교로부터 전입된 것이 아니라 무교의 삼신신앙으로 성립되어 한국 고유의 것으로 자리매김 되어 왔음을 알 수 있는 것이다. 그러한 유형적 증거들을 고인돌 등에 나타난 고고유물에서 찾을 수 있다. 따라서 한국에서도 도교 성행 이전에 이미 천체에 대한 믿음이 존재했음을 알 수 있고 그 흔적들을 무교 및 민간신앙 전승 현장 곳곳에서 찾을 수 있다.

한국 무巫인 선仙의 죽음관에 대한 해석*
─ 한국, 대만, 오스트리아 분묘의 비교를 중심으로 ─

조정호
한국체육대학교 교수

1. 서언 : 한국의 무巫인 선仙

무속巫俗이란 말은 무巫에 속俗을 붙인 말로서, 속俗은 국립국어원의 표준국어대사전에 의하면 "고상하지 못하고 천하다" 혹은 "평범하고 세속적이다"라는 의미를 지닌 말이다. 일본에서는 그들에게 유구한 무巫가 메이지 시대에 국교가 된 신도神道로 자리 잡았으나, 한국에서는 무巫가 역사의 질곡 속에서 무속巫俗이 되었다.

무巫의 시조라고 볼 수 있는 단군은 정치적 군장과 제시장의 역할을 하였으나, 삼국 시대의 무巫는 신궁神宮에서 천지신天地神에 제사하는 역할을 했던 계층 외에 대다수는 귀족 계층이었다. 우리가 잘 아는 신라의 화랑이

---

* 본고는 『人文科學研究』(2014년 2월)에 실린 필자의 글을 수정·보완한 것임.

바로 무巫였다. 이처럼 지배층이었던 무巫가 불교국가인 고려에서는 화랑이로 격하되었고, 성리학 국가인 조선에 들어와서는 한층 더 업신여김을 받았다. 이어서 일본 제국주의는 한국문화의 장구한 역사성을 부정하는 관점에서 무巫를 왜곡하였다.[1] 광복 후에도 미국 편향의 종교적 관점에서 무巫의 비하가 이어진 결과로 오늘날 무속이란 말이 한국 사회에 정착되어 통용되고 있다. 국내 학계에서는 일제 치하에서 무巫를 체계적으로 연구하기 시작한 1920년대 말 이래로 무속이란 용어를 오늘날까지도 타성적으로 계속 사용해 오고 있다.[2]

그렇지만 무巫는 본래 무속이 아니었으며 기원전부터 우리민족에게 있어 왔다. 학계에서는 무巫의 역사가 고대까지 거슬러 올라간다고 보는 견해가 일반적이다. 구체적으로, 한국 무속사 시대 구분의 시작은 고대로서 원시부터 삼국시대까지가 한국 무속사의 고대라고 기술되고 있다.[3] 고대 시대의 무巫는 고대 종교인 무교巫教라고 설명되고 있다.[4] 이러한 무巫 내지 무교巫教는 삼국 시대에는 선仙이란 말로써 통용되었다. 이것은 최치원崔致遠의 행적으로부터 알 수 있다. 그는 도당유학생으로서 당나라에서 과거에 급제하여 활동하였기에 유교·불교·도교에 정통하였으나, '난랑비' 서문에서 우리 민족에게 고유한 선仙을 기록한 『선사仙史』라는 문헌이 예로부터 있었다고 하였고,[5] 선仙은 유·불·도 삼교와 구분되지만 유·불·도와 조화로

1_ 일제 치하에서 식민사관을 집대성한 아키히데(三品彰英)는 『신라화랑의 연구(新羅花郎の硏究)』(1943)에서 화랑의 기원을 삼한 사회의 남자 집회로 한정하였다.

2_ 민속학회에서는 최남선이 1927년 『계명』 19호에 「살만교답기」를 발표하고, 같은 해 이능화가 『조선무속고』를 발표한 것을 시점으로 해서 한국민속학이 출발한 것으로 보았다(민속학회 편, 『무속신앙』, 교문사, 1989, 3쪽).

3_ 한국 무속사의 시대구분은 원시~삼국시대를 고대로, 통일신라~조선 전기까지를 중세로, 조선 후기 이후를 근세로 설정할 수 있다(서영대, 「한국 무속사의 시대구분」, 『한국무속학』 제10집, 한국무속학회, 2005, 7~35쪽).

4_ 유동식, 『한국무교의 역사와 구조』, 연세대학교 출판부, 1992; 조흥윤, 『巫와 민족문화』, 민족문화사, 1994.

운 관계에 있다고 하였다.[6] 또한 기원 전 57년에 즉위한 신라의 시조인 박혁거세는 그 자신이 단군왕검처럼 '신의 대리자' 혹은 '샤만'이었으며, 2대 왕인 남해 차차웅 역시 제사장으로서 서기 6년에 시조 묘를 세워서 받들었다.[7] 그러하기에 이능화(1869~1943)는 『조선도교사』(1959)에서 단군이 선仙이라 할 수 있다고 보았다.[8] 선가仙家의 시원인 단군은 환인이나 환웅과 같은 절대적 존재인 천신天神과는 달리, 보통 사람들과 함께 살며 천신과 인간 사이에 있는 존재였으며, 단군은 긴 삶을 누린 후에 아사달에 숨어 들어가 산山 사람(亻, 人), 즉 선仙으로 살아갔다는 신화가 전해져 내려오고 있다.[9] 그래서 우리나라의 각종 신화와 중국으로부터의 한자 전래와 도교 신앙의 전파 시기를 종합적으로 고려할 때, 신라의 선仙은 고대 부족 사회 이래로 우리 민족에게 면면히 전해져 내려왔을 가능성이 있다.[10] 따라서 본고에서는 한국 무巫의 원형인 선仙의 죽음관(view of death)이 어떠하였는가를 한국, 대만, 오스트리아 분묘들 사이의 차이점을 고찰하여 비교문화적 측면에서 해석해보고자 한다.

2. 죽음관의 의의와 연구방법

인간을 어떠한 존재로 보는가에 따라서 죽음의 의미는 달라질 수 있다.

5_ 『삼국사기』「신라본기」 진흥왕 37년 조에 의하면, 최치원의 난랑비 서문(鸞郎碑序)에 "國有玄妙之道 日風流 設敎之源 備詳仙史"라는 문구가 있었다.

6_ 조정호, 「신라 仙의 고유성에 대한 고찰 : 한국의 仙과 중국 道家의 차이를 중심으로」, 『민족문화논총』 제42집, 영남대학교 민족문화연구소, 2009, 376~377쪽.

7_ 위의 논문, 372쪽.

8_ 이능화, 이종은 역, 『조선도교사』, 보성문화사, 1978, 47쪽.

9_ 조정호, 앞의 논문, 2009, 377쪽.

10_ 위의 논문, 371쪽.

생물학적인 관점에서 죽음을 한 생물의 생명이 없어지는 현상이라고 본다면, 한 생물의 생물학적인 모든 기능이 정지되어 원형대로 회복될 수 없는 상태를 죽음이라고 할 수 있겠다.

그렇지만 인간에게 영혼이 있다고 본다면, 육체의 생물학적인 기능 정지와 회복 불능 상태를 죽음이라고 단정할 수 없게 된다. 육체와 영혼의 관계를 어떻게 설정하는가에 따라서 죽음의 의미는 달라지고 세분화될 수 있기 때문이다.[11] 그래서 죽음을 체험한 망자가 아니라 산 사람들이 죽음에 대하여 해온 설명은 다양하다.

선행연구들을 고찰해 볼 때, 종교마다 제각기 다르고 문화권에 따라서도 동일하지 않다. 특히 죽음관이 다문화시대의 복잡다단한 문화들과 사람들의 내면의 근간과 가치관을 이해하기 위한 주요 단초임에도 불구하고, 이에 대한 학계의 연구는 선행연구물 중심의 일방적 접근을 벗어나지 못하고 있다. 더욱이 유관 선행연구가 수적으로 적을 뿐만 아니라, 연구내용상 국한되어 왔고 연구방법상 문헌중심의 이론적 고찰에 한정되어 왔다.

따라서 본고에서는 삶의 마지막 내지 일부라고 볼 수 있는 죽음에 대한 정확한 이해가 삶을 고귀하게 만들어준다는 관점에 주목하여,[12] 인간의 삶, 문화, 종교, 가치관 등에 큰 영향을 미치는 죽음관을 죽음 관련 실제 사항들이 집약된 분묘를 중심으로 접근하는 것에 의의가 있다고 본다. 구체적으로 '한국', 역사적으로 동양을 대표할만한 중국의 유구한 분묘 양식을 민간에서 비교적 잘 전승해온 '대만', 중세와 근대 유럽을 지배해온 합스부르크 왕조[13]의 중심지인 '오스트리아'에서 민간에 현전하는 고유한 분묘를 중심으

11_ 영혼의 문제는 철학의 관점에서 존재론과 인식론의 대상이라 볼 수 있으며, 영혼을 존재론과 인식론적으로 접근하면 매우 다양한 해석이 가능하다.

12_ Rifat Sonsino & Daniel B. Syme, *What Happens After I Die? : Jewish Views of Life After Death*, NY : UAHC Press, 1990, pp.3~5.

로 죽음관을 비교문화적으로 파악해보고자 하였다. 이를 위하여, 죽음관과 분묘 관련 국내·외 자료를 분석하였다. 또한 연구자가 제한된 기존 자료로써 대만과 오스트리아의 분묘와 죽음관을 이해하기 힘든 면이 많기에, 질적 연구방법의 일환으로 2013년에 대만과 오스트리아를 방문하여 분묘의 실제 모습을 관찰하였고 현지 주민의 의견을 경청하였다. 이밖에도 본 연구 관련 의문점들을 해소하기 위하여 인터넷을 활용하여 죽음관과 분묘 관련 자료를 국내·외 유관 홈페이지에서 수집하여 검토하였다.

3. 분묘의 국가별 개요와 특징

1) 한국, 대만, 오스트리아 분묘의 개요

글로벌 인구이동이 증가하고 다문화사회가 심화되고 있는 오늘날, 분묘의 유형은 다양하다. 주검이나 화장된 유골 등의 매장 내용과 방식에 따라서 분묘가 구분될 수 있고, 장례에 종교들이 융·복합된 상태에 따라서도 분묘가 구분될 수 있다. 본 절에서는 한국, 대만, 오스트리아의 다양한 분묘들 가운데 각 나라의 민간에 현전하는 고유한 분묘를 개괄하였다.

(1) 한국의 분묘
한국의 고대국가 중 지리적으로 중국과 가장 멀리 떨어져 있었던 신라

13_ 13세기부터 비롯된 합스부르크(Habsburgs) 왕조는 1918년 제1차 세계대전의 종식 후 군주제가 몰락할 때까지 거의 모든 유럽의 왕실들과 혈연 내지 혼인 관계로 연결된 가문으로서 오스트리아 왕실을 1273년부터 지배하였고 또한 유럽 제후들의 연합체인 신성로마제국의 황제 자리를 차지해왔던 유럽의 대표적 왕조임.

〈그림 1〉 한국의 고대 분묘인 신라 왕릉[14]

가 한민족 고유의 선仙의 전통을 상대적으로 잘 전승했다고 보는 견해가 일반적인데, 신라의 분묘는 다음의 〈그림 1〉과 같이 외관상 산 모양이다. 그 모양 자체로서 선仙을 나타내고 있다. 평야에 분묘를 썼음에도 불구하고, 망자가 산에 들어가 있는 것처럼 분묘를 산의 모양으로 만들어 놓았다.

이처럼 산 모양의 분묘는 우리 민족의 시조인 단군과 관련이 있다고 볼 수 있다. 단군신화에 따르면 단군은 죽어서 영원히 사라져버리지 않고 '산'에 들어가 산신山神이 되었으며,[15] 이러한 산山의 신神이 된다는 전통이 예로부터 우리나라에 있어 왔다.

그래서 우리 조상들이 죽어서 묻힌 장소는 '산'이고 '뫼'[16]이었다. '산소'(무덤)와 '모이'라는 말은 '산'과 '뫼', 즉 모두 '산'이라는 뜻이다. 우리 조상들의 분묘는 단군신화에 나오는 신단수神檀樹 아래의 단壇처럼, 단壇 밑에

14_ 출처 : http://blog.naver.com/hopehui?Redirect=Log&logNo=10180121217.
15_ 단군신화 : "주나라 무왕이 즉위하고 기묘년에 기자를 조선에 봉하니 단군은 장당경으로 옮기었다가 후에 아사달에 돌아와 숨어서 산신이 되었다…"(周武王卽位己卯. 封箕子於朝鮮. 壇君乃移於藏唐京. 後還隱於阿斯達爲山神…).
16_ '뫼'는 '산'의 평안도 방언임.

묻어서 고인돌이 되었는지도 모르고, 산신이 깃들이는 아사달의 태백산太白山을 연상하여 산처럼 무덤을 쌓았는지도 모른다.[17] 그러하기에 우리 조상들은 비록 평지에 분묘를 쓴 경우에도, 그 외형을 대체로 산처럼 만들었다. 망자가 땅 밑에 놓이는 공간은 신체 크기상 비슷하더라도, 지위가 높거나 부유한 사람들은 봉분을 보통 사람들의 것보다 더 크게 만들어온 경향이 있다.

문화재청의 자료를 중심으로 볼 때,[18] 무덤에 봉토를 산 모양으로 씌우는 분묘는 신라, 가야, 5세기 후의 백제 왕릉에서부터 통일신라시대, 고려시대, 조선시대, 대한제국으로 전승되었다. 다만, 외관상 산 모양의 분묘에 통일신라시대에는 불교의 영향으로 주검을 화장하고 또한 분묘의 봉토 주변에 12지신 상을 조각하는 것이 추가되었다. 고려시대에는 풍수지리설에 입각하여 산에 택지를 하였고, 조선시대에는 유교와 풍수가 가미되었으며, 대한제국에 들어와서는 풍수적인 석물(망주석[19] 등)을 제외한 석인과 석수를 일자각[20] 앞으로 옮기고 석수(기린, 코끼리, 사자, 해태, 낙타, 말)를 추가하였다. 이와 같은 무덤 양식의 변천과 관련하여 주목할 만한 사항은 〈그림 1〉과 같은 외관상 산 모양의 분묘 양식이 한국에서 오늘날까지도 〈그림 2〉와 같이 민간에 전승되고 있다는 점이다.

17_ 이계학, 「단군신화의 교육학적 고찰」, 『사회구조와 사회사상』, 심설당, 1985, 125~150쪽.

18_ 대한민국 문화재청 홈페이지의 사진과 자료 참고.

19_ 망주석(望柱石)은 분묘 앞의 양쪽에 세우는 한 쌍의 돌기둥을 말함.

20_ 일자각(一字閣)은 평면이 일자(一字) 모양인 왕릉 앞에 세워진 전각으로서, 분묘 아래 모셔진 죽은 왕과 현 왕이 만나는 성스러운 제향 공간임. 1897년 고종은 조선이 중국과 대등한 나라임을 대한제국으로 선포하고 황제가 되었으며 왕릉 앞 전각 모양을 '정(丁)'자에서 중국 황릉의 '일(一)'자로 바꿨음. 대한제국 전의 조선의 모든 왕릉, 즉 태조의 건원릉부터 25대 철종의 예릉에는 '정(丁)'자 모양의 정자각(丁字閣)이 설치되어 선대 왕의 제사를 모셨음(전주이씨안천대군파종회 홈페이지자료 참고).

〈그림 2〉 현대 한국에 전승된 산 모양의 분묘

(2) 대만의 분묘

대만은 국토가 협소하여 정치사회적으로 화장이 크게 강조되어 왔으며 토지 가격이 매우 비싼데도 불구하고, 분묘의 장례문화가 부유층을 중심으로 지속적으로 전승되고 있다. 이와 관련하여 중국 황제들의 능 자료를 검토해보면,[21] 비록 중국의 유구한 역사만큼 능이 시대별로 다양하지만, 중국의 황제릉은 황제가 죽은 후 살아갈 혹은 망자로서 국가통치를 지속할 사후의 공간을 형상화한 거대하고 체계적인 구조임이 특징적이다.

예컨대, 한국의 단군처럼 중국인들 시조의 능으로 알려진 산시성의 황릉과 지하에서 발굴된 진시황릉을 비롯하여 그 밖의 중국 각 시대의 능들은 황제가 죽은 후 살아갈 궁전을 장기간에 걸쳐서 웅장하게 만들어 놓은 구조이다.

이와 같은 중국 고래의 망자의 생활공간을 반영한 분묘 양식은 대만에서 축소된 형태로 남아 있다. 오늘날 대만인들이 선호하는 분묘 양식은 다음의

21_ 중화인민공화국 국가여류국(国家旅游局) 홈페이지의 사진과 자료 참고.

〈그림 3〉 대만 분묘의 내부[22]

〈그림 3〉이나 〈그림 4〉와 같이 망자가 살아갈 집을 만들어둔 점에서 찾을 수 있다. 다시 말해서 대만의 분묘는 망자가 살아가는 집이라고 하겠다.

대만의 분묘는 망자가 거주하는 큰 양옥집이나 기와집 혹은 집 모양의 소형 상징물로서 외견상 주택의 양식이다. 망자의 집이기 때문에 분묘에 지붕과 출입문이 있고, 문패를 달아주며, 망자가 지낼 방이 있고, 망자가 제사를 받을 소형 사당도 갖추고 있으며, 각종 구복 문구가 붙어 있다. 이러한 집 모양의 분묘의 바닥과 벽면 등은 대만인들이 실생활 건축에서 선호하는 타일로 시공된 경우가 많으나, 대리석 등 석재로 마감된 경우도 있고, 망자의 사진을 붙여 놓은 묘비석의 크기가 실제 사람의 키보다 큰 경우도 있다. 그래서 외국인이 멀리 떨어져서 대만의 묘지를 바라보면, 각각의 분묘가 살아있는 사람들이 살고 있는 집이라고 혼동할 정도로, 망자를 안치한 분묘가 생자가 살고 있는 집과 외형이 비슷하다.

22_ 출처 : http://blog.naver.com/PostView.nhn?blogId=notsul&logNo=100194314579.

〈그림 4〉 대만 분묘의 입구, 정면과 측면[23]

(3) 오스트리아의 분묘

오스트리아는 1918년 제1차 세계대전의 종식 후 군주제가 몰락할 때까지 교황을 중심으로 하는 로마 가톨릭Roman Catholic(천주교)이 국교였기 때문에 유럽연합의 다문화 증가 추세 속에서도 국민 다수가 가톨릭 신자이다. 2012년 12월 말일을 기준으로 오스트리아 전 국민의 63.2%가 가톨릭 신자이다(오스트리아의 2001년 센서스 결과에 의하면, 전 국민의 약 12%가 특정 종교나 교파에 속하지 않는 것으로 조사되었음. 이를 고려하면 63.2%인 가톨릭 신자 비율은 매우 높다고 볼 수 있음).[24] 그래서 오스트리아에서는 묘지의 공간부족을 해소하기 위하여 교회 묘지에서 벗어나 공설 묘지의 사회복지체제를 잘 갖추어 시행하고 있지만 로마 가톨릭의 영향을 전반적으로 크게 받아 왔다.[25] 구체적으로, 로

23_ 출처 : http://lovetravelingtaiwan.blogspot.kr.

24_ 오스트리아 외무부(http://www.bmeia.gv.at)의 '국가와 국민' 안내 관련 공시자료.

25_ 오스트리아는 1918년 가톨릭 국교 체제에서 벗어났으나, 현재도 연중 국가공휴일 총 13일 가운데 대부분의 날에 가톨릭 행사를 열고 있음. 구체적으로, 2014년의 국가공휴일은 다음과 같음 : 1월 1일 신년기념일(Neujahrstag), 1월 6일 에피파니(Heilige Drei Könige), 4월 21일 부활절월요일(Ostermontag), 5월 1일 노동절, 5월 29일 예수승천일(Christi Himmelfahrt), 6월 9일 휘트데이(Pfingstmontag), 6월 19일 콜푸스데이(Fronleichnam), 8월 15일 성모마리아승천일(Maria Himmelfahrt), 10월 26일 오스트리아 국가기념일, 11월 1일 모든 성인의 날(Allerheiligen), 12월 8일 성모수태일(Mariä Empfängnis), 12월 25일 크리스마스

마 가톨릭 교회법전의 제4권 제2편 제3장의 제1176조 ③항에 명시된 "교회는 죽은 이들의 몸을 땅에 묻는 경건한 관습을 보존하기를 간곡히 권장한다. 그러나 화장을 금지하지 아니한다."는 규정에 따라서 7세기 유럽의 흑사병 이후 확산되어온 화장과 납골묘를 허용하고 있다. 또한 제1180조 ①항인 "본당 사목구가 고유한 묘지를 가지고 있으면 죽은 신자들은 그 곳에 매장되어야 한다. 다만 사망자 본인이나 또는 사망자의 매장을 돌보는 이들이 다른 묘지를 합법적으로 선택하였으면 그러하지 아니하다."는 규정에 따라서 시민들의 묘지선택권을 보장하고 있다. 그렇지만 제4권 제3편 제1장의 제1243조에 명시된 "묘지에서 지켜야 할 규율에 대한 합당한 규범, 특히 묘지의 거룩한 성격을 보호하고 촉진하기 위한 규범들을 개별법으로 정하여야 한다."는 규정에 따라서 정해진 분묘의 면적, 깊이, 비문 크기 등에 대한 규제를 준수하여 왔다. 이 같은 로마 가톨릭을 중심으로 전승되어온 분묘의 한 가지 모습은 다음의 〈그림 5〉와 같다.

〈그림 5〉에서 볼 수 있듯이, 오스트리아의 분묘는 한국과 대만의 분묘보다 매우 적은 면적에서 각기 개성 있는 아름다움을 추구하고 있음이 특징적이다. 또한 오스트리아에는 씨족/가족 소유지에 설치된 우리나라의 선산과 같은 사설 묘지가 없으며, 분묘가 설치된 교회 정원과 야외의 공설 묘지는 암울하거나 무서운 장소가 아니라 시민들의 휴식 장소 겸 관광 명소로 사용되고 있다. 그래서 한국과 대

〈그림 5〉 오스트리아의 분묘

(Christtag), 12월 26일 성 슈테판의 날(Stephanitag).

<그림 6> 오스트리아의 분묘

만에서는 특정 일자나 시기에 생자가 관계가 깊었던 망자의 분묘를 찾아가는 반면에, 오스트리아에서는 휴식을 취하거나 여행을 하면서도 생자가 낯선 망자들을 찾아가고 있다.

〈그림 6〉과 같은 분묘들은 일정 기간 (예, 10년)의 사용을 조건으로 시한부 매장이 이루어지나 연장하여 재사용이 가능하고, 주검이나 유골의 납골은 일정하게 정해진 면적 내에 수평으로 묻히며, 분묘의 장식은 십자가, 성모 마리아 상, 교회 상, 촛불 등으로 통일적이지만 각 분묘마다 개성을 살려 아름답게 꾸며져 있다.

2) 한국, 대만, 오스트리아 분묘의 특징

이상에서 살펴본 한국, 대만, 오스트리아 분묘의 특징을 '분묘가 설치된 주요 장소', '분묘가 설치된 토지의 소유자', '분묘의 비문과 외관 및 장식'을 중심으로 항목별로 비교해 보면 다음의 〈표 1〉과 같이 제시될 수 있다.

〈표 1〉 한국, 대만, 오스트리아에 고유한 분묘의 항목별 특징 비교

구분	한국	대만	오스트리아
설치장소	경사지(언덕)	경사지(언덕)	평지(교회, 야외묘지)
비문	씨족(본관)/가족성명을 밝히는 비문	가족성명을 밝히는 비문	망자 중심의 비문
외관	산 모양	집 모양	교회 모양

위의 〈표 1〉에 제시된 것처럼 한국에서 전승되어 현전하는 고유한 분묘

들[26]은 대체로 설치장소가 언덕의 경사지이고, 외관은 산 모양이다. 장식은 산에 어울리는 석재를 재료로 하여 대체로 대동소이하게 꾸며져 있고, 토지는 선산이나 사설 묘지로서 사유지이다. 비문은 유교와 한자문화권의 영향을 받은 결과로 "경주이씨□□지묘慶州李氏□□之墓(여기에서 '경주'는 망자의 소속 씨족 즉 본관이고, 이씨는 망자의 성이며, □□는 망자의 이름이다. 망자는 사유지인 선산이나 사설 묘지에 매장되어 죽어서도 소속 씨족 집단과 살아 있는 가족들의 일원임을 나타내주고 있는 것이 특징적이다.)"와 같은 방식이 일반적이고, 비석의 측면이나 뒷면에 가족들(배우자, 부모, 자녀, 손자녀 등)의 성명을 대체로 적어 주고 있다.

한편 대만에서 전승되어 현전하는 고유한 분묘들은 대체로 설치장소가 언덕의 경사지이고 외관은 집 모양이다. 장식은 집 치장에 적합한 타일, 페인트 칠, 혹은 대리석 석재로 마감되어 있고, 또한 복을 구하는 글귀와 망자의 문패 등으로 꾸며져 있다. 분묘가 설치된 토지는 사설 묘지이기에 사유지이며, 비문은 대체로 "□□□지묘□□□之墓"와 같이 망자의 성명과 생존한 기간이 적혀 있고, 살아 있는 가족(배우자, 부모, 자녀 등)의 성명을 적어준 경우가 많다.

오스트리아에서 유구하게 전승되어 현전하는 고유한 분묘들은 대체로 설치장소가 교회와 공설 묘지의 평지이다. 분묘의 외관은 작은 교회의 정면도와 유사한 모양이며, 장식은 성모마리아 상, 십자가, 촛불 등이 중심이고, 토지는 교회나 공설 묘지로서 공유지이다. 또한 까보Caveau(지하 묘소 내지 지하 납골소를 의미함)라고 하는 다층구조인 가족묘가 아닌 이상, 비문은 대체로 '망자의 성명, 직업, 출생년도와 사망연도' 혹은 '망자의 성명과 출생년도 및 사망연도'와 같은 망자 중심의 기록이 일반적이다. 다만 한 개의 분묘에 여

26_ 우리나라의 민간에서 분묘가 정착한 시기를 단정하기 힘들지만, 민간에서 부모나 가족의 주검을 함부로 다룬 것을 개탄한 기록이 『조선왕조실록』에 간간이 있음을 고려할 때, 대중에게 분묘가 정착한 시기를 조선 전으로 잡기는 힘들 것 같다.

러 주검이나 유골을 안치한 다층구조인 경우에는 한 개의 묘비에 망자별로 성명, 출생연도/일자, 사망연도/일자 등을 모두 순서대로 적어 주고 있다.

이상과 같이, 묘지의 외관이 한국은 선仙을 나타내는 산 모양이 중심이고, 대만은 집 모양이 중심이며, 오스트리아는 십자가와 교회 모양이 중심이다. 그리고 한국에서는 소속 씨족과 살아 있는 가족들을 나타내주는 비문, 즉 본관, 배우자 성명, 부모 성명, 자녀 성명 등을 써준 비문이 많지만, 대만에서는 본관 없이 망자의 성명과 가족들의 성명을 써주고 집 모양의 분묘에 망자의 문패를 달아주고 있음이 특징적이다. 이밖에도 한국에서는 망자의 분묘를 산 사람이 사는 집처럼 장식해주지는 않지만, 대만에서는 산 사람이 사는 집처럼 망자의 분묘를 타일과 밝은 색 페인트칠로 단장하고 복을 구하는 글귀를 곳곳에 붙여주고 있음이 일반적이다. 이에 비하여 오스트리아 분묘의 묘비는 망자의 기록이 중심이다. 다층구조인 가족묘가 아닌 이상 망자가 소속된 (씨족)집단은 물론이거니와 부모의 성명조차 찾기가 힘들다.

4. 죽음관의 주체와 국가간 비교

1) 죽음관의 주체

죽음관을 논하기에 앞서서 '죽음'과 '죽음관'의 주체가 다름을 먼저 이해할 필요가 있다. '죽음관'은 '죽음'이란 우리말에 관점 또는 견해의 뜻을 더하는 한자 접미사인 '관觀'을 붙인 말이지만, 이 접미사 한 글자로 인하여 말이 질적으로 달라진다. 무엇보다도 주체가 나뉜다. 예를 들어 설명하면 '인생'의 주체와 '인생관'의 주체는 대체로 동일한 사람이 될 수 있으나, '죽음'의 주체와 '죽음관'의 주체는 동일한 사람이 되기가 힘들다. 곧 죽을 사람에게 있어선 '죽음'의 주체와 '죽음관'의 주체가 동일할 수 있지만, 죽어가는 사람을 돌보거나 죽음을 연구하는 사람에게 있어서 '죽음'의 주체와 '죽음관'의 주체는 동일하지 않다.

왜냐하면 '죽음'은 생물학적 기능의 복구불능 상태 혹은 인지기능의 소멸 상태를 나타내는 반면에, '죽음관'은 인지 기능의 발휘 없이는 파악이 불가능하기 때문이다. 또한 '죽음'은 의사의 진단과 같은 과학적인 진단과 분석이 객관적으로 가능한 반면에, '죽음관'은 내면의 관점이나 견해를 말하는 것이기에 과학적인 분석으로써 객관적으로 설명하기 힘든 면이 많고 해석을 필요로 한다.

이를 연구방법으로 설명하면, '죽음'은 양적 연구방법으로 접근이 가능하지만 '죽음관'은 그 속성 자체가 양적 연구방법으로 접근이 가능하지 않다. '죽음관'은 내면의 관점이나 견해와 관련되어 있기에, 현상학적 연구방법이나 해석학적 연구방법 혹은 넓은 관점에서의 질적 연구방법으로써 탐색하는 것이 적절하다고 볼 수 있다.

죽음의 유형을 '생명을 다한 자연사', '병사', '타살', '자살' 등과 같이 구분해 보면, 죽음은 자살이나 타살과 같이 예외적인 경우에 체험의 대상이 될 수 있겠으나, 생명을 다한 자연사나 돌연사 혹은 병사와 사고사와 같이 예측하기 힘든 순간에 비계획적으로 맞이하는 경우에는 체험의 대상이 되기가 어렵다. 그래서 죽음은 체험의 대상이 되기 힘든 특징을 지니고 있으며, 자살과 같은 경우에도 죽음의 시점에서 인지가 정지되어 죽음을 인지할 수 없는 한계를 지니고 있다.

이상으로부터 '인생'의 주체와 '인생관'의 주체는 동일한 사람이 될 수 있으나, '죽음'의 주체와 '죽음관'의 주체는 동일한 사람이 되지 않는 경우가 많음을 알 수 있다. 이를 고려하면, '죽음관'에 대한 논의는 타당성을 높이기 위하여 기존의 이론중심 문헌연구 동향에서 벗어나 현상 중심의 질적 연구를 시도할 필요가 있다고 하겠다. 따라서 본고에서는 인간의 삶, 문화, 종교, 가치관 등에 큰 영향을 미치는 죽음관을 죽음 관련 실제 사항들이 집약된 분묘를 중심으로 해석하였다.

2) 한국, 대만, 오스트리아 죽음관의 비교

(1) 죽음관의 차이

앞의 분묘 실태 자료에 근거할 때, 한국에서는 죽음이 선仙의 전통을 계승하여 '망자로서 산에 들어간다는 관점'이 있는 것으로 해석된다. 한국인의 죽음관에서 삶과 죽음은 별개의 것으로 존재하는 것이 아니며, 서로 마주보고 있는 대대待對관계를 이루고 있고, 이런 대대관계는 마침내 영생永生에의 길을 열어주는데, 이 점을 우리는 단군신화 또는 각종 설화에서 확인할 수 있다.[27]_ 구체적으로 한국에서 망자는 한국인의 시조로 알려져 있는 단군이 산에 들어가 신이 된 것처럼 산 모양으로 만들어진 분묘에 들어가 후손들과 현실을 관조하고 때때로 살아있는 사람들의 삶에 개입하는 존재로 인식되고 있다. 그러하기에 한국에서는 망자가 산 모양의 분묘에 들어가 있다가 기일(제사날)이나 명절 때 후손을 찾아와 잘 차려놓은 음식을 먹고 만나서 어울리는 관계에 있다.

한편 대만에서는 죽음이 망자가 '망자의 집으로 들어가는 관점'이 있는 것으로 해석된다. 이러한 사후의 거주 공간 개념은 중국에서 예로부터 있었다. 중국에서는 시황제 이래로 황제들이 죽으면 사후 활동 공간인 황릉에 들어가는 것으로 알려져 왔다. 이와 유사하게, 대만에서는 돌아간 사람이 집 모양으로 만들어진 분묘에 들어가 후손들의 복을 구해주는 등 이승의 현

27_ 이을상, 「죽음의 성찰 : 한국인의 죽음관, 영혼관, 신체관」, 『철학논총』 32, 새한철학회, 2003, 437쪽.

실에 개입하는 것으로 알려져 있다. 흡사, 도교에서 말하는 불로장생이 대만의 '망자의 집'에서 유교 등 타종교까지도 포섭하여 추구되고 있는 것이라고 볼 수 있겠다. 그래서 대만에서는 망자가 집 모양의 분묘에 들어가 있다가 기일이나 명절 때 한국의 산신보다도 더욱 더 자주 살아있는 후손과 만나는 관계에 있는 것이라 하겠다. 그러하기에 대만에서는 산 사람이 사는 집값보다도 더 비싼 망자의 집들이 정부의 매장 억제정책에도 불구하고 꾸준히 지어지고 있는 것으로 해석된다.

이와는 대조적으로, 오스트리아에서는 죽음이란 생물학적 기능이 소멸하여 영원히 사라진다는 관점 외에 '심판자인 하느님 앞에 서게 되는 관점'이 있는 것으로 해석된다. 그러하기에 오스트리아에서는 필연적인 육신의 죽음을 내세를 준비하는 아름다운 과정으로 축원해주며 분묘를 형형색색으로 장식하는 경향이 있다. 대만인들이 생자들의 복을 구하며 분묘를 장식하는 것과는 다르게, 오스트리아인들은 망자의 심판과 부활을 준비하는 자세로서 죽음에 임하고 있는 것이다. 이것은 로마 가톨릭의 교리를 준수하는 동향이라고 볼 수 있다. 예수의 심판을 믿는 사람들은 현실의 죽음이란 육체의 죽음만을 의미하며 영혼은 죽지 않고 새로운 거처로 간다고 믿기 때문이다.[28] 그래서 오스트리아에서는 망자가 죽음을 계기로 자신의 육신을 분묘에 남기고 하느님의 심판을 받아 부활하기 때문에 남은 가족이나 사람들을 만날 수 없는 관계에 있다. 한국과 대만의 망자들이 산이나 '망인의 집'에 있다가 때때로 살아 있는 사람들의 삶에 관계하는 것을 오스트리아의 망자들에게는 기대할 수 없다. 가톨릭의 관점에서 육신의 죽음이란 영혼이 육신으로부터 분리되어 나갈 때 나타나는 현상이며, 육신의 죽음으로부터 인

28_ John Mackintosh Shaw, *Life after Death : The Christian View of the Future Life*, Toronto : The Ryerson Press, 1945.

간은 시험의 기간을 끝내고 심판자이며 구원자인 하느님 앞에 서게 된다. 이러한 육신의 죽음은 필연적이지만, 이러한 죽음에 대하여 인간이 가지는 감정과 느낌은 공포와 두려움이 가장 크다.[29]_ 그렇지만 성서에서는 이러한 육신의 죽음보다 영혼의 죽음을 두려워해야 함을 안내하고 있다.[30]_ 영혼의 죽음이란 '두 번째 죽음'으로서 영원한 고통에 떨어지는 것을 말한다.[31]_ 이러한 성서의 가르침을 장기간 중시해온 오스트리아에서 죽음은 육신의 죽음과 영혼의 죽음이 구분된 이원적인 것이지만, 한국과 대만에서의 죽음은 삶의 연장 선에서 일원적으로 파악되고 있다고 볼 수 있다. 이상과 같은 한국, 대만, 오스트리아의 분묘를 통해본 죽음관을 비교하여 제시해 보면 다음의 〈표 2〉와 같다.

〈표 2〉 한국, 대만, 오스트리아의 분묘에 나타난 죽음관 비교

구분	한국	대만	오스트리아
죽음의 의미	망자로 산에 들어감	망자의 집에 들어감	심판자인 하느님 앞에 섬
죽음의 구분	일원적 죽음 (삶의 연장선인 죽음)	일원적 죽음 (삶의 연장선인 죽음)	이원적 죽음 －육신의 죽음 : 필연적 －영혼의 죽음 : 징벌적
배경 사상	선(仙) 중심이지만 다종교적	도교 중심이지만 다종교적	로마 가톨릭

(2) 죽음관과 사회문화의 관계

위와 같이 해석되는 죽음관은 망자의 죽음관이 아니라 생자의 죽음관이

29_ Elisabeth Kubler-Ross, *On Death and Dying*, NY : Scribner, 1997, pp.15~24.

30_ 신약성경 루카 복음서 제12장 5("누구를 두려워해야 할지 너희에게 알려 주겠다. 육신을 죽인 다음 지옥에 던지는 권한을 가지신 분을 두려워하여라. 그렇다, 내가 너희에게 말한다. 바로 그분을 두려워하여라.")

31_ 신약성경 요한 묵시록 제20장의 '마지막 죽음'(11~15) 중 13("… 저마다 자기 행실에 따라 심판을 받았습니다."), 14("그리고 죽음과 저승이 불 못에 던져졌습니다. 이 불 못이 두 번째 죽음입니다."), 15("생명의 책에 기록되어 있지 않은 사람은 누구나 불 못에 던져졌습니다.")

라 하겠다. 즉, 생자가 죽음을 받아들이고 죽음에 대처하는 장구한 사회문화가 반영된 관점이다. 그래서 로마 가톨릭은 오스트리아 외에 한국과 대만에도 있으며 이들 나라들이 모두 동일한 교리와 동일한 교회법전을 따르고 있으나, 각각의 나라에 있는 가톨릭 분묘는 사회문화의 영향을 받아서 외견상 동일하지 않다.

앞의 〈그림 5〉와 〈그림 6〉에서 제시된 오스트리아의 가톨릭 분묘와 다르게, 한국의 가톨릭 분묘에서는 산처럼 봉분을 만들고 비문에 씨족(본관) 내지 가족 성명을 적어주며 한국적인 석물이 장식된 사례가 있다. 한편 오스트리아와 한국의 가톨릭 분묘와 다르게, 대만의 가톨릭 분묘에서는 '망자의 집'을 지어주고 구복 글귀를 부착하며 타일과 페인트 칠 등으로 장식된 다음의 〈표 3〉과 같은 사례가 있다.[32] 이러한 사실로부터 사회문화가 각 나라의 분묘 양식과 죽음관에 영향을 미치고 있음을 알 수 있다.

〈표 3〉 한국, 대만, 오스트리아의 가톨릭 분묘 사례

구분	한국	대만	오스트리아
외형	봉분(산 모양)	집 모양	교회, 십자가 모양
비문	씨족(본관)/가족 표기	문패, 가족 표기	망자 중심 표기
참고 자료			
사진 출처	연구자 수집 자료	http://commons.wikimedia.org	http://blog.daum.net/kimsangsun75/234

32_ 〈표 3〉에 제시된 한국과 대만의 사례는 가톨릭 분묘의 관점에서 예외적인 것으로 볼 수 있으나, 이 연구에서는 이러한 분묘들이 나타난 현상에 주목하였다.

5. 결론과 후속연구과제

본고에서는 삶을 대하는 관점과 밀접한 관련이 있고 가치관의 근간을 이루는 죽음관을 기존의 이론적 문헌연구 동향에서 벗어나 실제 자료를 중심으로 탐색해보고자 하였다. 그래서 인간의 삶, 문화, 종교, 가치관 등에 큰 영향을 미치는 죽음관을 죽음 관련 실제 사항들이 집약된 분묘를 중심으로 해석하였다. 구체적으로 글로벌 다문화 사회를 고려하여 '한국', 동양을 역사적으로 대표할만한 중국의 유구한 분묘 양식을 민간에서 비교적 잘 전승해온 '대만', 중세와 근대 유럽을 지배해온 합스부르크 왕조의 중심지인 '오스트리아'에서 민간에 현전하는 고유한 분묘를 중심으로 죽음관을 파악해보고자 하였다.

이 연구의 결과, 분묘의 대표적인 외관은 한국은 선仙의 영향을 받아서 산 모양이 중심이고, 대만은 집 모양이 중심이며, 오스트리아는 십자가와 교회의 모양이 중심이다. 현세와 사후의 관계와 관련하여, 한국에서는 살아 있는 자녀, 배우자, 부모 등을 적어주는 비문이 일반적이지만, 대만에서는 집 모양의 분묘에 비문 이외에 망자의 문패와 사진을 달아주고 복을 구하는 글귀를 곳곳에 붙이며 산 사람들이 살고 있는 집처럼 타일을 깔고 밝은 색 페인트칠 단장을 하는 것이 일반적이다. 이와는 다르게 오스트리아에서는 망자 자신의 성명과 생사 시기 및 망자 묘의 관리를 위한 내용이 중심이고 한국과 대만처럼 부모, 배우자, 자녀의 성명과 같은 가족 기록을 찾기가 힘들다.

이 같은 분묘의 특징은 망자와 죽음을 대하는 생자(살아 있는 자)의 죽음관을 나타낸다. 죽음의 의미와 성격이 삶에서 결정되고 있는 것이다. 이런 관점에서 보면 죽음을 논의하기 위한 대전제는 바로 삶이다.[33] 바꾸어 말해서 죽음관에 의해 삶의 본질과 방향이 드러나게 되고 삶을 대하는 자세와 태도가 정해지게 된다. 이러한 죽음관에서 볼 때 한국에서는 선仙의 장구한 전통에 따라서 죽음이 영원히 없어지는 것이 아니라 산에 들어가는 것으로 해석된다. 망자는 우리나라의 시조라고 알려진 단군이 산에 들어갔다는 것처럼 산 모양으로 만들어진 분묘에 들어가서 후손들과 현실을 관조하고 때로는 살아 있는 사람들의 삶에 개입하는 신이 되는 것이라 하겠다. 그래서 망자는 산 모양의 분묘에 들어가 있다가 기일이나 명절 때 살아있는 후손과 만나는 관계에 있다. 한편 대만에서는 죽음이 사람이 죽어서 망자의 집으로 들어가는 것으로 해석된다. 망자는 중국의 시조인 시황제 이래로 황제들이 사후 활동 공간인 황릉에 들어간다는 것처럼 집 모양으로 만들어진 분묘에 들어가게 된다고 하겠다. 그래서 망자는 주택식 분묘에 들어가 있다가 기일이나 명절 때 혹은 복을 내려주고자 할 때 살아있는 후손과 만나는 관계에 있다. 이와는 다르게, 오스트리아에서는 죽음이란 심판자인 하느님 앞에 서게 되는 것을 말한다. 그래서 필연적인 육신의 죽음을 슬퍼하면서도 내세를 준비하는 자세로 분묘를 아름답게 장식하는 경향이 있다. 망자는 죽음을 계기로 하느님의 심판을 받아 새로운 생명을 받으면 부활하게 되고 새로운 생명을 받지 못하면 영원한 고통으로 떨어지기에, 어느 경우에나 망자는 남은 가족이나 후손들과의 관계가 죽음 이후에 지속될 수가 없다. 이상과 같은 각 나라의 죽음관은 분묘의 실제 모습을 중심으로 해석된 것이지만, 이것은 분묘 중심의 일차적인 해석이기에 다음과 같은 항목들에 대한 후속연구를 통하여 죽음관에 대한 이해와 해석을 제고할 필요가 있다.

첫째, 종교문화가 분묘에 융·복합되는 현상과 관련하여, 한국에서 선仙이 시대별로 변하며 죽음관에 일어났던 구체적인 변화가 무엇이었는가에

33_ 이국봉, 「유교의 관점에서 본 한국인의 죽음관 : 죽음의 의미, 성격 그리고 태도를 중심으로」, 『한국의 료윤리학회지』 13(2), 한국의료윤리학회, 2010, 94쪽.

대한 후속적인 검토가 필요하다. 이것은 다문화가 깊어가는 오늘날 종교문화의 융·복합 속에서 일어나게 될 죽음관의 변화에 대한 이해를 증진시키는 데 필요한 연구주제이다. 이와 관련하여, 이 연구에서는 제2장 1절 1)항에서 문화재청의 자료를 중심으로 무덤에 봉토를 산 모양으로 씌우는 분묘가 신라, 가야, 5세기 후의 백제 왕릉에서부터 통일신라시대, 고려시대, 조선시대, 대한제국으로 일반적으로 전승되었다고 보았으나, 신라 고려 조선으로 왕조가 바뀌면서 불교, 풍수지리, 유교가 순차적으로 선仙에 영향을 끼친 과정에서 분묘와 죽음관에 일어났던 변화에 대한 검토가 필요하다.

둘째, 연구 초점과 관련하여, 이 연구에서는 이질적인 세 나라, 즉 한국, 대만, 오스트리아를 넓게 비교하였으나 향후 분석의 시기, 장소, 대상 등을 한정시키는 연구가 필요하다. 분석 시기를 특정 시기로 한정하고 또한 분석 대상이나 분석 장소도 한정하여서 한국과 오스트리아 혹은 한국의 조선과 오스트리아의 중세를 집중 분석하는 정밀한 연구가 죽음관에 대한 발전된 연구결과를 도출할 수 있을 것으로 기대된다. 이밖에도 오스트리아의 특정한 묘지에서 분묘들이 지난 수 세기 동안에 어떻게 변천하였는가를 연구하는 것도 중세로부터 현대에 이르기까지 죽음관의 변화가 어떠하였는가를 알려줄 수 있을 것으로 판단된다.

셋째, 분묘의 변화와 관련하여, 친환경적인 장법의 대두에 따른 죽음관의 변화에 대한 연구가 필요하다. 구체적으로, 21세기에 들어와 분묘 대신에 수목장, 산골散骨(주검을 화장 후 뼈 가루를 산이나 강 혹은 일정한 장소에 뿌리거나 묻는 장법) 등 친환경적인 장법의 도입이 이루어지고 있는 바, 매장을 강조해온 선仙에서 어떠한 새로운 변화가 일어나고 있는가에 대한 연구가 필요하다.

끝으로, 선仙의 봉분에 대한 다양한 검토가 필요하다. 본고와 다르게 봉분이 산이 아니라 여체나 알을 상징화한 것으로 이해되는 주장이 있기 때문이다. 이들 주장에서는 봉분을, 여성에게서 태어난 인간이 태어난 곳으로 회귀하여 재생을 염원하는 상징으로 보거나 혹은 우주가 탄생한 알로서 이해하는데, 분묘를 '여체'나 '알'로 보는 죽음관과 본고처럼 '산'으로 보는 죽음관의 비교연구를 수행하여 본고의 부족한 부분을 논의하는 후속연구가 필요하다.

조선 국행 성황단 제에서의 유·무속 춤 수용 양상

이종숙
성균관대학교 강사

1. 머리말

본 연구는 조선에서 국가적 규모로 실시되었던 성황단제를 중심으로 행례의 양식과 그 행례 때 전개된 춤이 악가무로서 어떻게 구성되고 전개되었는지 살펴보려 한다. 성황단 제의는 춘·추로 년 2회 연행되는 정기 제사와 극심한 가뭄이 있을 때 연행하는 비정기 기우제로 구분된다. 정기 제사와 임시 별제는 그 행례 양식에 차이를 보이는데, 본 연구에서는 이 두 행례 양식에서 나타나는 유교적 양상과 무속의 수용 양상 및 의미를 파악하려는 데 목적을 두고 있다.

국행國行 '성황제城隍祭'는 본래 풍운뇌우단에 붙여 산천단, 성황단이 나란히 배설되어 일원화된 공간에서 합사祀된 의례이다. 그런데 본 연구에서는 성황단을 대표 명칭으로 논의를 전개하고자 한다. 이유는 우선 3개의 단 중 성황제가 민간에서도 근래까지 가장 친숙하게 연행된 의례라 여겨지기 때문이며, 또 국행 풍운뇌우단과 산천단, 성황단은 한 담장 안에서 함께 합사되었기 때문에 3개소의 단을 일일이 거론하는 것이 글의 서술에 번거롭다고 판단하기 때문이다. 그러므로 본 연구에서는 성황단을 대표로 기술하지만, 실제 국행 성황단 제의는 풍운뇌우·산천·성황의가 함께 거론된 것임을 양지해 주길 바란다.

성황城隍은 세 가지 의미를 갖는다. 첫째는 성城을 이루는 담장과 그 성을 둘러 싼 해자垓字를 뜻한다. 둘째는 성지城池 자체를 가리키고, 셋째는 성지를 수호하는 신을 뜻한다.[1] 따라서 성황신은 방어 시설로서의 성역城域을 수호하는 신[2]을 말한다. 조선시대 성황제城隍祭는 유교의 길례吉禮 제사 중 중사中祀의 규모로 관리된 천신제天神祭에 속한다.[3] 매년 음력 2월과 8월의 상순(1~10일 사이)에 택일하여 연행되었다.

『세종실록世宗實錄』「오례의五禮儀」에 의하면, "천신天神에게 '사祀'라 하고, 지기地祇에게는 '제祭'라 하고, 인귀人鬼에게는 '향享'이라 하고, 문선왕文宣王에게는 '석전釋奠'이라 한다"[4]고 했다. 그리고 풍운뇌우신과 산천신, 성황신을 '사祀'하는 의식(祀風雲雷雨·山川·城隍儀)[5]이라고 했으니, 이들 세 신위는 조선에서 천신으로서 대우되었음을 알 수 있다. 「오례의」 당시 이 행사에 참여하는 관원은 아래와 같았다.

1_　『漢語大詞典』 CD-Rom. 검색어 : 城隍.
2_　최종석, 「조선 초기 城隍祠의 立地와 治所」, 『동방학지』 131권, 연세대학교 국학연구원, 2005, 37쪽.
3_　이혜구 역주, 『신역 악학궤범』, 서울 : 국립국악원, 2000, 142쪽.
4_　『世宗實錄』「五禮儀」 길례 서례, 변사(辨祀). "凡祭祀之禮, 天神曰祀, 地祇曰祭, 人鬼曰享, 文宣王曰釋奠"
5_　『世宗實錄』「五禮儀」 길례 서례, 시일(時日) 祀風雲雷雨山川城隍儀.

"풍운뢰우風雲雷雨의 행사行事 집사관執事官은 초헌관【정2품】, 아헌관 【정3품】, 종헌관【종3품】, 전사관【전사 소윤典祀少尹이 사고가 있으면, 판관이 한 다】, 집례 2인【단상壇上에는 5품관이 하고, 단하壇下에는 6품관이 한다】, 대축【문 관의 참외6_】, 축사 2인【참외】, 재랑 2인【참외】, 장생령掌牲令【전구서典廐署】, 협률랑協律郎【문관 참외】, 아악령雅樂令【아악서雅樂署】, 알자謁者【참외】, 찬자 贊者【참외】, 찬인贊引【참외】, 감찰監察이다. 초헌관·아헌관·종헌관은 유 사시有事時에 쓸 차비관差備官을 미리 정해 둔다."7_

이들 행사 집전관 중 협률랑과 아악령이 춤과 음악을 관장한다. 『국조 오례의國朝五禮儀』와 『춘관통고春官通考』에서는 전악典樂이 아악령의 소임을 담당했다.

이하 국행 성황제의 위치와 모습, 정기 제사와 임시 별제의 행례 양상, 행례에 소용되는 춤과 음악에 대해 차례로 살펴보기로 한다.

2. 조선 국행 성황단의 공간

국가에서 지내는 성황 제단은 풍운뢰우단의 우측에 자리하고, 산천단은 풍우뢰우단의 좌측에 있다.8_ 풍운뢰우신위를 중심으로 산천신과 성황신을

6_ 　참외(參外) : 참하(參下)와 같은 말. 조선 시대 7품 이하의 벼슬.
7_ 　『世宗實錄』「五禮儀」吉禮 序例, 獻官, "風雲雷雨行事執事官 : 初獻官【正二品】, 亞獻官【正三品】, 終獻 官【從三品】, 典祀官【典祀少尹有故則判官】, 執禮二【壇上五品, 壇下六品】, 大祝【文官參外】, 祝史二【參外】, 齋郎二【參外】, 掌牲令【典廐署】, 協律郎【文官參外】, 雅樂令【雅樂署】, 謁者【參外】, 贊者【參外】, 贊引【參外】, 監察·初獻官·亞獻官·終獻官, 皆有預差."
8_ 　『世宗實錄』「五禮儀」吉禮 序例, 神位 : 풍운뢰우단(風雲雷雨壇), "風雲雷雨壇, 風雲雷雨在壇上北方南向, 山川居左, 城隍居右, 席皆以莞."

함께 정기적으로 제사하였다. 그리고 행정단위인 군과 현에도 성황당城隍堂 또는 성황사城隍祠가 배치되어 있었다. 박호원의 연구 결과에 따르면, 조선 중기에는 성황사城隍祠가 336개소[9]나 있었다고 한다. 국가의 정기 의례 때에 맞추어 군과 현의 수장에 의해 행사가 집전되었을 것이다.[10] 정기 의례 외에 극심한 가뭄이나 홍수, 전염병 등 국가나 마을에 절박한 일이 발생하면 시기에 구애받지 않고 기고祈告도 했다. 기고하여 그 기원을 얻게 되면 다시 보사報祀를 행하는데,[11] 이러한 의례는 일이 있을 때에만 별도로 주선되는 비정기 행례인 셈이다.

조선의 국도 한양의 국행 성황제단은 "숭례문 밖 둔지산屯地山에 있다"[12]고 했으며, 그곳을 남교南郊라고 했다. 한성의 백악白嶽(북한산)에도 고려조부터 성황신을 제사하던 곳이 있어서 태종은 송악松嶽의 성황신에게 반사하던 녹을 백악의 성황신에게 반사하도록 했지만,[13] 세종 19년(1437)에 정지했다.[14] 결국 봄·가을의 정기 국행 성황제 장소는 둔지산 어디인가에 있음을 나타낸다. 둔지산은 지금의 용산구 이태원동 일대라고 한다.[15] 이긍익李肯翊

9_ 박호원, 「조선 성황제의 사전화와 민속화」, 『성황당과 성황제』, 서울 : 민속원, 1998, 165쪽. 『신증동 국여지승람』을 출처로 산정된 각도의 성황사는 336개소, 산신사는 55개소로 도합 391개소가 설치되어 있었다고 한다.

10_ 박호원은 조선 후기에는 관행 성황제가 법제와는 달리 매년 봄·가을마다 정기적으로 치제되지는 않았던 것으로 보인다고 한다(박호원, 위의 논문, 166쪽). 하지만, '사헌부 장령 증(贈) 이조 참의 야곡(冶谷) 선생 조공(趙公) 묘갈명'에서 고을에 파견된 행정관의 덕목에는 "문묘의 석전제와 사직단과 성황당 등의 제사 때에는 깨끗하게 목욕재계하고 반드시 직접 제사를 올렸다"[尹拯, 『明齋遺稿』 38권, 墓碣銘]는 기록을 볼 수 있다. 지방관의 합당한 치제의 주요 덕목임을 확인할 수 있다. 따라서 지방의 성황제는 지방관에 의해 봄·가을로 집전되는 것이 일상의 규범임을 알 수 있다.

11_ 『世宗實錄』 「五禮儀」 吉禮 序例, 時日. "宗廟及諸神祀祈告【所祈迫切則不卜日.】, 報祀【或因事祈告, 若值得所祈, 則報謝, 如祈水旱則待立秋後報謝.】."

12_ 『世宗實錄』 「地理志」 京都漢城府. "老人星壇·圖壇·靈星壇·風雲雷雨壇【皆在崇禮門外屯地山】"

13_ 『太宗實錄』 6년(1406, 영락 4), 1월7일(무술). "○戊戌/給白嶽城隍神祿. 前此, 給祿於松嶽城隍神, 以定都漢陽, 故移給之."

14_ 『世宗實錄』 19년(1437, 정통 2), 1월4일 (갑오) "議政府啓 : "山神頒祿, 祀典所無. (自嶽=)白嶽) 旣有春秋國祭, 効尤松嶽故事, 至今未革, 乞停頒祿." 從之."

15_ 둔지산 : 용산구 이태원동 일대에 있는 산으로서, 표고 65.5m와 48m의 봉우리로 이루어진 구릉산지

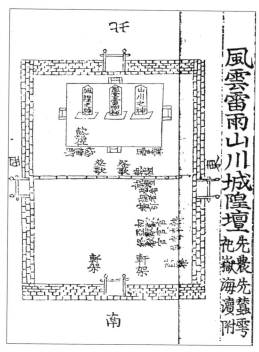

風雲雷雨山川城隍壇 祀先農 先蠶 雩祀 嶽海瀆附

〈그림 1〉 풍운뇌우·산천·성황단
『국조오례의서례』 권1. 길례 단묘도설

(1736~1806)의 『연려실기술練藜室記述』에는 남교가 "청파역동 난송亂松사이에 있다"[16]고 했으며, 『신증동국여지승람新增東國輿地勝覽』에는 "청파역은 숭례문 밖 3리에 있다"[17]고 했다. 숭례문으로부터 남쪽으로 약 1.2km 위치에 청파역이 있고, 그 가까운 둔지산 자락에 송림이 있어서 그 가운데 풍운뇌우·산천·성황단이 위치했음을 알 수 있다. 이곳을 남교 또는 남단이라고 불렀다.[18]

그 "단은 남교에 있으며, 사방은 2길[丈] 3자[尺]이고, 높이는 2자 7치[寸]이다. 네 개의 출계出階가 있고, 양쪽 울타리[壝]는 25보步의 길이다. 신위는 북쪽에 있어 남쪽을 향한다."[19] 또 "예감瘞坎은 모두 묘廟와 단壇의 북방 임지壬地(북서방)에 있는데, 남쪽으로 섬돌을 내게 하고, 방과 깊이는 매장될 물건을 용납할 만하게 한다."[20]

이다. [검색일 : 2016.2.27.] 서울지명사전
https://search.naver.com/search.naver?where=nexearch&query=%EB%91%94%EC%A7%80%EC%82%B0&sm=top_hty&fbm=1&ie=utf8

16_ 『燃藜室記述』 別集 4卷「祀典典故」諸壇. "風雲雷雨壇【山川·城隍同壇】在南郊【青坡驛洞亂松間】."

17_ 『新增東國輿地勝覽』 3卷 漢城府. 驛院. "青坡驛在崇禮門外三里."

18_ 『新增東國輿地勝覽』 2卷 비고편 – 『동국여지비고』 제1권, 京都. "풍운 뇌우 산천 성황단(風雲雷雨山川城隍壇) 남교 청파역동(南郊青坡驛洞) 송림 사이에 있는데, 지금은 남단(南壇)이라고 부른다."

19_ 『國朝五禮儀序例』 권1, 吉禮, 壇廟圖說, 風雲雷雨·山川·城隍壇[先農·先蠶·雩祀·嶽海瀆附].

20_ 『世宗實錄』「五禮儀」吉禮 序例, 壇壝. "凡瘞坎, 皆在廟壇之北壬地, 南出陛, 方深取足容物."

"사람을 시켜 감시하며, 여러 제사지내는 신의 단·묘·원園 밖의 30보 안에서는 나무하고 농사짓는 일과 행인行人의 내왕을 금단禁斷한다"[21]고 했다. 신성지역에 대한 부정을 엄격히 금기했던 것이다.

춘추의 정기행사나 임시 기우제 때 사용할 향과 축문을 모시고 가는 금위영禁衛營 중 담당 구역의 영문대장營門大將이 숭례문부터 청도淸道하며 단이 있는 곳까지 인도해서 갔다가 제사를 마친 뒤 위판을 다시 모실 때도 청도하며 태상문太常門까지 이른다고 한다. 그리고 해마다 춘추에 제단을 심사하는 임무도 수행하고 이를 간단히 기록하여 임금에게 보고했다. 이렇게 청도하거나 봄가을로 제단을 살피는 제도는 정조 16년(1792)에 정해지고 시작된 규례였다.[22] 조선 초기에 제정된 사풍운뇌우·산천·성황의의 기우제가 조선 후기에도 더욱 공경히 받들어졌음을 시사한다.

3. 풍운뇌우·산천·성황단에서의 유·무속 행례行禮 양식

1) 정기 유교식 행례

정기 '사풍운뇌우·산천·성황의'의 기일은 해당 관서에서 "한 달 전에 중춘仲春 상순上旬으로 택일하여 예조에 보고하면,【중추仲秋에도 이에 준한다.】예조에서 임금에게 아뢰고, 유사攸司에게 그 직책에 따라 준비를 서두르도록

21_　『世宗實錄』「五禮儀」吉禮 序例, 단유(壇壝). "依禮差人守視. 諸祀神壇廟園外三十步內, 禁斷樵木耕種及行人."

22_　『萬機要覽』「軍政編」3, 禁衛營 香祝陪往字內. "南壇春, 秋節享及祈雨祭時. 香祝陪往字內, 營門大將【大將有故. 中軍代行】自崇禮門淸道, 導詣壇所. 祭罷後位版還奉時. 淸道. 至太常門. 每年春秋奉審後, 形止草記.【南壇. 古稱風雲雷雨壇. 本無淸道, 奉審等事, 至正宗壬子定式】"

공판供辦23_하게 한다. "24_ 또

     제사 전 2일에 호위사扈衛司에서 여러 사관祀官의 막차[次]를 유문壝
門 동쪽에 설치하되, 땅의 형편에 따라서 적당히 설치하고, 전사관典祀
官이 그 소속을 거느리고 단壇의 안팎을 소제하고, 찬만饌幔을 내유內壝
의 동문東門 밖에 설치하되 땅의 형편에 따라서 적당하게 설치한다. 전
1일에 아악령雅樂令25_은 그 소속을 거느리고 등가登歌의 악樂을 단상壇
上에서 남쪽 가까이 설치하고, 헌가軒架를 단하壇下에 설치하되, 모두
북향하게 한다. 전사관이 그 소속을 거느리고 풍운뢰우風雲雷雨·산천
山川·성황城隍의 3신좌神座를 단상에 설치하되 북쪽으로 남향하게 하
고, 자리[席]는 모두 왕골[莞]로 한다.【풍운뢰우는 가운데에 있고, 산천은 왼쪽
에 있고, 성황은 오른쪽에 있다.】26_

    행례行禮는 제삿날 축시丑時(오전 1~3시)전 1각(즉, 1시45분 경)에 시작된다.
행사의 순서는 일반적인 제향의 순서와 대체로 일치한다. 축시가 되기 3각
전에 여러 제관과 집례 및 제사 집전관들이 동문東門으로 들어와서 제단의
남쪽 악현의 북쪽 자리 배위拜位(절하는 자리)에 두 줄로 서서 사배四拜(네 번 절
함)하고 난 후 자신들의 집전 위치로 옮겨 대기한다. 다음 아악령이 문무文舞
와 무무武舞의 악생樂生들을 데리고 들어와서 우선 문무가 뜰의 남쪽 악현의
북쪽에 대기하고, 무무는 서쪽에서 동쪽을 향해 서서 대기한다. 『국조오례
의國朝五禮儀』에 표기된 제단의 모습과 제관의 배치는 〈그림 1〉과 같다. 모

23_ 공판(供辦) : 나라의 큰 행사나 의식(儀式)이 있을 때 해당 관아에서 그 준비를 하던 일.
24_ 『世宗實錄』「五禮儀」吉禮 儀式, 祀風雲雷雨·山川·城隍儀, 時日.
25_ 『國朝五禮儀』권1 祀風雲雷雨儀[山川·城隍附]에는 아악령(雅樂令)의 임무를 전악(典樂)이 행한다.
26_ 『世宗實錄』「五禮儀」吉禮 儀式, 祀風雲雷雨·山川·城隍儀, 陳設.

든 준비가 완료되면 우선 모든 참가자들이 '사배'를 하고 행례를 시작한다.

행례의 예악 진행을 표로 제시하면 다음과 같다.

〈표 1〉 사풍운뇌우 · 산천 · 성황의 행례

행례의 진행	담당 악현	음악	춤	비고
영신례(迎神禮)	헌가(軒架)	원안지악(元安之樂)	열문지무(烈文之舞)	악(樂)은 삼성(三成)을 연주.
전폐례(奠幣禮)	등가(登歌)	숙안지악(肅安之樂)	〃	초헌관이 향과 폐백 올림
초헌례(初獻禮)	등가	수안지악(壽案之樂)	〃	초헌관이 풍운뇌우단, 산천단, 성황단에 작을 올림
문무퇴(退), 무무진(進)	헌가	서안지악(舒安之樂)		문무인은 물러가고 무무인이 춤위치로 나옴
아헌례(亞獻禮)	헌가	수안지악	소무지무(昭武之舞)	아헌관이 풍운뇌우단, 산천단, 성황단에 작을 올림 향악교주(鄕樂交奏)
종헌례(終獻禮)	〃	〃	〃	종헌관이 풍운뇌우단, 산천단, 성황단에 작을 올림 향악교주(鄕樂交奏)
음복례(飮福禮)				초헌관 음복
철변두(撤籩豆)	등가	옹안지악(雍安之樂)		대축이 변과 두의 위치를 조금 옮긴다.
송신례(送神禮)	헌가	원안지악		악주 1성 향악교주(鄕樂交奏)
망료례(望燎禮)				초헌관, 대축이 망료완료
예필(禮畢)				초헌관 이하 처음 자리로 돌아가 사배 후, 차례로 나감

〈그림 1〉에서 볼 수 있듯이 제단과 가깝게 악현이 마련된 곳을 '등가登歌'라고 한다. 등가에서는 악장가사樂章歌詞를 노래하는 악생이 함께 배치되어 음악에 맞추어 노래로써 제사 의식의 의미를 표현한다. 반면 남쪽 유壇(울타리) 앞에 배치된 헌가軒架에는 종경鐘磬 및 관악기들이 주로 배치되어 선율음악을 연주한다. 춤은 등가 · 헌가 두 악현의 사이 서쪽 뜰에 배치되어 〈표 1〉에서와 같이 행례의 순서를 따라 문무인 〈열문지무〉를 영신례와 전폐례, 초헌례까지 3회 춤춘다. 소임을 마친 문무인들이 무무인들과 자리를 바꾸어서 아헌과 종헌에는 무무인들이 〈소무지무〉를 각각 춤춘다.

행례의 큰 틀로 보면 문무와 무무는 3회(영신·전폐·초헌)와 2회(아헌·종 헌) 춤춘다. 그리고 영신례 때의 열문지무는 〈원악지악〉이라는 음악에 맞추 어서 3성을 이룬다고 했는데, 『악학궤범』에는 6변變으로 춤추어 천신을 제 단으로 강림하게 한다고 여겼다.[27] 이후의 전폐, 초헌, 아헌, 종헌 등에서의 음악과 춤은 행례의 집전 시간 동안 연주된다. 음악의 시작을 협률랑이 휘 麾(깃발의 종류)를 들어 올려 세우면 그것을 신호로 음악이 연주되고, 행례의 마침을 보아 휘를 내리면 음악을 그치게 된다.

망료례는 초헌관이 대축의 도움을 받아서 축판祝板과 폐백, 서반黍飯과 직반稷飯을 담아가지고 요소에서 태우는 것을 말한다. 그런데 『세종실록』에 는 망예위望瘞位에 가서 타던 제물을 묻는 것까지를 의미했었다.

> '망료望燎하라.' 하면, 알자가 초헌관을 인도하며 망료위望燎位에 나
> 아가서 남향하여 서게 하고, 집례는 찬자를 거느리고 망료위에 나아가
> 서 서향하여 서게 한다. 대축이 비篚에다 풍·운·뇌·우의 축관과 폐
> 백과 서반黍飯·직반稷飯을 담고, 서계西階로 내려와서 요소燎所에 이르
> 러 요시燎柴에 둔다. 집례가 '태우라.' 하고, 나무가 반쯤 탔을 때에 집
> 례가 '망예望瘞하라.' 하면, 알자가 초헌관을 인도하여 망예위望瘞位에
> 나아가서 북향하여 서게 하고, 집례는 찬자를 거느리고 망예위에 나아
> 가서 서향하여 서게 한다. 대축이 광주리로 산천·성황의 축판祝版과,
> 폐백과 서반黍飯·직반稷飯을 담아 가지고 서계西階로 내려가 구덩이에
> 둔다. 집례가 '묻으라.' 하면 흙을 구덩이에 반쯤 채운다.[28]

27_ 이혜구 역주, 앞의 책, 2000, 142~143쪽.

28_ 『世宗實錄』 21년(1439, 정통 4), 1월16일(을미). 議政府據禮曹呈啓: "風雲雷雨祭爵數, 前旣依帛數, 每 神用一爵. 今將前儀註, 更定獻爵節次, 具錄于後. …… 執禮曰: "望燎." 謁者引初獻官詣望燎位南向立, 執禮帥 贊者詣望燎位西向立. 大祝以篚取風雲雷雨祝版及幣黍稷飯, 降自西陛, 至燎所置於燎柴, 執禮曰: "可燎." 燎半

제물을 망료위에서 태우고, 다시 망예위로 가서 묻는 다는 것이다. 망료하는 요소燎所(태우는 장소)는 "신단의 남쪽 병지丙地(동남방)"에 있으므로 망료를 할 때는 요소의 북쪽에 헌관이 서서 남쪽을 바라보고 재물을 장작 위에 올려 태운다. 그리고 망예위는 임지壬地(서북방)에 있으므로 그리로 옮겨가서 타던 재물을 묻도록 했다는 것을 알 수 있다. 그러나 『세종오례의』와 『국조오례의』에는 초헌관이 남향하고 망료위에 제물을 장작에 올려 반쯤 나무가 탔을 때, 알자가 예를 마쳤다고 아뢰고 초헌관 이하가 차례로 퇴장한다.[29]

정기 제례 시에는 오직 유교식 예악을 행례의 절차로 삼았음을 알 수 있다.

2) 비정기 유·무속 행례

가뭄[한발旱魃]으로 인한 피해가 극심한 상태가 되었을 때, 당시를 극복할 수 있도록 필요한 비가 내리기를 기원하는 긴급 의식을 '기우의祈雨儀'라고 한다. 보통은 기우제라고 하는데, 이 때의 행례에는 유교의 절차가 진행되지만 정규 제사에서 볼 수 있었던 음악과 춤은 포함되지 않는다. 이 때 기도하는 관원을 '기관祈官'이라고 하며, 기도일 하루 전에 목욕재계하고 기우하는 곳에서 하룻밤을 잔다. 만일 아주 급박한 상황이 아니면, 정규 의례와 마찬가지로 산재散齋[30]를 2일 동안하고, 치재致齋[31]는 1일을 한다.[32] 기우하

柴, 執禮曰: "望瘞." 謁者引初獻官詣望瘞位北向立, 執禮帥贊者詣望瘞位西向立, 大祝以篚取山川城隍祝版及幣黍稷飯, 降自西陛, 置於坎, 執禮曰: "可瘞." 實土半坎, 謁者進初獻官之左白: "禮畢."

29_ 『世宗實錄』「五禮儀」吉禮 儀式, 祀風雲雷雨·山川·城隍儀, 行禮; 『國朝五禮儀』권1.95b2-4 吉禮 祀風雲雷雨儀[山川·城隍附].

30_ 산재(散齋): 제관(祭官)이 치재(致齋)하기에 앞서 며칠 동안 몸이나 행동(行動)을 삼가던 일. 대개 집 밖에 나가서 평일(平日)처럼 일을 보되, 술을 먹지 않고, 파·부추·마늘 따위를 먹지 않고, 조상(弔喪)이나 문병(問病)을 하지 않고, 음악(音樂)을 듣지 않고, 형벌(刑罰)을 행(行)하지 않고 형살문서(刑殺文書)에 서명(署名)하지 않고 더럽거나 악(惡)한 일에는 참예하지 아니함.

는 행례는 다음과 같다.

〈표 2〉 풍운풍우단(산천·성황부)에서의 기우의 행례

행례의 진행	담당	일	비고
기일 축시(丑時)전 5각	소속 관원	축판·신위 등 위치 정리	기우 준비 완료
기우 축시 전 3각	취 배위(拜位)	사배 후 각 취위	헌관, 제집사
기우 축시 전 1각	취 배위	사배	헌관 및 제 집사 시작 준비 완료
영신례	헌관 제 관원	사배 재배	
전폐례	헌관	상향(上香)하고, 폐백 올림	풍운뇌우신, 산천신, 성황신께 각각 올림
작헌례	헌관	헌작	독축, 행례
철변두	대축(大祝)	헌관 사배	변(籩)·두(豆) 걷어치우기
망료례	헌관 대축	축판과 폐백을 태운다	망료위 요소
예필		사배	감찰 이하 알자가 인도하여 나간다.

기우제의 행례는 영신과 전폐 작헌례를 기본으로 구성한다. 제관에 의한 유교식 절차가 간단히 진행된 모습이다. 정사正祀인 정기 의례에 비해서 규모가 축소 운영되었음을 볼 수 있다.

그런데, 비정기 한발가뭄에 필요한 기우제에는 무당이 참여하여 비를 빌었다는 점이 주목된다.

비를 중외中外의 여러 신神에게 빌었다. 무당을 우사단雩祀壇에 모아서 삼각산三角山·목멱木覓·한강漢江·풍운뢰우風雲雷雨·산천山川·성황城隍의 신에게 비를 빌고 아울러 기도祈禱를 행하였다. 또 향·축香祝을 각도의 악嶽·해海·독瀆·산천山川의 신에게 나누어 보냈다.[33]

31_ 치재(致齋) : 제관(祭官)이 된 사람이 입제하는 날부터 파제 다음 날까지의 재계(齋戒) 하는 일.
32_ 『世宗實錄』 130권,「五禮儀」吉禮 儀式, 風雲雷雨壇祈雨儀.

예조에서 계하기를, "가뭄이 극심하여 벼[禾] 싹이 마르고 있으니, 중과 무당을 시켜서 비를 빌게 하고, 시장을 옮기고, 우산을 자르고, 범 [虎]의 머리를 양진揚津과 한강에 던지소서" 하니, 그대로 따랐다.[34]

유교식 기우제 행례에 필요한 향과 축문을 중앙에서 각도의 신들에게 기도하도록 보냄은 물론이고, 무당을 모아서 기도를 했다는 점이 주목된다. 이는 국가에 국무당國巫堂이 있어서 산천과 성황의 신에게 제사한 후에 무당들의 춤과 노래가 귀신을 대접하는 의례로 연결되어 있었음을 시사한다.

우리나라에서는 예禮와 악樂을 제정하여 문물文物이 모두 갖추어져, 제사에 이르러서도 또한 모두 고금의 일을 참작해서 아름다운 법전을 만들어 놓아, 음사淫祀를 금하는 법령이 『원전元典』에 실려 있습니다. 그러나 백성들이 구습舊習에 오래 젖어서 귀신을 숭상하는 풍조가 오히려 없어지지 않고, 무당과 박수의 요망하고 허탄한 말을 혹신酷信하여 생사生死와 화복이 모두 귀신의 소치라고 하고, 음사淫祀를 숭상해서 집에서나 들에서 하지 않는 곳이 없사오며, 노래하고 춤추어 하지 못하는 일이 없어, 심지어 예禮에 지나치고 분수를 어기는 데 이릅니다. 산천山川과 성황城隍에 사람마다 모두 제사지내며 떼지어 술 마시고 돈을 허비하여, 집을 결단내고 가산을 탕진하여 한 번 수재나 한재를 만나면 문득 굶주린 빛이 있사오니, 이 유행의 폐단이 가히 염려됩니다. …… 유래를 살펴 본다면 어찌 국가에서 이미 국무당國巫堂을 세운 까닭이

33_ 『太宗實錄』 16년(1416, 영락 14), 5월19일(경술). "庚戌/禱雨于中外諸神. 聚巫于雩祀壇祈雨, 三角山·木覓·漢江·風雲雷雨·山川城隍之神立行祈禱, 又分遣香祝于各道嶽海瀆山川之神."
34_ 『世宗實錄』 4년(1422, 영락 20) 7월4일 (기미). "禮曹啓: "旱氣方熾, 禾苗枯槁. 請令僧巫祈雨, 徙市, 斷傘扇, 沈虎頭於楊津、漢江." 從之"

아니오며, 또 명산名山에 무당을 보내어 제사지내는 까닭이 아니겠읍니까. 사람마다 모두 이를 구실로 삼아 뜻대로 제마음대로 하는 등 조금도 기탄忌憚함이 없사오니, 실로 성대盛大한 정치에 누累가 되나이다. 산천山川과 성황城隍에 각각 그 제사가 있는데 또 악귀惡鬼의 제사를 베풀었으니, 〈이렇게〉 명문明文없이 모두 제전祭典에 편입시켜 놓으면 어느 귀신이 나오지 아니하겠습니까. 지금의 무당과 박수가 제사지내는 것은 그 무슨 귀신인지 알지 못하겠사오니, 이는 신 등이 유감으로 여기는 바입니다.[35]

이 인용문은 세종 8년(1426) 사간원司諫院에서 상소한 내용의 일부이다. 내용에 따르면, 유교식의 제사 법제가 이미 정비되었고 반포되었음에도 불구하고 옛 풍습에 젖은 백성과 경대부들이 아직도 '무격巫覡'을 혹신하고 그들의 말을 쫓아 산천과 성황신에게 직접 의식을 행하느라 가산家産을 탕진하고 있음을 비판하며 이를 유교식으로 바로잡아야한다는 글이다. 여기에서 술마시고, 춤추는 일이 무당과 일반 사람들 간에 기도의 연행 방법으로 존재했음을 파악할 수 있다. 영조 21년(1745)에는 태상시太常寺의 제안祭案에 기록되어 있던 무녀기우巫女祈雨와 맹인기우盲人祈雨가 오랜 관습으로 기우제 때에 역할을 담당하다가 언제부터인가 실제는 행해지지 않는데, 기록에만 남아 있던 것을 제거했다. 태상시의 공적인 기록인 제안에 '무녀기우' 혹은 '맹인기우'와 같은 것이 기재되었다[36]는 점은 뜻밖이다. 성리학을 태두로

35_ 『世宗實錄』 8년(1426, 선덕 1) 11월7일(병신). "恭惟我國家制禮作樂, 文物悉備, 至於祀事, 亦皆參酌古今, 勒成令典, 禁淫祀之令, 載在『元典』. 然民習舊染, 尙鬼之風, 猶有未殄, 酷信巫覡妖誕之說, 死生禍福, 皆神所致, 淫祀是崇, 而或家或野, 無地不作, 酣歌恒舞, 無不爲已, 以至越禮犯分, 山川城隍, 人皆得以祭之, 群飮糜費, 傾家破産, 一遇水旱, 則輒有飢色, 流弊可慮. …… 原其所自, 豈非國家旣設國巫堂, 而又於名山, 遣巫致祭之故歟? 人皆藉口, 縱意逞情, 略無忌憚, 實有累於盛治也. 山川城隍, 各有其祭, 而又設厲祭, 咸秩無文, 則靡神不擧至矣. 今之巫覡所祀, 未知其何神也? 此臣等之所憾也."

삼은 유교 국가에서 마땅히 유교식 제사를 집전함은 물론 '무녀'나 맹인이 기우에 동원되어야할 이유는 무엇일까? 또 '나라에 국무당을 세운 까닭'은 무엇일까? 국가의 공적인 가뭄 극복에 여무女巫가 춤추어 기도했던 것은 이미 오랜 옛날 『주례周禮』로부터 시작된 전통이었다. '사무司巫'와 '남무男巫', '여무女巫'는 주周대의 춘관 관직명이다. 아래에 사무와 여무의 담당 임무를 인용한다.

사무司巫는 여러 무巫(남무·여무)들의 정령政令을 관장하는데, 만약 국가가 크게 가물면 무巫를 인솔하여 기우제에서 춤추게 한다. 나라에 큰 재앙이 있으면, 곧 무를 인솔하고 무를 조성하게 한다. 항상 제사가 있으면 다함께 단주匰主와 도포道布와 조관蒩館(거적 집)을 갖추어 일[事]을 제사하게 하고 자리를 지키게 한다. 모든 상사喪事에도 무巫를 내려주는 예를 관장한다.

여무女巫는 세시歲時의 불제祓除를 관장하는데, 목욕재계[釁浴]하고, 가뭄이 있으면 기우제에서 춤추도록 한다. 만약 왕후王后를 조상弔喪하게 되면 그 앞에서 다함께 기도하고, 모든 방국邦國의 큰 재앙에는 곡哭을 하며, 소청所請한다.[37]

기우제에서 무녀들의 춤은 비를 내리게 한다는 믿음이 분명하게 깔려있다. 사무는 남무와 여무를 관장하는 상급 관리직이고, 여무는 기우를 위한

36_ 『燃藜室記述』別集 4卷「祀典典故」淫祠. "英宗二十一年, 命悉去盲祭·巫祭·讀經祭, 名號盲人祈雨·巫女祈雨及移御時盲人讀經祭. 舊有其名停廢已久, 而猶載於太常祭案至是命悉去之."

37_ 『周禮』「春官」司巫; 女巫. "司巫掌羣巫之政令, 若國大旱則帥巫而舞雩. 國有大災則帥巫而造巫, 恒祭祀則共匰主及道布及蒩館. 凡祭事守瘞. 凡喪事掌巫降之禮."; "女巫掌歲時祓除, 釁浴, 旱暵則舞雩. 若王后弔則與祝前. 凡邦之大災歌哭而請.

실무의 집전자이다. 이처럼 유교 경전으로부터 근거를 갖고 있는 여무의 임무는 1차 세시 행사에서 재앙을 물리치는 일이고, 2차는 기우제에서 춤추는 일이다. 3차는 왕후의 죽음에 기도하는 일이었다. 때문에 고려조[38]는 물론 조선에서도 여무가 기우제에 단순히 참가만 했던 것이 아니라, 비 내리기를 기도하는 중요한 집전자로써 춤추어야했던 것이다. 그 춤의 모양이나 내용은 문헌상으로는 알 수 없다. 다만 민속학적 생존 문화인 무속 굿의 양식에서 일정 부분 유사점을 추정할 수 있을 뿐이다.

한발-가뭄이란 음양론의 측면에서 보면 극성한 양(陽)의 활동으로 인해, 음(陰)인 물(水)의 기운이 수축되어 활동을 못하는 상황이다. 비는 농사에 절대적인 자연혜택인데, 음양의 기운이 조화롭지 못하여 재앙을 맞았다고 여긴 것이다. 따라서 남성의 기운을 대변하는 양의 극성에 대해, 수백 명의 음인 여무들의 기도와 춤을 바침으로써 비를 내리게 할 수 있다고 믿었던 것이다. 기설(祈雪)도 같은 맥락에서 이해할 수 있는 농본국의 자연혜택 기원이라 할 수 있다.

그러므로 성황단 기우제에서 여무가 비 내리기 기원을 집전하는 것은 음양론의 관념에 의해 필요한 일이지, 음사(淫祀)가 아님을 분명히 할 수 있다. 세종 연간의 국무당 관련 상소문에서 "심지어 예(禮)에 지나치고 분수를 어기는 데 이릅니다"[39]라고 한 점이 바로 '음사'를 말한 것이다. "음(淫)"이라

38_ 『高麗史』54卷 五行志 금(金)조에 기우(祈雨) 또는 도우(禱雨)의 기록과 함께 취무(聚巫), 집무(集巫), 집여무(集女巫)등의 기록이 많다. 예를들면, "인종 11년 5월 경오일 여무 300여인이 도성청(都省廳)에서 모여 기우했다(十一年五月庚午, 集女巫三百餘人于都省聽祈雨.)."가 그 한 예이다.

39_ 『世宗實錄』8년(1426, 선덕 1) 11월7일(병신). "恭惟我國家制禮作樂, 文物悉備, 至於祀事, 亦皆參酌古今, 勒成令典, 禁淫祀之令, 載在『元典』. 然民習舊染, 尙鬼之風, 猶有未殄, 酷信巫覡妖誕之說, 死生禍福, 皆神所致, 淫祀是崇, 而或家或野, 無地不作, 酣歌恒舞, 無不爲已, 以至越禮犯分, 山川城隍, 人皆得以祭之, 群飮糜費, 傾家破産, 一遇水旱, 則輒有飢色, 流弊可慮. …… 原其所自, 豈非國家旣設國巫堂, 而又於名山, 遣巫致祭之故歟? 人皆藉口, 縱意逞情, 略無忌憚, 實有累於盛治也. 山川城隍, 各有其祭, 而又設厲祭, 咸秩無文, 則靡神不擧至矣. 今之巫覡所祀, 未知其何神也? 此臣等之所憾也."

는 글자의 뜻은 10여 가지를 넘는데, 보통 '음란하다', '방탕하다'는 뜻으로
이해하기 때문에 매우 부정적 인상이 강하다. 하지만 '음淫'은 '정도를 넘어
지나치다'라는 뜻으로도 쓰인다. 무당 중 일부가 민간을 현혹하고, '금비녀
를 신봉한다'[40]든지, 개인의 화복을 위해 남녀가 모여 야제野祭를 벌이는 등
에 대해 음사라 한 것이다. 즉 조선 초기에 '국가에서 이미 국무당國巫堂을
세운 까닭'은 바로 기우제 활동에 필요하기 때문이라 본다.

4. 정기 행례의 유교식 춤과 음악

1) 열문지무와 소무지무

풍운뇌우·산천·성황의 신에게 제사할 때 추는 조선조 아악雅樂 춤의
이름이 〈열문지무烈文之舞〉와 〈소무지무昭武之舞〉이다. 〈표 1〉에서 앞서 소
개한 바와 같다. 이들은 사직대제, 문묘 석전제 등 아악이 연주되는 제사 공
간에서 의례의 한 과정으로 추어지는 춤 이름이다. 그러므로 이 춤은 아악
일무雅樂佾舞로 총칭할 수 있다.

'열문烈文'이란 문文의 덕德을 밝힌다는 의미이고, '소무昭武'는 무武의 공
훈功勳이 밝게 빛남을 뜻한다. 여기에 '지之'는 아무런 의미 없는 연결어이
다. 따라서 문덕을 밝히는 춤의 이름은 '열문무', 무공의 큰 빛남은 '소무무'
라고도 부를 수 있다. '지'를 덧붙여 4언 율시와 같은 운율의 관습적 언어가
계승되었기 때문이다. 이 춤의 실제 팔 내리기, 발 들기 등의 구체적 춤동작
에 대한 기록은 조선으로부터 전승된 것이 없다. 현재 중요무형문화재 제85

40_ 『葛庵集』「別集」卷4, 墓碣銘. 通政大夫行永興府使 贈嘉善大夫吏曹參判省庵金公墓碣銘.

호 석전대제의 일무佾舞는 "1976년부터 『반궁예악서泮宮禮樂書』에 준하여 문묘일무의 재현작업이 시작되었으며, 1980년 국립국악원 원로 악사 성경린 등에게 인증과정을 거친 후 현행의 문묘일무로 거듭난"[41] 것이라고 한다. 아악 일무인 문묘의 춤 전승이 이런 상황이므로 조선으로부터 전래된 것은 없다.

조선의 아악일무에 대해는 『악학궤범樂學軌範』, 『춘관통고春官通考』, 『대한예전大韓禮典』에 기록이 전한다. 일무란 '줄을 서서 추는 춤'이라는 뜻이다. 여기에서의 줄은 무용수가 질서 있게 군대와 같이 행오行伍를 이루어 벌려서는 것을 말한다. 팔일八佾·육일六佾·사일四佾·이일二佾의 4가지 형태가 있어서 제사의 규모와 국가의 권력 위상을 표시하는 것으로 수용되었다. 즉 팔일무는 천자天子를 칭하는 국가에서 대사大祀로 구분하는 하늘 제사天祀, 국토의 제사地祇, 황제의 선조를 위한 태묘제사에 사용한다. 그러나 조선은 명나라를 천자국으로 사대하였으므로, 제후국諸侯國의 위상으로 육일무를 사용했다. 사일무는 경대부卿大夫 급 관직자 규모의 위상을 갖는다. 끝으로 이일무는 사士로 보통 가장 낮은 계급의 관직적 위상을 나타낸다.

조선 성황제는 중사中祀 규모이고, 제후국으로서 천신天神을 모시는 방식에 해당한다. 육일무로서 풍운뇌우·산천·성황신에게 정기[歲時] 제사를 올렸다. 그 대표 이름이 문덕을 표현하는 〈열문지무〉와 〈소무지무〉인 것이다. 『악학궤범』 춤 열은 다음과 같은 육일무의 모습이다.

41_ 原註:『반궁예악서(泮宮禮樂書)』의 원책명은 『泮宮禮樂全書』이다. 『반궁예악전서』는 淸 世祖 順治 13년(1656) 맹하 상순에 장안무(張安茂)·진세정(秦世禎)·여비(蔡匪) 씨등이 찬집한 것으로 총 16권이다. 국립국악원 소장의 책표지명은 『胖宮禮樂書』로 되어있다. 김영숙, 「한국 문묘제례악무의 전승과 고유성」, 『한국문묘일무의 미학』, 서울 : 보고사, 2008, 234쪽. 필자주 : "胖"은 泮의 잘못인 듯하여 원문에서는 바로 잡았다.

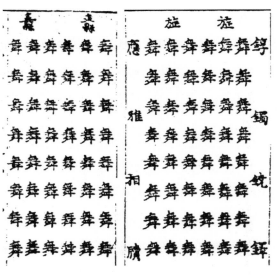

열문지무(문무)   소무지무(무무)

〈그림 1〉 성황제(풍운뇌우·산천합사)의 육일무

이 육일무는 대사인 사직제 이하 문묘와 풍운뇌우·산천·성황제 등에
동일한 모습으로 사용되었다. 무용수는 앞 열이 6명이고, 뒤로는 8명씩 48
명이 행오를 구성한다. 앞의 독纛 2명은 문무의 춤인도자이다. 정旌 2인은
무무를 인도하는 자이고, 무무의 우측에 배열된 순錞·탁鐲·요鐃·탁鐸은
쇠를 재료로 제작된 종류의 악기로 무용수들과 함께 춤추며 절주를 제어한
다. 좌측의 응應·아雅·상相·독牘은 나무와 가죽을 재료로 제작된 북의 종
류이다. 역시 종과 북이 좌우로 늘어서서 절주를 맞추는 역할을 한다.

문무는 영신례·전폐례·초헌례까지 의례에 따라 춤추고, 무무는 아헌
례와 종헌례 때에 춤춘다. 특히 신을 맞이하는 영신례 때는 동일한 춤을 반
복하여 춤추도록 했는데,『세종실록』「오례의」와『국조오례의』·『춘관통고』
·『대한예전』에 모두 3회를 반복한다는 뜻으로 3성成을 춤춘다고 했다. 나
머지 전폐례에서 종헌례까지는 행례의 진행에 따라 협률랑의 휘麾의 지시를

따른다. 즉 휘를 세우면 음악이 시작되고, 춤을 춘다. 휘를 누이면 음악과 춤을 정지한다.

문무(열문지무)를 춤출 때는 오른손에 적翟(꿩깃을 재료로 한 무구)을, 왼손에 약籥(일종의 관악기)을 잡고서 춤춘다. 무무(소무지무)는 오른손에 척戚(도끼모양의 무구)과 왼손에 간干(방패 무구)을 잡고 춤춘다. 이들 도구는 문무의 양성陽性과 무무의 음성陰性을 나타내는 상징적 춤도구이다.

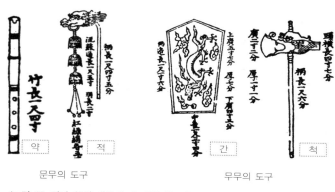

문무의 도구   무무의 도구

〈그림 2〉 정기 국행 성황제 때 사용하는 춤 도구

아악일무를 춤출 때 입는 복식도 의례의 측면에서 중요하다. 『악학궤범』 당시(성종조)에 문무와 무무의 일무 각 48인과 인도자 독 2인, 정 2인은 모두 조주의皁紬衣(검정 비단웃옷)를 착용했다. 안에는 백주중단白紬中單(흰색 비단 중간 속옷옷), 백주군白紬裙(희색 바지), 금동혁대金銅革帶를 띠고, 백포말白布襪(버선), 오피리烏皮履(검정 가죽신)를 신는다. 단 모자는 서로 다른데, 문무는 진현관進賢冠을 쓰고 무무는 피변皮弁을 쓴다. 무무의 나머지 순·탁·요·탁·응·아·상·독의 악기 잡이들은 음악 연주자들과 같은 홍색의 난삼鸞衫을 착용한다. 그러나 백주중단과 백주고, 백포말, 금동혁대, 오피리를 착용하는 것은 동일하다. 다만 머리에는 홍색마래기로 동여맨 무변武弁을 쓰고, 소매에는 연주에 방해되지 않도록 홍금비구紅錦臂鞲(홍색 비단의 팔싸개)로 팔의 소매 단을 싸맨다.[42] 이 모습은 『춘관통고』·『대한예전』에서도 각각 당시 의식 [今儀]의 복식으로 계승되었다.[43]

악기 연주자들은 홍색 복식을 착용하는데, 일무인들은 검정색옷을 착용함으로써 제사 공간 안에서의 음양의 조화를 추구한 양상을 살필 수 있다. 홍색은 양기陽氣를 표현하는 색이고, 검정색은 음기陰氣를 대표하는 색이다. 홍색은 등가와 헌가의 위치에, 검정색은 등가와 헌가의 사이에 위치하여 번갈아 연주할 때마다 흑색의 일무인들이 춤추는 모습을 이룬다. 현재 문묘에서 사용하는 일무의 홍주의는 이러한 동양사상을 표현하지 못하고 있다.

2) 음악 ~안지악安之樂의 악장가사

행례에 따른 음악은 영신례 때 〈원안지악元安之樂〉을 연주하는데, 헌가에서 음악을 담당하여 연주하고, 악장은 없다. 춤 〈열문지무〉가 함께 삼성三成을 이루는 것이 성황신 등을 강림하게 하는 의미를 갖는다. 그런데, 『악학궤범』에는 성황제가 천신제에 구분되어 육변六變한다고 했으며, 협종위궁夾鐘爲宮 3번, 고선위궁姑洗爲宮 1번 남려위궁南呂爲宮 1번, 대려위궁大呂爲宮 1번을 연주하여 6변이라고 하였다. 6변을 하여 3성을 이룬다고 한 것인지에 대해서는 잘 알 수 없다. 전승되지 않았기에 그 실제 양상을 알 수 없기 때문이다.

전폐례에는 〈숙안지악肅安之樂〉을 등가에서 연주하는데, 악장은 아래와 같다. 춤 〈열문지무〉가 함께 연행된다. 악장은 각 의례의 내용을 담고 있어서 신에게 직접 언어로써 공손히 폐백을 올림에 대해 의미를 전달하는 방식

42_ 이혜구 역주, 앞의 책, 2000, 109~110쪽.

43_ 유의양, 『春官通考』上, 서울 : 성균관대학교 대동문화연구원, 1975, 18쪽;『大韓禮典』2권, 서울 : 이씨 대동종약원영인본, 182쪽.

이다. 등가에서 부르는 노래는 모두 대려궁조大呂宮調로 연주된다.

城南有壇 祀事孔明　　성남에 제단이 있으니 제사 일을
성남유단 사사공명　　심히 밝게 갖추었네

俎豆旣陳 黍稷其馨　　조와 두가 이미 진설되었고,
조두기진 서직기형　　서직이 향기롭네

樂具入奏 磬管鏘鏘　　악을 모두 갖추어 연주하니
악구입주 경관장장　　음악 소리 장장하다

惟恭奉幣 神其降康　　공손하게 폐백을 받드니
유공봉폐 신기강강　　신이시여 강녕을 내리소서[44]

　　초헌례의 〈수안지악壽安之樂〉은 풍운뇌우신과 산천신, 성황신에게 각각
의 악장을 올린다. 등가에서 대려궁조로 음악을 연주하고 춤 〈열문지무〉가
함께 연행된다.

　　① 풍운뇌우 악장

天施地承 品物以生　　하늘이 베풀고 땅이 이어받아
천지지승 품물이생　　온갖 사물을 생육하네

風雲雷雨 品物流形　　바람 구름 우레 비는
풍운뇌우 품물유형　　만물에 흘러 형태를 이루네

無失其時 澤我烝民　　적당한 시기를 잃지 않고
무실기시 택아증민　　백성에게 혜택을 주소서

44_　이혜구 역주, 앞의 책, 2000, 143쪽. 번역은 필자가 독자의 내용 이해를 돕고자 보다 쉽게 풀어냈다.
이하의 악장도 같다.

以享以祀　福祿來臻　　제물을 신께서 흠향하니
이향이사 복록래진　　　복록이 끝없이 이르네.[45]

② 산천 악장

有山斯峻　維邦之鎭　　험준한 산들이 있어 나라를 수호하고
유산사준 유방지진

有水斯瀰　維邦之紀　　거친 강물이 있어 나라의 벼리[紀綱]가 되니
유수사미 유방지기

産祥降瑞　介以繁祉　　상서를 키우고 내려
산상강서 개이번지　　　융성한 복록을 단단하게 하네

洋洋來格　歆我明祀　　양양히 이르러 임하여
양양래격 흠아명사　　　청결한 제사를 흠향소서[46]

③ 성황 악장

維此城隍　襟抱于國　　여기 성황당은 나라를 품고 있네
유차성황 금포우국

薦之時祀　旣齊旣稷　　정시에 제사를 올려
천지시사 기제기직　　　가지런히 제물을 바칩니다

神其降康　俾我壽臧　　신께서 강녕을 내려주니
신기강강 비아수장　　　우리 수역을 두텁게 하시네

宗社綿綿　彌萬億年　　종사가 면면히 이어져
종사면면 미만억년　　　억만년토록 오래소서[47]

45_　위의 책, 143~144쪽.
46_　위의 책, 144쪽.
47_　위의 책, 144쪽.

각각 풍운뇌우신과 산천신, 성황신에게 나라 수호와 강녕, 백성의 안위를 기원하는 내용이 서술되어 있다.

아헌례와 종헌례는 헌가의 연주단이 〈수안지악〉을 황종궁으로 연주하고, 무무인 〈소무지무〉가 추어질 뿐 악장가사는 없다.

이하 철변두 때는 〈옹안지악雍安之樂〉을 등가에서 대려궁조에 맞추어 노래한다. 이 때도 춤은 없다. 송신례는 헌가에서 〈원안지악〉을 연주하는데, 이번에는 송협종궁으로 연주한다.

이상의 내용을 행례에 따른 음악 악조와 춤의 위치를 표로 제시하면 다음과 같다.

〈표 3〉 국행 풍운뇌우 · 산천 · 성황의 제사에 따른 음악 및 악조

행례의 진행	담당 악현	음악/악조	악조	춤
영신례(迎神禮)	헌가	원안지악	협종궁 3, 고선궁 1 남려궁 1, 대려궁 1 ⇒ 6변	열문지무 (烈文之舞)
전폐례(奠幣禮)	등가	숙안지악	대려궁	〃
초헌례(初獻禮)	등가	수안지악	대려궁	〃
문무퇴(退), 무무진(進)	헌가	서안지악	?	
아헌례(亞獻禮)	헌가	수안지악	황종궁	소무지무 (昭武之舞)
종헌례(終獻禮)	헌가	수안지악	황종궁	〃
철변두(撤籩豆)	등가	옹안지악	대려궁	
송신례(送神禮)	헌가	원안지악	송협종궁 1성	

신을 맞이하고 보내는 음악의 이름은 〈원안지악〉이고, 잔을 올리는 음악은 모두 〈수안지악〉이다. 영신의 원안지악의 악조는 주례로부터 연구된 강신악조로서 6변을 통해 천신을 강림하게 할 수 있다는 관념이 수용된 것이다. 한편 등가와 헌가는 공간적으로 천天과 지地를 상징한다. 하늘은 양기의 곳인데, 음기의 악조인 대려궁조를 사용한다. 땅은 하늘에 대하여 음기의 위치인데, 황종궁을 사용한다. 황종과 대려는 지지地支 중 자子와 축丑에

해당하며, 둘은 합슴을 이루는 관계로 "대려는 양인 황종을 도와서 기氣를 펼치고 물건을 싹트게 한다"고 했다.[48] 즉 천기가 강림하는 악조를 통해 신이 도달하면, 다음 황종궁조와과 대려궁조로 교주하며 기를 펼치게 하고 생장시키는 의미를 내포하고 있다.

12율려를 사용하는 음악적 바탕에 이미 음양오행의 자연 기운을 설명하는 의미가 깊이 내재되어 있음이다. 자연 기운을 바탕한 음악의 악조를 다시 제사 공간에 연주하는데, 공간을 천지天地로 구분하고 그 안에서 또 음양의 조화를 표시한다. 더불어 시각적으로는 음악 연주자들의 옷 색과 무용수 간의 음양조화도 표시했다. 음악연주자들은 홍색의 웃옷을 착용하고, 천지의 공간을 채우는데, 춤추는 무용수들은 그 천과 지 사이에서 흑색을 착용한 모습이다. 이로써 천지인의 구조를 표현한 것이라 여겨진다.

5. 맺음말

조선 국행 성황제는 정기 세시 행례와 비정기 기우제가 있다. 음력 2월과 8월의 세시 성황제에서는 유교적 의례를 제관들이 행하고, 음악과 춤은 아악이 연주되며 일무를 춤춘다. 천신을 제사하는 중사中祀급 의식이 수행되었다. 비정기 기우제도 표면적으로는 유교식 제사가 간략히 연행된 것으로 기록되어 있다. 그러나 기우제에는 국무당을 필두로 많은 수의 여무가 비를 기원하는 역할을 수행했음을 살폈다.

국행 성황제 장소는 숭례문 밖 3리 거리에 있는 청파역동의 송림 사이에 있다. 풍운뇌우 · 산천 · 성황신을 합사한 양식이다. 풍운뇌우신위는 가

48_ 위의 책, 48쪽.

운데, 산천신위는 좌측, 성황신위는 우측에 배열했다.

정기 성황제 의식은 제관들의 행례 준비가 갖추어지면, 영신례, 전폐례, 초헌례, 아헌례, 종헌례, 음복례, 철변두, 송신례, 망료례, 예필의 차례로 질서있고 경건하게 진행했다. 이 행례 중 영신례와 전폐례, 초헌례에는 문무인 〈열문지무〉가 춤추어지고, 아헌례와 종헌례에는 무무인 〈소무지무〉가 추어진다. 나머지는 음악 연주가 있을 뿐 춤은 추어지지 않는다.

음악은 등가와 헌가로 나뉜 공간에서 〈원안지악〉, 〈숙안지악〉, 〈수안지악〉, 〈옹안지악〉이 번갈아 연주되었다. 하늘天을 상징하는 등가의 공간에서는 대려大呂인 음陰의 악조로 연주하고, 땅地을 상징하는 헌가의 공간에서는 황종黃鐘인 양陽의 악조로 연주했다. 또 연주단의 홍색 복식과 무용수의 검정색 복식을 통해 음양의 대대적 공간구성과 조화를 추구하는 사상성을 표현했다. 즉 전체 행례의 사상적 기반에 음양론이 세밀하게 작동하고 있음을 파악할 수 있다. 또 국행 성황제는 악장가사에 의미가 표현되어 있듯이 천연자연의 혜택으로 국가 수호와 백성의 풍요, 종사의 오랜 보존을 기원한 내용이다.

비정기 성황단 기우의에서는 유교적 행례 때에 춤과 음악이 수반되지 않았다. 반면 제관의 행례 후에 여무의 기우제가 연행된 것을 무속의 수용 양상으로 보았다. 가뭄에 대응하는 여무의 활동은 유교의 주요 경전인 『주례周禮』 춘관을 기반으로 전승된 제도이므로, 조선에서도 자연스럽게 수용된 것으로 보았다. 한발을 이해하는 조선인의 사유 역시 음양론을 기초했기 때문이다.

본 연구는 유교 국가인 조선에서 성황단 제사의 유교식 행례 특성과 무속을 수용한 기우제의 차별화 된 모습을 살폈다. 예식의 기저에서 작동되는 음양론의 사상적 특성을 도출하였다. 기존의 성황제 관련 연구와는 다른 시각으로 조선 성황제에서 춤과 음악이 연행된 양상을 단계적으로 기술하고

자 했다. 조선 성황제를 연구하는 후학에게 다각적 접근의 가능성을 조금이
나마 열어 보일 수 있다면 다행이겠다.

일제강점기 신궁대마神宮大麻의 배포와 조선의 가신신앙과의 충돌*

문혜진

한양대학교 글로벌다문화연구소 연구위원

1. 머리말

신궁대마神宮大麻는 일본의 황조신皇祖神 아마테라스오미카미天照大神를 모신 이세신궁伊勢神宮에서 매년 전국에 배포하는 신찰神札[1]-을 말한다. 일제식민지기 신궁대마의 배포와 봉제는 식민지 조선에서뿐만 아니라 대만, 삿포르, 남양, 만주 등에서도 실시되었다. 일제는 왜 일본 국내에서뿐만 아니라 식민지마다 법률로 정해 신궁대마를 배포·봉제하게 한 것일까? 야마구치 고우이치山口公一는 식민지 조선에서의 신궁대마 배포의 목적에 대해 "1936년 「일읍면일신사一邑面一神祠」정책의 실시에도 불구하고, 신사가 설치될 수

---

* 이 글은 문혜진, 「1930~1945년 신궁대마(神宮大麻)의 배포와 가정제사」, 『한국문화인류학』 48-2, 2015를 수정·재편한 것이다.
1_ 일종의 부적이다(필자주).

없는 지역에서 신사의 대체물로서 그 역할을 보완하기 위한 것이었다."[2]고 제기하였다. 하지만 식민지 조선에서 신궁대마는 신사의 수가 가장 많은 경성부의 경성신사를 통해서도 배포되었기 때문에, 그 목적을 신사의 대체물로 한정하기는 힘들다.

반면 즈시 미노루辻子実는 식민지에서의 신궁대마의 배포 및 봉제는 황조신 아마테라스의 신체를 가정에 모심으로써, 천황에 대한 숭경심을 고양시키기 위한 국민교화의 매개체로 보았다.[3] 즉, 일본에서 명치유신 이후 아마테라스의 이세신으로서의 민중 신앙적 성격에도 불구하고, 1871년 「신궁대궁사로 하여금 신궁대마를 반포시키는 건神宮大宮司をして神宮大麻を頒布せしむる件」・1890년에는 칙령勅令으로 「신궁서관제神宮署官制」를 공포・시행하여 신궁대마의 배포권을 국가통제 하에 넣고서 황국신민의 교화의 수단으로 이용하려고 한 것이다. 즈시 미노루가 서술한 명치정부의 '황국신민의 교화의 수단'으로서의 신궁대마 배포의 의도는 조선총독부의 종교식민화정책의 맥락에서 이해될 필요가 있다.

일제의 조선총독부에 의한 종교식민화 정책은 '위에서 아래로의' 정책으로, 위로는 1910년 한일병합 직후 대한제국의 국가제사를 폐지하고 이를 국가신도의 제전[4]으로 대체하였으며,[5] 관아 내에 위치한 한성부의 부군당을

2　　山口公一, 『植民地期朝鮮における神社政策と朝鮮社会』, 一橋大學大學院 社會學研究科 博士論文, 2006, 152面.

3　　辻子実, 『侵略神社』, 東京 : 新幹社, 2003, 258面.

4　　국가신도란 1868년 메이지유신에서 태평양전쟁의 패전에 이르기까지 약 80년에 걸쳐 일본 국민에게 강제된 국가종교이며, 막말(幕末) 유신기 신도의 흥륭을 배경으로 신사신도와 황실신도가 결합되어 형성된 민족종교이다(村上重良, 『国家神道と民衆宗教』, 東京 : 吉川弘文館, 2006, 78面). 또한 국가신도의 제전은 황실제사를 모태로 창출되어 1907년 내무성이 「신사제식행사작법(神社祭式行事作法)」을 공포함으로써 일본 내에서 신사제식이 획일화되었다. 이후 신사제사의 통일을 제도면에서 확립하기 위해서 1914년 1월 「신궁제식령(神宮祭式令)」과 「관국폐사 이상 신사제식(官國幣社以上神社祭式)」을 칙령(勅令)으로, 「관국폐사 이하 신사제식」을 내무성령으로 정했다(같은 책, 188~189面). 이러한 국가신도의 제전은 한일병합 이후 1915년 8월 기설(旣設)신사 사원은 10월 1일부터 5일 이내 신고하라는 조선총독부령 제82호 「신사사원규칙」에 의해 기존의 조선의 신사들을 조선총독부의 통제 하에 둔 후, 1915년 7월 식민지 신사에 국가신도의

비롯한 지방의 수호신을 모시는 지방 관아의 관행제官行祭를 폐지하여 신사의 마츠리로 대체하려 했다. 아래로는 조선의 마을공동체 의례인 마을굿[6]을 음사로 치부하여 1912년부터 경찰범처벌규칙[7]을 통해 통제하고자 했으며, 이를 신도의 마츠리로 변형시키려는 정책을 펼쳤다.[8] 그리고 1930년대 중반부터 조선인 가정에 황조신 아마테라스를 봉제한 가미다나神棚를 배포하여,[9] 조선의 가신家神을 아마테라스를 모신 가미다나로 대체하여 조선의 최하위 집단인 가정에까지 국가신도를 체화시켜 '황민화'시키려는 정책을 펼쳤다.

이와 같이 일본 천황의 우주적 질서의 확립과정으로서의 신궁대마의 봉제는 일제의 각 식민지의 가정으로도 보급되어 실천되었다. 기존의 식민지 조선의 신궁대마 및 가미다나에 대한 선행연구로는 최석영[10]과 야마구치[11] 등의 연구에서 부분적으로 그 보급양상을 언급한 것을 제외하고는 거의 부재한 실정이다. 이에 식민지 조선에서의 구체적인 신궁대마의 보급 및 봉제奉齊양상과 그 함의에 대해 파악하기 힘든 상황이다. 따라서 본고에서는 명치 초기 일련의 황민화 교육의 일환으로 만들어진 가정제사와 황조신으로

제식을 사격(社格)에 따라 적용하였다(京城府, 『京城府史』 3권, 京城府, 1934, 185쪽).

5_   문혜진, 「1910~1925년 경성신사의 제사 : 경성신사 제전과 제신의 식민지적 성격을 중심으로」, 『종교연구』 제72집, 한국종교학회, 2013, 121~122쪽.

6_   조선의 마을굿의 의례는 유교식 제례 후 굿으로 진행하는 마을굿과 각각 유교식 제례만을 올리거나 굿으로 제사지내는 마을굿이 있다. 이 글에서는 위 3가지 의례 양식을 마을굿으로 총칭한다.

7_   일제는 〈경찰범처벌규칙〉에서 "함부로 길흉화복을 설하고 부주(符呪)를 써주거나, 미혹하는 행위를 하는 자", "병자에 대한 금염(禁厭), 기도(祈禱), 부주(符呪) 또는 정신요법을 시술하고 신부(神符), 신수(神水) 등을 주고 의료를 방해하는 자"를 경찰의 처벌 대상으로 규정하고 있다(『조선총독부 관보』 제470호, 933~934쪽). 따라서 무업(巫業)이 처벌대상이 됨으로써 무당이 주재하는 마을굿은 단속 대상이 되었다.

8_   문혜진, 「1930년대 심전개발운동과 마을굿 : 무라야마 지준의 『부락제』와 경성부 마을굿 사례를 중심으로」, 『일본공간』 vol.15, 국민대학교 일본학연구소, 2014, 197쪽.

9_   최인학, 「마을신앙, 그 변용과 지속의 일고찰 : 일제강점기의 민간신앙을 중심으로」, 단국대학교 동양학연구소, 『한국 민속문화의 근대적 변용』, 민속원, 2009, 134쪽.

10_   최석영, 『일제하 무속론과 식민지권력』, 서경문화사, 1999, 156~157쪽.

11_   山口公一, 앞의 책, 2006, 153~161쪽.

서의 아마테라스의 성격 변화를 검토하여 신궁대마의 봉제의 함의를 고찰한 후, 일제식민지기 식민지 조선에서의 신궁대마의 구체적인 보급양상 및 의의를 살펴 볼 것이다. 이후 경성부의 가신신앙과 신궁대마를 모시는 가미다나의 봉제방식에 대한 현지조사를 통해, 황조신과 조선의 가신들이 어떠한 양상으로 충돌·교섭하였는지 고찰해 보고자 한다.

연구방법으로는 명치유신 이래의 일본의 가신신앙을 파악하기 위해, 일본 가정의 현지조사를 실시하여 일본 가신신앙에 대한 초기 민족지적 기록을 남긴 라프카디오 헌Lafcadio Hearn[12]의 문집을 연구대상으로 하고자 하며, 식민지 조선의 신궁대마 및 가미다나의 배포 양상을 파악하기 위해 1930년대에 간행된 『매일신보』를 중심으로 『경성일보京城日報』·『동아일보』·『조선신문朝鮮新聞』을 참조하였다. 또한 일제식민지기 경성부의 가신 및 그들의 가미다나에 대한 반응을 파악하기 위해, 일제식민지기 가신을 모셨거나 가미다나를 경험한 경성부 주민들과 인터뷰를 실시하였다.

2. 제국 일본에서의 신궁대마와 아마테라스의 함의

1) 신궁대마와 아마테라스

신궁대마는 일본 중세에 활약한 이세신궁의 전도사御師가 전국에 배포한 '어불대마御祓大麻'에서 유래하였으며,[13] 신궁대마의 형태는 아래의 〈사진

12_ 라프카디오 헌은 영국인 작가로서 1890년 일본에 관한 저술활동을 위해 일본으로 건너갔다. 마쓰에 (松江)·구마모토(熊本)에서 교편을 잡았으며, 마쓰에 출생인 고이즈미 세쓰코(小泉節子)와 결혼하여 1896년 일본에 귀화하였다. 도쿄·와세대부稻田 대학에서 영문학을 강의하였으며, 일본을 소개하는 영문 저서들을 많이 남겼다.

13_ 吉成勇 編, 『日本「神道」總覽』, 別冊歷史読本 05, 事典シリーズ 24新人物往来社, 1995, 189쪽.

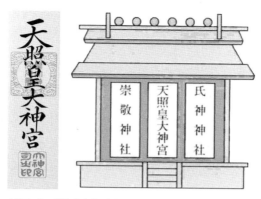

〈사진 1〉 신궁대마와 대신궁 형태의 가미다나[14]

1〉의 좌측 그림과 같다. 신궁대마는 아마테라스신을 상징하는 신체神體로 시대적 흐름에 따라 그 역할이 기복祈福이나 제액除厄과 같은 종교적 기능에서 황조신의 표상으로 변화하였는데, 이는 아마테라스신의 성격의 변화와 관련된다.

아마테라스 신의 성격은 크게 두 가지로 논의된다. 중세신도·근세신도·국학의 아마테라스 관에 있어서 아마테라스는 태양의 여신으로서의 보편신적 성격과 내셔널리스틱한 특수신(황조신/민족신)적 성격을 두 축으로 하여 줄곧 이어져 왔다.[15] 아마테라스는 원래 신의 명령을 따르지 않으면 재앙을 내리는 다타리가미祟り神로 민중 신앙의 대상이었다. 그것이 야마토 정권에 의해 황조신으로 자리 매겨져 아마테라스를 모시는 이세신궁은 황실의 우지가미氏神이자 국가의 종묘로 민중과 단절되었다.

그러나 중세 이후 이세신궁의 전도사 등의 활동에 의해 전국 각지에 이세신(아마테라스)을 모시는 신사, 즉 신명신사神明神社가 세워지고 그곳을 거점

14_ 신궁대마의 사진 및 신궁형 가미다나의 그림 출처는 http://ja.wikipedia.org이다.
15_ 박규태, 「일본종교의 현세중심적 에토스 : 막말기 신종교를 중심으로」, 『종교학연구』 15, 한국종교학회, 1996, 33쪽.

으로 하는 이세강이 결성되면서, 일반대중 사이에 이세신에 대한 신앙이 널리 고양되었다. 무로마치 시대에 들어서면 일본인이라면 누구나 일생에 한 번은 이세신궁을 참배해야 된다는 관념이 전국적으로 형성된다. 중세의 이세신앙은 주로 농촌을 중심으로 발전했는데, 농민들에게 아마테라스는 오곡풍요의 신, 농경신으로 받아들여졌다. 그러나 점차 도시가 발달되면서부터 아마테라스는 농경신으로서의 측면과 더불어 복신적 성격이 첨가되어 현세이익적인 신격으로 변용되어갔다. 이와 같은 이세신앙은 근세에 들어와 더욱 성행하게 되었다.[16]

앞서 서술한 아마테라스의 보편신적 성격은 명치정부의 국가권력에 의해 천황제 국가의 형성 및 그 이데올로기적 기반으로서 '일본 황실의 조상신'의 이미지로 통합되어 '황조신'과 동일시되었다. 그 일례가 신궁대마로서, 명치정부는 아마테라스의 이세신앙적 성격에도 불구하고 1871년부터 신궁대마를 황조신의 표상으로서 그 배포권을 국가의 통제 하에 넣어[17] 황국신민의 교화의 수단으로 각 가정에 배포한 것이다.[18] 다시 말해서, 일본의 중세이래로 이세신궁의 전도사가 배포한 신궁대마는 '어불대마御祓大麻'에서 사용하는 재액부적祓麻의 의미가 강하여 아마테라스신의 신주로서 생각되었지만, 명치 이래는 황조신의 표장標章으로 공경하게 되어 그러한 사고방식이 오늘에 이르고 있다.[19] 신궁대마의 황조신의 표상으로서의 성격은 1941년 이와시타岩下傳四郞가 식민지 조선에서의 신궁대마의 봉제의 의미를 서술한 구절에서 찾아볼 수 있다. 이를 인용해보면 다음과 같다.

16_ 박규태, 「국가신도란 무엇인가」, 『종교연구』 제29집, 한국종교학회, 2002, 44쪽.
17_ 신궁대마는 1871년의 법률의 공포에 의해 1872년부터 신궁사청(神宮司廳)에서 직접 봉제(奉齊)·배포하게 되었으며, 전후(戰後)에는 신궁대마의 배포가 신사본청에 위탁되어, 전국의 신사청을 통해서 신사 및 우지코(氏子)총대 등의 손에 의해 배포되고 있다(吉成勇 編, 앞의 책, 1995, 189쪽).
18_ 辻子実, 앞의 책, 2003, 258쪽.
19_ 吉成勇 編, 앞의 책, 1995, 189쪽.

아마테라스는 황실의 조상신임과 동시에 국민의 조상신이다. 우지코氏子[20]는 가장 가까운 우지가미氏神에게 참배한다. 그 우지코의 근본이 이세신궁伊勢神宮이며, 아마테라스는 일본국민의 시조신總氏神이다. 신궁대마는 아마테라스의 삼종 신기 중 하나인 야사카니 곡옥(御大璽, 八尺瓊曲玉)이다. 우리 국민의 대조상신을 받들어 모시고, 각자가 그 가정에 있어서 아침저녁으로 대신의 신덕에 감사를 올려야만 하는 것은 국민으로서 제1의 의무로 하지 않으면 안 된다.[21]

위의 신궁대마의 봉제의 의미를 기술한 문구에서 일본에서뿐만 아니라 식민지 조선에서의 아마테라스의 황조신적 성격과 황실을 받드는 국민의 의무로서의 신궁대마의 봉제의 함의를 파악할 수 있다.

일제식민지기 신문기사를 검색하면 '신궁대마'라는 용어 대신 '가미다나神棚'의 반포頒布라는 문구를 흔히 볼 수 있는데, 가미다나는 신궁대마를 비롯하여 각 신사에서 배포하는 다양한 신의 신찰을 넣어서 모시는 선반 또는 제물상을 말한다. 대신궁 형식의 가미다나의 모습은 위의 〈사진 1〉의 우측 그림과 같다. 가미다나에 봉납하는 신찰은 신궁대마, 우지코신사氏神神社의 신찰, 개인적으로 신앙하는 신사의 신찰 등이다. 신찰을 모시는 방법은 삼전三殿 형식으로 중앙에 신궁대마, 이것을 기준으로 우측에 우지코신사의 신찰, 좌측에 숭경신사의 신찰을 모신다.[22] 즉, 황민화정책에 의해 황조신 아마테라스를 모신 신체는 신궁대마이며, 그 신궁대마를 안치하는 작은 사당이 가미다나인 것이다. 따라서 가미다나가 일제 식민지기 황조신의 신체와

20_ 우지코(氏子)는 지역의 수호신을 숭경하는 사람들을 가리키는 말로 지역 신사의 제사를 준비하고 치르기 위한 조직이다.

21_ 岩下傳四郎, 『大陸神社大觀』, 大陸神道聯盟, 1941, 174面.

22_ 吉成勇 編, 앞의 책, 1995, 97쪽.

혼동된 것은 가미다나에 모시는 다양한 신들 중 황조신이 중요한 위치를 점했기 때문이다.

2) 가미다나 제사와 만들어진 가정제사

신궁대마의 봉제는 일본의 가신신앙 중 아마테라스를 모시는 의례만을 조선에 이식한 것이다. 일반적으로 일본의 가정에서는 가미다나와 불단佛壇을 모시고 있다. 가미다나에는 신령, 즉 아마테라스를 상징하는 신궁대마, 우지코신사의 신찰, 개인적으로 신앙하는 신사의 신찰을 모신다. 그리고 불단에는 돌아가신 조상을 모시는데, 불교식과 신도식御靈屋이 있다.[23] 한일병합 이전 일본의 가신신앙에 대한 기록으로 라프카디오 헌의 문헌을 참조할 수 있으며, 일본 가정의 현지조사를 통해 불단과 가미다나를 모시는 방법 중 불단의 제사방법을 인용하면 다음과 같다.

불교식(佛式) 조상제사로 아침 가장 먼저 하는 일은 망자의 위폐 앞에 그 날 처음 끓인 물로 차를 올리는 것이다. 이것을 '망자에게 차 올리기お仏さんにお茶湯を上げる'라고 한다. 또한 방금 지은 밥과 꽃도 올린다. 그리고 위폐 앞에 향을 피우는데, 이것은 신도에서는 금지되어 있다. 밤이 되면 촛불과 등불御灯明이 위패가 안치된 방에 켜지며, 특정 제례일에는 낮부터 켜둔다. 매월 사자死者의 기일에는 간소한 제물, 생선살을 사용하지 않은 쇼유진精進요리를 올린다. 매년 7월 13일부터 16일까지 불교식 선조제인 본마츠리盆祭り가 있다. 이 기간에는 위폐를 모신 방을 가장 화려하게 장식하며, 특별한 제물馳走과 꽃을 올린다. 그

23_ 위의 책, 97쪽.

리고 가정 내에 망자의 혼을 맞이하기 위해, 아름답게 꾸민다.[24]

또한 식도식 조상제사의 방법은 다음과 같다.

　　신도식 조상제사에서도 불교와 똑같이 조상을 위폐로 모시지만, 신
도식 위폐는 불교식 위폐보다 간소하고 소박한 형태이다. 조상의 위폐
는 (신령을 모신) 가미다나와는 별실別室에 모셔지며, 특별한 궁에 모신다
면 '망자의 선반御靈さんの棚'이라고 불리는 선반에 나란히 배치한다. 이
방을 미타마야御靈屋 또는 소레이샤祖靈社라고 하는데, 선조와 가족을
기도하는 궁이나 선반도 별실의 가미다나와 같이 높은 곳에 단다. 또한
위폐를 사용하지 않고, 사자死者의 이름을 직접 가미다나의 궁의 백목
에 쓰는 경우도 있다. 단, 신도에는 계명戒名이 없기 때문에 위폐에는
생전生前의 이름에 '영靈'이라는 글자를 더할 뿐이다. 위폐 앞에 망자를
위한 등불과 꽃병을 놓으며, 매월 기일에 해당하는 날에는 술, 생선 등
을 바치고 신도식 제문神拜詞을 제창한다.[25]

일본의 각 가정에서는 일반적으로 아침과 저녁으로 조상제사를 마치면,
신을 모신 가미다나의 제사를 지낸다. 가미다나의 제사방법은 다음과 같다.

　　궁이나 그 외의 제구祭具를 얹은 가미다나는 보통 다다미에서 7피
트(약 2m)의 높이, 즉 대체로 서서 편하게 손에 닿는 높이에 남향이나
동향에 설치하며, 사랑방이나 부엌은 피한다. 가미다나의 제구의 배치

24_　Lafcadio Hearn, *Japan : An Attempt at Interpretation*, Kindle版, 1904, p.358.
25_　Ibid., p.359.

형식은 궁 앞에 신주御神酒를 붓는 술병德利 두 병과 신목 사카키榊 가지나 작은 생화를 넣는 꽃병花活 두 병, 등불御灯 하나를 놓는다. 가미다나에 올리는 제물祭物은 쌀白米, 술酒, 떡餅, 해채海菜, 야채野菜, 과물果物, 소금물鹽水 등이나 이것을 매일 아침저녁으로 올리기 불가능한 때에는 쌀과 소금물만을 올린다. 지방특산물 같은 것을 올려도 된다. 가미다나에 배례하는 법은 한번 경례하고 두 번 최경례最敬禮 한 다음 두 번 박수하고 한번 최경례하고 한번 경례하면 된다. 만일 기원사祈願詞를 올릴 때에는 두 번 박수를 한 다음 올리면 된다. 가미다나 제사의 금기사항으로는 여성의 생리, 장례 등의 부정穢れ이 있을 때 가미다나의 참배는 물론 그 앞에 서는 것도 허락되지 않는다.[26]

이 외에도 일본에서는 집 내부와 바깥에 가미다나를 설치해서 우물신, 측신厠神, 조왕신竈王神, 수문신守門神 등의 가신家神을 제사지냈다.[27]

일본에서 만들어진 가정제사는 명치 초기에 새롭게 제정된 3대절과 관련된다. 일본의 3대절은 매년 1월 1일 원시제, 2월 11일 기원절, 11월 3일 천장절天長節로 명치 초기의 제정 시기부터 패전까지 그 날에 전국 신사에서 국가제사를 올렸을 뿐만 아니라 학교와 관공서 이하 각 가정에서도 제사를 드렸다.

원시제는 황위의 시초를 축하하는 제례, 다시 말해서, 천손강림의 제祭

26_ Ibid., pp.351~352.

27_ 우물의 신은 스이진사마라고 하며, 조왕신은 코진(荒神: 부뚝막신)이라고도 하며 거의 모든 부엌에는 조왕신을 위한 작은 성소나 그 이름을 담은 부적이 있다. 조왕신은 궁중에서는 2월 11일 4시에 제전을 집행하며, 서민은 4월 11일에 행한다. 논밭에 거름 주는 방식을 알려주는 측신은 일반적으로 얼굴이 없는 남자나 여성의 형태를 가진 종이 형상으로 표현된다. 그리고 수문신은 정원의 북쪽에 "기몬(鬼門)이라 불리는 신도식 작은 사당(shrine)으로, 다양한 신도의 신들을 모신 작은 사당들은 악령으로부터 집을 보호하는 역할을 한다(Ibid., pp.247~248; 近藤喜博, 『家の神』, 塙書房, 1981, 9쪽).

로 천황친정을 정당화하려고 새롭게 제정된 의례이며이다.[28] 기원절은 『일본서기』에 전하는 제1대 신무천황의 즉위일로 새롭게 제정된 제사이다.[29] 이 날 궁중에서는 현소賢所, 황령전皇靈殿, 신전神殿에서 제사가 있으며, 전국 신사에서 기원절제가 시행된다. 가정에서는 건국제建國祭로서 거실에 신무 천황의 그림을 걸고 매화꽃을 꽂은 경단團子을 바친다.[30] 그리고 천장절은 (현) 천황의 탄생일을 축하하는 제사이다. 궁중삼전宮中三殿에서 천황이 제를 올렸으며, 신궁 및 전국신사에서 천장절제를 거행했다. 가정에서는 어진영 御眞影(필자주-천황의 사진)을 걸어놓고 계절에 맞는 꽃을 바쳤다.[31]

명치천황의 사후에는 명치절제가 새롭게 제정되었으며, 이는 신정부의 건국신이자 해외 개척신인 명치천황을 기념하는 제사이다.[32] 궁중삼전에서는 천황이 제를 올렸으며, 신궁 및 전국신사에서는 명치절제를 거행했다. 가정에서는 명치천황의 사진을 걸어놓고 국화꽃을 올렸다.[33] 특히 천장절과 명치절 때는 거리마다 금줄注連繩로 장식하여 축제분위가 조성되었다.[34]

명치정부 이래로 위에 서술한 만들어진 가정제사, 신궁대마를 모신 가미다나와 선조의 가정제사의 실천이 강조되어 왔다. 그 예로 동경제국대학

28_ 村上重良, 『天皇制国家と宗教』, 株式會社講談社, 2007, 140面.

29_ 위의 책, 146面.

30_ 高原美忠, 『日本家庭祭祀』, 增進堂, 1944, 210面.

31_ 위의 책, 210面.

32_ 管 浩一, 『日本統治下の海外神社』, 弘文堂, 2011, 357面.

33_ 高原美忠, 앞의 책(1944), 212面.

34_ 라프카디오 헌은 학교에서의 천장절 행사에 대해 다음과 같이 기술하였다. "오늘(1890년 11월 3일)은 천황폐하의 탄생일인 천장절이다. 일본 전체의 국경일로 오늘 아침은 수업도 하지 않았다. 그래도 오전 8시에는 생도 및 교사는 전원, 천황폐하의 탄생일을 축하하기 위해 심상중학교의 대강당에 모였다. 강당의 단상에는 갈색 비단을 씌운 탁상 위에 일본국 천황·황후폐하 양 전하의 사진이 금테액자에 넣어져 나란히 배치되어 있다. 단상 안은 기(旗)나 조화로 장식되어 있다. 이윽고 지사가 프랑스 장군 같은 금메달의 대례복(大禮服)을 착용하고 입장했다. 그 뒤로 마쯔에(松江)시장, 사단장, 경찰서장, 현청의 공무원들이 줄지어 들어왔다. 일동은 엄숙하게 단상의 좌우로 나뉘어 착석했다. 그 후 학교의 오르간이 돌연 천천히 장엄하게 아름다운 국가, 기미가요를 연주하기 시작했다. 착석자 전원이 여러 세대에 걸쳐서 존경심을 모으고 신성한 가락을 제창했다(池田雅之, 「ラフカデイオ・ハーンの神道體驗と天皇觀」, 『比較文學年誌』 48, 2012, 51~52面)."

신도강좌의 교수 다나카 요시토우田中義能는 "이세신궁의 숭배는 황실에 있어서 부조父祖의 신령의 숭배이고, 시조始祖의 숭배이고, 선조祖先의 숭배이다……국가로서 일대가족을 이루는 우리 국가에 있어서, 황실의 선조는 즉 국민의 선조이며, 황실이 존숭받는 것은 역대의 천황을 숭배하고……항상 궁宮 경내에 현소, 황령전, 신전을 세우는 것과 같이, 스스로의 가정 내에 가미다나를 만들어 선조의 신령을 제사지낸다."35_며 가정제사의 실천 의의를 밝혀, 가정에서 황조신의 가미다나를 설치하여 제사지내는 것이 결국은 황실을 존중하는 것이라는 논지를 전개하였다.

또한 야사카 신사八坂神社의 궁사였던 다카하라 요시타다高原美忠는 『일본가정제사日本家庭祭祀』(1944)에서 다나카의 논리를 한층 더 발전시켜 "신궁대마를 봉제한 가미다나를 모시는 가정의 제사가 국가의 제사의 근본으로 가정의 제사를 잘 지내야 가정이 화평하며, 또한 가정제사의 교육을 통해 간나가라노미치惟神道36_를 발양하여 대동아공영권을 완수할 수 있다."는 논리를 피력하였다. 즉, 국가제사의 근본인 가정에서의 신궁대마의 봉제는 '간나가라노미치'라는 황조신 아마테라스로부터 부여받은 일본 천황 통치의 정통성과 이에 대한 숭경심의 표현이며, 이것이 대동아공영권의 완수에 필수적인 일본정신이라는 것이다.37_ 이는 제2차 세계대전이 발발한 이후, 가미다나를 모시는 가정의 제사가 황실을 존중하는 국민의 의무에서 대동아공영권의 완수에 필수적인 현인신現人神으로서의 천황에 충성하는 일본정신의 실천으로 그 의미가 확장되었음을 나타낸다.

35_ 田中義能, 『國民道德要領講義』, 日本學術研究會, 1927, 80面.
36_ '간나가라(惟神, 神ながら, 隨神)'는 천황이 황조 아마테라스오미카미의 본질을 구현시킨 나키츠미카미(明御神, 現人神)로서 황조의 어심(御心)을 받들어 대리 통치함을 이른다. 즉, 아마테라스신(大神)과 천황을 긴밀하게 결합시킨 신앙으로 소위 신황(神皇)의 신념이다(河野省三, 「神社の本義」 日本電報通信社 編, 『神社大觀』, 日本電報通信社, 1940, 3面).
37_ 高原美忠, 앞의 책, 1944, 238面.

따라서 명치유신 이래로 일본에서는 조상을 제사지내는 불단, 여러 신들을 제사지내는 가미다나, 우물신·측신·조왕신·수문신 등을 제사지내는 가신신앙이 존재하였다. 그 중 천황에 대한 충성심을 진작시키기 위해 황조신을 모시는 신궁대마가 1871년부터 법령에 의해 배포되기 시작했으며, 천황의 정통성과 관련된 원시제·기원절·천장절·명치절제가 가정의 제사로서 새롭게 만들어져 실천되었다. 특히, 기원절은 현재 2월 11일 건국기념일로, 천장절은 12월 23일 천황탄생일(아키히토 헤이세이 천황의 생일을 축하·기념하는 날)로 명칭이 변경되어 국경일로 남아있어, 일본 내에서 황민화교육을 위해 제정된 제일祭日의 흔적을 찾아볼 수 있다.

3. 식민지 조선에서의 신궁대마의 배포양상

앞서 2장에서 살펴보았듯이, 신궁대마는 아마테라스의 신덕에 의한 기복이나 제액 등의 종교적 기능에서 명치유신 이래 황조신의 표상으로 그 역할이 변화되면서, 1872년부터 국가의 통제 하에 신궁사청에서 배포되기 시작하였다. 황조신인 신궁대마의 봉제는 천황의 우주적 질서(계급적 질서)의 일련의 구축과정으로서 아마테라스로부터 부여받은 천황지배의 정통성의 상징, 더 나아가서는 '천황의 우주적 질서로의 편입(즉 천황의 신민됨)'으로 연결되며, 신궁대마의 배포와 봉제는 식민지 조선에서뿐만 아니라 대만, 삿포르, 남양, 만주 등에서도 실시되었다. 1944년까지 대만에 84만 1,500개, 삿포르에 4만 4,605개, 남양에 4,767개, 만주에 18만 550개의 신궁대마가 배포되었다.[38]

38_ 辻子實, 앞의 책, 2003, 260面.

식민지 조선에서 신궁대마가 최초로 배포된 것은 1924년 10월 「신궁대마 및 양력 반포에 관한 건神宮大麻及曆頒布ニ關スル件」의 공포에 의해서였다. 즉 의무적으로 각 가정에 보급된 일본 국내법과는 달리, 이 법령에 의해 조선의 각 가정에 신궁대마와 양력曆을 편의한 방법으로 보급할 것을 명시하고 있다.[39] 이후 신궁대마를 조선인의 가정에 적극적으로 보급하려는 정책은 1933년부터 실시된다. 구체적으로 조선신직회朝鮮神職會에서 도道 단위로 "신궁대마봉제회神宮大麻奉齊會"를, 부군도府郡島에 지부를, 읍면에 분회分會를 설치하여 조직적으로 신궁대마를 반포함으로써 실시되었다. 1933년부터 1943년까지 10년간 신궁대마의 배포상황을 나타내면, 아래의 〈표 1〉과 같다. 조선신직회의 지시에 따라, 경성신사에서도 1933년부터 가정제사와 신궁대마의 보급을 시작하여 수천 개의 대마를 우지코 및 참배자에게 무상으로 보급하고, 약 3천개의 가미다나를 원가로 배포하였다. 이후 경성에서는 1935년까지 7만 가정이 신궁대마를 봉제하게 되었다.[40]

〈표 1〉 1933~1943년까지 신궁대마 배포수[41]

연도	1933	1934	1935	1936	1937
반포수	45,501	48,915	81,063	74,515	178,076
연도	1938	1939	1940	·	1943
반포수	575,195	870,049	1,263,640	·	3,069,088

하지만 〈표 1〉에서와 같이 1936년도에 대마의 반포수가 한번 줄어들자, 1938년부터 배포기관을 신직회에서 각도의 행정관청에 사무소를 둔 신궁대

39_ 최석영, 앞의 책, 1999, 218쪽.
40_ 小立原省三, 『海外の神社』, ゆまに書房, 2004, 453面.
41_ 岩下傳四郎, 앞의 책, 1941, 176面.

마봉제회神宮大麻奉齊會로 이전하게 되었다.[42] 즉, 신궁대마봉제회가 신직회에서 각도의 행정관청으로 그 업무가 이양됨으로써, 행정상 효율적인 대마의 배포가 가능하게 되었다. 특히 조선인에 대한 배포방법으로서 대마봉수식大麻奉授式을 신사에서 거행하게 되었으며,[43] 경찰서원이나 읍면장의 참석하에 대형 대마는 하나에 50전錢, 소형 대마는 하나에 10전에 배포하였다.[44] 또한 신궁대마를 모시는 가미다나는 소형 32전, 대형 80전의 두 종류로 경성의 평전백대점平田百貨店에서 조제하여 판매하였다. 특히 1935년부터는 가미다나의 주문이 조선 전국에서 쇄도하여 나고야의 가미다나 제조 공장에 의뢰하여 조선에 들여오기도 했으며, 공업학교나 직업학교 생도들에게 제작하도록 지도하기도 했다.[45]

행정관청에 의한 신궁대마의 반포율은 1936년의 7만 4, 515개에서 1940년에는 126만 3, 640개로 10배 이상 증가하였으며, 그것은 조선의 총 호수戶數 428만 2, 754에 비하면 약 4분의 1 수준이었다.[46] 그리고 〈표 1〉에서

42_ 山口公一, 앞의 논문, 2006, 161面.

43_ 1938년 대마반포에 관한 요항(「昭和十三年度以來大麻頒布ニ關スル要項」) 중 반포식 항목을 기술하면 다음과 같다.
  1) 조선신직회는 매년 10월 하순까지 대마반포시봉고제(大麻頒布始奉告祭) 및 반포식(頒布式)을 행할 것과 그 경우에는 각도봉제회(各道奉齊會) 임원이 적어도 한 명 이상 참열할 것.
  2) 각 도의 봉제회는 매년 10월 상순에 그 도의 대마반포시봉고제 및 반포식을 소재지 신사(神社)에서 행할 것과 그 경우에는 각 지부 및 신사의 대표자를 참열시킬 것.
  3) 각 지부에 있어서는 매월 11월 중순에 신사 소재지에 있는 신사에서 대마반포시봉고제 및 반포식을, 신사가 없는 지역의 경우 신사(祠)의 사전(祠前) 또는 군도청(郡島廳) 회의실에서 반포식을 행할 것. 이 경우는 분회(分會) 및 신사 대표자를 참열 시킬 것.
  4) 각 분회 또는 신사를 통해 반포를 할 수 없는 부(府)의 지부는 12월 1일을 기하여 읍면사무소 또는 부청(府廳)회의실, 그 외 지정장소에서 대마봉수식을 행할 것(岩下傳四郎, 1941, 178~179쪽).

44_ 山口公一, 앞의 논문, 2006, 154面.

45_ 『京城日報』, 「(心田開發に一石二鳥案)警官, 教師の家庭に先づ神棚を置く職業學校生徒に謹製さす : 全鮮から注文が殺到」, 1935.10.23일자.

46_ 岩下傳四郎, 앞의 책, 1941, 176面. 이와시타(岩下傳四郎)의 1940년대 신궁대마의 반포율이 조선의 총 호수의 4분의 1에 달한다는 수치는 정확한 것으로 보기는 어렵다. 재조일본인 가정에서는 이주와 동시에 신궁대마를 봉헌한 가미다나를 설치하기 때문에, 1940년에 이주한 가정이나 신궁대마가 낡아서 교체할 필요성이 있는 재조일본인 가정에서도 신궁대마를 받았을 가능성이 있기 때문이다.

주목할 만한 것은 대마반포수가 1937년 중일전쟁을 계기로 하여 2배 이상 증가하였고, 이후로도 매회 30만 이상의 증가추세를 나타내고 있는 점이다. 이것은 중일전쟁 이후 조선의 물적·인적자원의 수탈을 원활히 하기 위해 황조신을 모신 신궁대마를 조선인 가정에까지 이식시켜, 현인신으로서의 천황에 대한 충성심을 가정에서 훈육시킬 필요성이 있었음을 나타낸다. 1933년 이후 조선에서의 구체적인 신궁대마 및 가미다나의 배포양상을 살펴보기 위해, 가미다나에 대한 기사가 가장 많이 남아있는『매일신보』를 중심으로『경성일보京城日報』·『동아일보』·『조선신문朝鮮新聞』의 기사를 검토하고자 한다.[47] 이를 정리하면 다음의 〈표 2〉와 같다.

〈표 2〉 신궁대마 및 가미다나 관련 신문기사

일자	신문 및 기사 제목	기사 내용
1935.07.10	『朝鮮新聞』, 「(江原道)神棚を設けて敬神觀念を涵養」	강원도 내 각 중등학교, 소학교, 보통학교, 간이학교 및 각 훈련소에 일제히 가미다나를 설치해서 황대신궁대마(皇大神宮大麻)를 봉제할 것. 직원, 생도, 아동, 훈련생에게 참배시키고 지방의 정황에 따라 적합한 제전을 선정하여 거행시킬 것.
1935.10.23	『京城日報』, 「(心田開發に一石二鳥案)警官, 教師の家庭に先づ神棚を置〈職業學校生徒に謹製さす」	본부 경무국에서는 가미다나 신청자를 모집, 이에 신청자가 10월 20일까지 1만 2백 명 이상에 달했음. 가미다나를 신청하지 않은 가정에는 이전부터 가미다나를 제사지내고 있는 자가 대부분으로, 결국 전조선의 1만 7천의 경찰관의 가정에는 대부분 가미다나가 안치되어 있음. 또한 전조선의 초중등학교직원 1만 5천명에게 가미다나 신청자를 모집. 현재 학무국에 따르면 신청자는 팔도에 7천명에 이름. 주문이 쇄도하여 가미다나의 부족으로 공업학교나 직업학교 생도들에게 가미다나를 근제시킴.
1935.12.12	『每日申報』, 「各學校職員室에 神棚을 設置키로」	평북도(平北道)의 각 교장의 직원실에 가미다나를 설치하여 아침, 저녁 경신의 념을 함양하여 국체명징을 교육의 근간으로 함.

---

[47] 『매일신보』는 조선총독부의 기관지로 발행된 것으로 신궁대마에 대한 조선인의 인식을 파악하는 자료로는 적절하지 않다. 따라서 본고에서는『매일신보』의 기사를 조선총독부의 신궁대마나 가미다나의 배포방식을 참조하는 데만 활용하고자 한다.

1935.12.22	『每日申報』,「春川泉田普校神棚奉安祭」	강원도 내 각 학교에는 가미다나를 봉안하여 가미다나 봉안제를 거행.
1936.05.16	『每日申報』,「五位神棚을 設置 心田培養을 圖謀 寧越郡守 咸基崇氏의 立案 邪神崇拜는 打破」	영월군(寧越郡) 내 10여개소 부서공회당(部署公會堂)의 한쪽에 아마테라스, 공자, 석가, 예수, 신농씨 오위(五位)의 위패 또는 사진을 봉안. 매월 1일과 국가적으로 행사가 있을 때, 부락적으로 경조사가 있을 때, 개인적으로 경조사가 있을 때, 공회당에서 제회합(諸會合)이 있을 때, 참배 또는 기도를 할 것.
1936.05.19	『每日申報』,「忠北道知事室에 神棚을 奉安」	충북 도청지사실에 가미다나를 봉안. 이것은 전 조선을 통해서도 아직 경기와 충북뿐이라 함.
1936.11.03	『每日申報』,「江原道內各校에 神棚設置實行」	강원도 내 각 학교 및 훈련소에 일제히 가미다나를 설치하고 『황대신궁대마』를 봉제하도록 시달(示達)하여 총 305개의 신청을 받음.
1936.12.22	『每日申報』,「國民精神 作興에 咸興府에서 進出」	함흥부에서는 국민정신작흥으로 부(府)직원은 모두 대마를 배수(拜受)하여 각 가정에 가미다나를 설치 및 봉제함(가미다나는 부에서 알선).
1937.07.16	『每日申報』,「漣川官公署에 全部神棚奉齊」	연천군(漣川郡) 각 관공서에 가미다나를 봉제하고 군은 물론 군내 12개 면에 일제히 봉제하기로 결정하고 군직원의 정신작흥일인 15일을 기하여 연천군청에서는 엄숙한 봉제식을 거행.
1938.01.27	『每日申報』,「開豊郡西面蓮山里 全部落神棚奉安 敬神崇祖觀念涵養」	개풍군(開豊郡) 각 면학교, 관공서에 가미다나를 봉안. 개풍군 서면(西面) 연산리(蓮山里) 전 부락에 가미다나 설치. 400여 진흥회에서 가미다나 봉치.
1938.09.04	『동아일보』,「神棚頒布祭 今日神宮에서」	재단법인 광제회(廣濟會, 필자주-가미다나 봉제를 담당하는 행정기구)가 조선신궁 배전 앞에서 가미다나 반포공고제(神棚頒布公告祭)와 반포식을 거행.
1938.12.11	『每日申報』,「多士峴洞廿六戶 各戶에 神棚奉置 敬神崇祖觀念徹底」	여주(驪州) 관내 9천대의 승입기(繩叺機)를 총동원시켜서 그 노력에 의한 수익금으로 1만 2천여 호에 대마를 봉대시키고 가미다나를 봉안시킴. 그리고 여주신사 앞에서 재단법인 광제회지부 발회식을 거행.
1939.01.07	『每日申報』,「橫城郡面에 神棚을 奉安」	횡성군(橫城郡) 회의실에서 가미다나 봉안식을 마치고 각 면에서도 가미다나 일식(一式)을 엄숙히 봉안하도록 독려.
1939.02.01	『每日申報』,「小學校兒童들 通해 神棚二千個配布 釜山府敎育係에서」	부산부 각 소학교 아동을 통해 각 가정에 가미다나 보급을 행하게 되어 30일 현재로 2천 2십 8개를 배부하였음.
1939.02.11	『每日申報』,「日本精神發揚週間 各地의 實行事項」	(蔚珍) 울진면 주최 일본정신발양주간행사를 8일 오전 9시 관공서 제 학교 각 단체 지방민은 울진 신명신사에 집합하여 아래의 행사를 실행하기로 결정. 1. 기원절 당일 봉축 궁성요배 …4. 신사참배, 가정에 가미다나 배례, 묘참사당배례(墓参祀堂拜禮) 등 경신숭조의 관념양성 장려. (麗州) 지난 6일에 국민정신총동원 여주면직맹에서는 기원절을 중심으로 하여 다음의 행사사항을 협의결정. 1. 매일 국기를 게양 2. 매일 아침 7시 50분을 기하여 궁성요배를 행함

		3. 신사참배를 독려하고 행함 4. 매일 아침 각 가정봉제의 대마에 배례를 할 것 5. 성묘와 사당 배례 등을 행할 것
1939.04.12	『每日申報』, 「金化在留支那人 神棚을 奉安」	금화군(金化郡)의 중국 상인 수십 명이 가미다나를 봉안.
1939.06.02	『每日申報』, 「五學年生徒家庭에 大麻와 神棚奉安」	평양공립학교 5학년생도 81명이 수학여행을 겸하여 이세신궁을 참배하고 신궁에서 특별히 카구라(神樂)를 봉납(奉納)하는 동시에 대신궁의 대마를 배수. 생도들에게 축사 및 예배의 방법을 가르쳐준 후에 5월 31일 반포식을 거행하고 81명의 가정에 봉안.
1941.01.19	『每日申報』, 「神棚購入을 勸獎 安城郡, 神宮大麻 奉安者에게」	안성부(安城郡) 신궁대마 봉제자수가 1만 3백체에 달함. 일반 가정의 신궁대마 봉안자 중에는 가미다나를 설치하지 않은 이가 많아서 대마를 함부로 취급하여 경신관념을 전혀 응각(応却)하는 경향이 적지 않음으로 군당국에서는 가미다나 봉제를 보급시키기로 결정.
1942.05.12	『每日申報』, 「神棚奉齊를 勸獎」	강원도 108만 도민에게 가미다나 봉제 보급 실시.
1942.08.16	『每日申報』, 「各家庭과 職場마다 神棚을 封齋하라」	강원도 108만 도민에게 가미다나 봉제 보급 실시.
1943.02.09	『每日申報』, 「家庭 – 다이마(大麻)모시는 법[3]」	가미다나 제사 방법에 대한 설명
1943.02.16	『每日申報』, 「他道얘기 – 警察部內各課에 神棚을 奉齋」	강원도 경찰부장실과 부내(部內) 각 과에 가미다나를 봉제하여 경신사상을 고무진작시킴.
1943.06.01	『每日申報』, 「結婚式의戰時體制 府民館은神式에限해서만빌린다」	경성부 부민관에서 국민총력조건연맹에서 준한 개선혼례기준에 의해 6월부터 가미다나를 설치하여 신식(神式)결혼식만 취급.
1944.06.03	『每日申報』, 「神中心의 必勝理念 – 大麻奉齊의 徹底運動」	조선연맹은 〈대마봉대 강조철저운동〉을 6월부터 다음과 같이 실시. *가미다나의 봉안 우선 애국반을 통해 〈가미다나〉를 봉안한 세대수를 조사. 부읍면연맹에서 조사한 결과에 의하여 〈궁형(宮形)의 가미다나〉를 조제하도록 도연맹에서 주선. *가미다나의 조형 가미다나는 될 수 있는 대로 간소히 하도록 하는데 초등학교(상급생) 또는 여학교에 위촉하야 조제하게 함. 가미다나의 조제를 할 때는 재게를 하고 청정엄숙한 분위기에서 조제함. *가미다나의 반포 가미다나의 조제를 마치면 신사(神社), 신사(神祠) 또는 특별한 성역에서 수불식(필자주 – 정화의식)을 거행. 수불이 끝나면 애국반 세대에 반포. 각 가정에서는 가장 청정하고 배례에 편한 곳에 봉안. *대마의 봉안 대마를 봉대한 세대에서는 이곳 가미다나에 봉안하고 아직 봉대하지 않은 가정에서는 부읍면연맹을 통하여 대마를 봉대하고 이를 가미다나에 봉안. 대마를 반포할 때는 엄숙한 대마 반포식을 거행함.

조선에서의 신궁대마 및 가미다나의 봉제양상을 〈표 2〉를 통해 살펴보면, 첫째 1933년부터 조선신직회에 의해 신궁대마의 배포가 시작된 이래, 1935년부터 1937년까지 관공서・학교를 중심으로 아마테라스를 모신 가미다나가 설치되었음을 알 수 있다. 특히 경찰, 교사, 도청・부청의 직원 등 공무원을 대상으로 신궁대마의 신청이 이루어져 공무원의 가정에 우선적으로 대마가 배포・봉제되었음을 알 수 있다. 둘째, 1938년에는 신궁대마봉제회가 신직회에서 행정관청으로 그 업무가 이양됨으로써 도・부・군(이하 읍면) 단위의 주민에게 신궁대마가 배포되거나 또는 학교를 통해 학생들에게 신궁대마가 반포되었다. 특히 읍・면 단위의 신궁대마의 배포는 애국반의 반장(부락연맹집합장)에 의해 이루어졌다.[48]

셋째, 〈표 2〉에서 나타나듯이 1940년에 대마의 반포가 100만개를 넘어섰으며, 그럼에도 불구하고 1941년 1월 19일의 『매일신보』의 기사에서와 같이 가정에 가미다나를 설치하지 않아 대마를 함부로 취급하는 경향이 나타났다.[49] 앞서 기술했듯이, 1935년부터 가미다나의 보급률이 대마의 보급률에 미치지 못하여 가미다나를 일본에서 수출하거나 공업학교와 직업학교 생도들에게 제작하도록 지도하였으나, 1935년 대마의 수가 8만 1,063개에서 1939년 87만 49개로 약 10배정도 증가함으로써 가미다나의 보급률이 현격히 떨어졌음을 알 수 있다. 이에 1941년 1건, 1942년도의 2건의 기사에서와 같이 일반 가정에서의 대대적인 가미다나의 설치가 추진되었으며, 1944년 6월 3일 기사에서와 같이 공업학교나 직업학교 생도 등 기존의 남학생에

48_ 山口公一, 앞의 논문, 2006, 161面.
49_ 1938년부터 행정관청으로 관할이 이전된 신궁대마봉제회에 의해 대마의 보급률이 2배 이상 증가하였다. 이와 함께, 조선인은 신궁대마의 의미도 이해하지 못한 채 대마를 장롱 손잡이에 묶어놓거나 압정으로 벽에 붙이거나, 그냥 방치해 두는 경우가 많았다(大藏省管理局,『日本人の海外活動に關する歷史的調査』朝鮮編 第2分冊, 1950, 63面을 山口公一, 앞의 논문, 2006, 161面에서 재인용).

게 가마다나의 제작을 맡겼던 것을 1938년 2월 26일 조선육군지원병령의 공포에 의해 남학생의 병력 차출로 인해 가마다나의 조제가 초등학생이나 여학생에게 맡겨졌음을 알 수 있다.

또한 1943년 2월 9일 기사에서 조선민중들이 신궁대마의 의미를 잘 모르기 때문에 그 의미 및 제사법에 대한 교육도 신문을 통해서 이루어졌다. 특히, 조선인 가정에 있어서 가미다나 제사법의 지도는 조선신직회를 주체로 해서, 각 도道의 대마봉제회大麻奉齊會·국민총력연맹國民總力聯盟·조선교육회와 연합하여 전 조선의 신직神職을 총동원하여 실시되었다. 가미다나에 대한 구체적인 지도방법은 첫째, 각 도 단위의 군을 중심으로 해서 부·읍·면지도자 및 초등학교 지도에 있어서 가정제사에 관한 전면적인 강습회를 개최하였다. 둘째, 전 조선의 신사는 일제히 경신부인회敬神婦人會를 결성하여 주부를 중심으로 하는 가정제사의 실지 지도를 하였다. 셋째, 국민총력연맹은 당회常會·애국반을 단위로 하는 가정제사의 지도좌담회를 상설적으로 개최하여 지도하였다. 넷째, 조선교육회는 학교와 협력하여 학동을 통하여 가정제사의 실천·강화에 노력하였다.[50]

특히 세 번째의 국민총력연맹에 의한 가정의 제사의 구체적인 지도내용을 국민총력연맹의 잡지인 『국민총력國民總力』을 통해 살펴보면 다음과 같다.

애국반에서도 반장이 가가호호 배부하러 다니거나, 또는 각자 집에서는 우지가미의 신직에게 의뢰해 봉제를 하기도 했는데, 반원 일동 반장의 집에 모여서 먼저 손을 씻어手水 정화하고, 이세신궁을 요배하고, 그 다음 반장이 개개인에게 건네줬으면 한다.[51]

50_ 岩下傳四郎, 앞의 책, 1941, 177面.
51_ 『國民總力』, 「[家庭祭祀講座(2)] 祀る神と大麻」, 1944.1.15일자.

먼저 아침에 일어나면 얼굴을 씻고, 입을 행구고, 손을 씻고, 식찬食饌을 올리고 가족 일동이 모두 마음으로부터 아침의 배례를 행한다. 그것은 우리들이 웃어른에게 문안인사를 올리는 것과 같은 것으로, 마음속으로 '아마테라스님, 안녕히 주무셨습니까? 일본국이 나날이 번영하도록, 저와 가족이 무사하도록, 천황님께 충의를 다할 수 있도록, 지켜주십시오'라고 말씀드리고, 두 번 절하고 두 번 박수치는 방법으로 배례를 합니다.[52]

요컨대 조선에서 신궁대마는 1933년 조선신직회를 통해 배포되었지만, 1938년 그 업무가 관할행정으로 이전됨으로써 조선의 말단 구역까지 효율적인 배포가 가능하여 조선인 가정의 신궁대마 봉제수가 매년 30만 건 이상씩 급증하였다. 신궁대마의 보급양상은 관공서·학교를 위시하여 공무원을 중심으로 먼저 배포되었으며, 이후 각 도·부·읍·면 단위로 주민들에게 배포되거나 학생을 통하여 일반 가정에 반포되었다. 하지만 1940년 신궁대마의 100만 건이 넘는 봉제에도 불구하고, 대마를 모셔두는 가미다나를 설치하지 않거나 대마에 대한 의례를 행하지 않은 채 방치하여 1940년대 이후 적극적인 가미다나의 설치 및 가미다나에 대한 제사방법의 교육이 실시되었다.

4. 경성부의 가신신앙과 가미다나에 대한 반응

조선의 가정에서는 안방에 제석, 대청에 성주, 부엌에 조왕, 마당에 대

『國民總力』, 「[家庭祭祀講座(4)] 神棚の拜み方」, 1944.2.15일자.

감이나 업, 대문에 수문신 등을 모셨다.[53]_ 일제식민지기 조선의 가신에 대한 대표적인 연구로는 이능화의 『조선무속고』(1927)와 아카마츠赤松智城와 아키바秋葉 隆의 『조선무속朝鮮巫俗의 연구研究』(1937)가 있다. 이능화의 『조선무속고』에 따르면, 조선의 가신은 성주신城主神, 토주신土主神, 제석신帝釋神, 업왕신業王神, 수문신, 조왕신이 있다.[54]_ 반면 아카마츠와 아키바의 『조선무속朝鮮巫俗의 연구研究』에 따르면, 가신은 성주신, 불사제석佛事帝釋, 대감大監, 지신地神, 조왕, 걸립乞粒, 측신으로[55]_ 이능화의 연구와 다소 차이가 나지만, 불사제석은 제석신이며 대감·지신은 토주신과 동일하여 이능화가 정리한 가신과 대부분 일치한다. 단, 이능화의 업왕신, 아카마츠와 아키바의 걸립과 측신이 차이가 날 뿐이다. 이들 신들은 모두 조선의 가정을 지켜주는 신들이다. 이들 신들의 모습은 아래의 〈사진 2〉와 같다.

| 성주신 | 터주신 | 제석 |

〈사진 2〉 조선의 가신 신체(神體)의 모습[56]_

53_ 이능화, 앞의 책, 2008, 333쪽.

54_ 위의 책, 333쪽.

55_ 赤松智城·秋葉 隆, 심우성 역, 『朝鮮巫俗의 研究』 下, 동문선, 1991, 87~88쪽.

56_ 〈사진 2〉는 2011년 4월 6일 경기도당굿 중요무형문화재 보유자 조광현 박수가 모시는 가신들을 촬영한 것이다. 반면 제석은 2014년 이태원부군당굿의 회원 K씨(22년생, 여성)가 모시는 사진이다.

일제식민지기의 경성부에서 가신을 모신 사례 및 조선의 가신의 영역에서의 가미다나의 갈등 양상을 용산구 이태원동, 중구 필동, 중구 봉래동, 중구 풍정동의 네 가지 사례를 통해서 살펴보면 다음과 같다.

첫째, 일제식민지기 당시 경성부 이태원동에 거주했던 K씨(22년생, 여성)는 성주, 제석, 터주를 신체로 만들어 모셨다고 한다. 성주는 집을 지을 때 대들보에 흰 종이에 싼 쌀[57]을 붙여 모셨으며, 제사는 정월 초하룻날과 10월 상달에 지냈다. 제물로는 명태와 떡을 올렸으며, 명태는 제사 지내고 난 후 국을 끓여먹었다고 한다. 제석은 광목자루에 쌀을 담아서 매달아 놓고 그것을 백지로 싸서 모셨으며, '제석주머니'라고 불렀다. 쌀은 봄가을로 일년에 두 번 갈았으며, 그 색이 변하면 불길하게 여겼다. 묵은 쌀은 버리지 않고 떡을 해 먹었다고 한다. 제석의 제사는 정월 초순과 10월에 지냈으며, 형편이 되면 떡을 해 놓고 지냈고, 형편이 여의치 않으면 옥수만 떠 놓고 비손을 했다고 한다. 터주는 항아리 속에 볍씨, 돈, 창호지 등을 넣고 짚으로 씌워서 뒷마당에 모셨으며, 그 외 조왕, 업, 걸립, 수문, 측신 등은 따로 신체로 모시지 않았다고 한다. 단, 1월, 4월, 7월, 10월에 이태원부군당제를 지낸 후 각 가정마다 부군님께 고사지낸 떡과 술을 가지고 대청(성주), 부엌(조왕), 마당(터주), 대문(수문)에 인사를 올렸다고 한다.

일제식민지기 당시 K씨의 시댁에서는 이태원 마을 공동으로 부군님을 모셨고 집에서는 조선의 가신들을 모셨기 때문에, 가미다나를 설치하지 않았다고 했다.[58] 이에 대해, 이태원부군당제 회장 L씨(32년생)는 "우리 동네(이

57_ 경성 지역의 성주봉안 방법은 다음과 같다. "우선 흰 종이 석 장을 포개고, 여기에 남성조(男成造)를 위해 엽전3매, 여성조(女成造)를 위해 삼색 실을 넣어서 싸고, 물을 탄 술로 그 종이를 적셔 대청 대들보에 붙인 다음, 쌀을 세 번 던진다. 이때 처음에는 '일천 석이요'라 외치고, 두 번째는 '이천 석이요', 세 번째는 '삼천 석이요'라고 외친다. 다음에는 흰 종이 석 장을 태우고, 술 석잔・쌀밥 세 그릇을 바치며, 마지막으로 성조대도감상(成造大都監床) 앞에 있는 솥을 받들고 절하면서 성조 봉안의 행사를 바친다(赤松智城・秋葉隆, 앞의 책, 1991, 161~162쪽).

태원동)에서는 (가미다나를) 일반 가정에서는 안했어요. 어르신들이 부군당을 모시기 때문에 반대했다고. 어르신들이 반대를 해서 관청이나 학교에만 모셨지, 일반 가정에는 안했다고."라고 이야기했다.[59] 즉, 마을의 수호신 이태원부군당신과 조선의 가신들을 모시기 때문에 이태원동에서는 집안에 가미다나를 모시지 않았다고 했다.

둘째, 일제식민지기 중구 필동의 현 동국대학 자리에 거주했던 J씨(32년생, 남)는 집에 성주, 제석, 터주, 업을 모셨다고 했다. 성주는 흰 종이에 쌀을 넣어 그것을 대들보에 붙여서 모셨다. 제석은 안방에 쌀을 넣어 둔 성주단지로 모셨으며, 터주는 항아리에 쌀과 천을 넣어 엮은 짚을 덮어서 마당에 모셨다고 한다. 업은 마당에 나무를 해서 쌓아놓은 곳에 뱀이 나타난 후 그 자리에 단지에 콩을 넣어 모셨으며, 그 자리가 업으로 재복이 있기 때문에 마당이 넓어 그 자리에 2층 집을 지어 세를 주었다고 한다.

J씨의 어머니는 독실한 무속 신자로 3년에 한 번씩 이태원동에 거주하는 단골무당을 불러 재수굿을 했으며, 재수굿을 할 때마다 집안의 가신들에게 인사를 올렸다. J씨는 가미다나의 봉제여부에 대해 "우리는 가미다나 같은 거 안 받았다고. 우린 안해놨다구. 우린 굿을 했다니까. 일본놈 하에서도 지금 뭐라 그럴까 일본 파출소에서도 동네 유지라고 감히 건드리질 않았으니까. 누가 감히 건드려. 가미다나 허는 놈이 일본 놈들이나 하지 한국사람 안 해요. 친일파고 저거한 사람 아니면 안 허구. 그건 일본사람이나 허는 거구. 그거(가미다나 공양) 아침저녁으로."라고 했다. 즉, J씨의 아버지는 배급소를 운영하는 동네 유지였으며, 집에서 무속을 믿었기 때문에 가미다나를 설치하지 않았다고 했다.[60]

58_ 2014.4.29. 이태원부군당 회관에서 K씨와 인터뷰.
59_ 2013.5.24. 이태원부군당제 인터뷰.

셋째, 일제식민지기 중구 봉래동(현 서울역 뒤)에 거주했던 K씨(32년생, 남)는 집에 가신을 모셨지만 어떠한 신을 모셨는지는 자세히 기억이 나지 않는다고 했다. 단, 할머님께서 장독대 앞에서 정화수를 떠 놓고 비손을 했으며, 형편이 될 때마다 신당동에 거주하는 단골무당을 불러 재수굿을 한 것이 기억난다고 했다. 가미다나의 봉제여부에 대해 K씨는 "'가미다나'라고 신 모시는 그건만 집에 모셔놓지 않으면 난리난다고…일본놈들이. (아침, 저녁으로 신찬 올리는 것은) 아유 안했어. 그냥 모셔만 놓고 있는 거지 뭐 그걸. 근데 왜정 때도 우리 어르신네 조상들이 반일운동 사상이 깊었기 때문에 안할라고 무척 애썼어. 일본놈 순사들이 와서 뭐라고 안하는데. 순사들도 한국 사람도 있고 일본 사람도 있거든. 그 뭐라고 그러냐 하면 순사 끄나풀(필자주 - 경찰서 내 감시단)이라고 그래. 지금으로 치면은 그게 급사야, 급사. 그 놈들이 앞잽이라고. 고 놈들이 지랄한다고, (가미다나를 안모시면) 파출소에 끌어다가 때리기도 하고, 왜 안모시냐고 지랄도 하고 그랬다고. 그러니까 마지못해 매 맞아 가면서 허것다고 그러는거지."라고 했다.[61] 즉, 당시 K씨의 아버지는 철도국에서 일하셨고 할머니는 동네에서 팥죽장사를 하였는데, 관할 경찰서 내의 감시단의 단속이 엄중하여 가미다나를 설치하지 않으면 경찰소에 끌려가서 폭행을 당했기 때문에 가미다나를 집에 모셨다고 했다.

넷째, 중구 풍정동의 N씨(36년생)는 일제식민지기 당시 어려서 집안에 가신을 모셨는지 기억이 나질 않는다고 했다. 다만 서울 사대문 안에서 무당들이 굿을 하는 것을 여러 번 본 기억이 난다고 했다. 그리고 가미다나의 봉제여부에 대한 질문에 "(가미다나를) 모셔만 놨지, 인사만 하고. (큰댁에서는) 벼슬하신 분들, 거실의 사당에 따로 모셨어요. (사당은) 크지 않고 쪼그맣게

60_ 2012년 6월 18일 중구토박이회 인터뷰.
61_ 2012년 6월 18일 중구토박이회 인터뷰.

해요. (큰댁에서는) 가미다나는 일본신이기 때문에 안했어요. (안 모셔도 처벌받진) 않았어요. 그러진 않고 일정 때 공직자들이 많이 했어요. 공직자. 안하면 큰 일 나니까."[62]_라고 답했다. 즉, N씨의 집은 차남이기 때문에 가미다나를 집에 모셨지만 인근의 큰댁에서는 집안에 유교식의 조상의 사당을 모시기 때문에 가미다나를 설치하지 않았다고 했다.

일제식민지기 경성에서는 이능화나 아카마츠·아키바의 조사, 그리고 위 세 가지 인터뷰의 사례에서 나타나듯이 일반 가정에서는 가신을 모시고 있었다. 조선의 가정에서는 집안의 중요한 곳을 관장하는 신들이 존재했으며, 황조신 아마테라스를 모신 가미다나는 이러한 조선의 신의 영역에 침범하여 조선인의 일상생활에서 아침저녁으로 그 제사 및 신앙심을 강제하였다. 신궁대마에 대한 강제성은 신궁대마를 방치하여 순사에게 발각되어 주의를 받았지만 시정하지 않아서 기소유예 처벌을 받은 법원의 검거사건 일람[63]_을 통해서도 파악할 수 있다.

조선의 일반 가정에서 가장 중요한 신은 대청의 성주신과 안방의 제석이었으며, 가미다나는 주로 성주나 제석을 모신 대청[64]_이나 안방[65]_에 설치되어 그 주요신의 영역 및 역할을 아마테라스신의 관할로 대체하고자 했다. 그것은 애국반장들에게 지도한 '아마테라스님, 안녕히 주무셨습니까? 일본국이 나날이 번영하도록, 저와 가족이 무사하도록, 천황님께 충의를 다할 수 있도록, 지켜주십시오'라는 기도문에서 조선인 가족의 안녕을 아마테라

62_　2012년 6월 18일 중구토박이회 인터뷰.

63_　"1941년 12월 하순경, 면사무소에서 신궁대마 2개를 봉제하여, 하나는 자택 가미다나에 봉제했지만, 나머지 하나는 1942년 5월 30일까지 외방(外房) 침구 선반에 잡동사니와 함께 방치하였다. 더욱이 대마를 봉제한 가미다나에 이발용 솔(빗)을 얹어 놓은 것을 (同日) 관할주재소 순사에게 발견되어 주의를 받았지만, 그 이후에도 이전과 같이 방치하여 기소유예 처분을 받았다(태평양전쟁기 해주법원 검거사건 일람을 山口公一, 앞의 책(2006), 176~179面에서 재인용).

64_　중구토박이회 회원 K씨·N씨의 경우 가미다나를 대청에 설치하였다고 했다.

65_　중구토박이회 회장 K씨의 경우 가미다나를 안방에 설치하였다고 했다.

스의 신덕에 맡기려고 했음을 알 수 있다. 즉, 한 가족의 가장 및 집안의 안녕은 성주가, 그 집안의 자손들의 안녕은 제석이 관장했는데, 이러한 역할을 아마테라스신에게 이관시키려한 것이다.

　　현재로선 문헌자료의 부족으로 이태원부군님과 조선의 가신 때문에 가미다나를 설치하지 않았다는 K할머니의 이야기와 무속의 신을 모시기 때문에 가미다나를 모시지 않았다는 J씨의 이야기, 그리고 집안의 조상신을 모신 사당 때문에 가미다나를 설치하지 않았다는 N씨의 이야기의 진실여부는 판단할 수 없다. 중요한 것은 그들의 이야기에서 조선의 신을 모시기 때문에 신궁대마의 봉제를 거부하고 싶었다는 '의도'의 표현이다. 1944년 국민총력조선연맹의 조선농촌실태조사에 따르면, 신궁대마를 받아만 놓고 방치한다던지 벽에 신궁대마를 못으로 아무렇게나 꽂아놓는 가정이 많았으며, 신궁대마는 '왜놈의 귀신', '일본의 신'으로서 자신이 제사지내는 신은 별도로 따로 있는 것으로 나타났다.[66] 즉, 경성부의 조선인 가정에 있어서 신궁대마 봉제의 거부는 신민의 의무임에도 불구하고, 조상신을 포함한 조선의 가신에 대한 신앙심으로 신궁대마가 그 영역으로 들어오지 못했음을 나타내며, 또한 신궁대마를 봉제한 경우에도 아마테라스가 일본신이라는 인식 때문에 신앙심으로 이어지지 못한 '형식상의 비자발적인 실천'이었음을 나타냈다.

5. 맺음말

　　지금까지 일제식민지기 종교연구에서 신궁대마를 모신 가미다나가 간과

66_　辻子実, 앞의 책, 2003, 259面.

되어온 것은 가미다나의 봉제가 신사참배에 비해 그 중요성이 떨어진다고 인식되었기 때문일 것이다. 하지만 가미다나는 이세신(아마테라스)뿐만 아니라 우지가미, 숭경신사의 신 등을 모시는 일본의 전통적인 가신신앙 중 하나로서 조상을 모신 불단과 함께 일본의 가정에서 가장 중요한 제사이다. 이러한 전통적인 일본의 가정제사가 식민지 조선에서뿐만 아니라 대만, 삿포르, 남양, 만주 등으로 강제성을 띤 법률에 의해 보급되어 실천된 것은 신궁대마의 신주 아마테라스와 관련해 그 중요성이 간과될 수 없다.

아마테라스는 야마토 정권 때 황실의 조상신으로 모셔졌다가 막부시대 이래로 황실이 그 세력을 잃으면서 이세신궁에 대한 폐백료가 끊기자, 이세신궁의 전도사들이 아마테라스의 신궁대마를 퍼뜨리며 민중의 신으로 자리잡게 하는 자구책을 모색하였다. 그 결과 명치유신 이전 아마테라스신은 농경신과 복신적 성격을 지닌 민중의 신으로, 하늘에서 부적이 떨어지면 많은 일본인들이 이세신의 신덕을 받기 위해 이세신궁을 참배하러 가는 오카게마이리お蔭参り가 유행하며 이세신앙이 성행하였다. 하지만 명치유신 이후 일본 신정부는 천황을 옹립하기 위해 그 정통성을 『고사기』와 『일본서기』에서 찾았고, 이들 『기기신화』를 근거로 아마테라스가 일본 황실에 신성한 통치권을 부여한 것에 기인하여 황조신으로 자리매김하게 되었다. 그 결과 명치 초기 아마테라스를 제사지내는 이세신궁을 필두로 한 신사의 사격이 정리되었으며, 아마테라스의 명을 받고 천손 니니기가 내려온 원시제, 그 니니기의 제1대 인간자손인 신무천황의 즉위일을 축하하는 기원절이 새롭게 제정되었다. 그리고 이 모든 일본 황실의 개국을 지휘한 황조신 아마테라스의 표상인 신궁대마가 법률로써 국가의 통제 하에 들어갔고, 일본의 가정에 의무적으로 모셔지게 되었다.

민중신으로서의 아마테라스를 황조신으로 동일화시키는 작업은 국민교육을 통해 실시되었다. 즉, 1870년 '대교大教선포의 칙령'에 의해 신직뿐만 아니라 승려까지 기용한 대국민 계몽운동을 실시하여 경신애국敬神愛國, 천리인도天理人道, 존황준도尊皇遵朝 등의 〈3조의 교칙〉을 통해 아마테라스가 황조신임을 설파했으며, 1889년 '대일본제국헌법' 제1조에 황조신 이래의 만세일계의 천황의 통치권을 명시하여 이를 1890년 '교육칙어'를 통해 구현하여 정규 교육과정에서 보급하였다. 이렇게 제사와 교육을 통해 황조신으로 거듭난 아마테라스는 그 신체인 신궁대마를 통해 일제의 식민지로도 보급되었다. 이것이 일본의 가정제사 중 신궁대마를 봉제한 가미다나만이 식민지에 보급된 연유이다.

일본에서는 1871년부터 법률에 의해 신궁대마가 각 가정에 의무적으로 보급되었던 반면, 식민지 조선에서는 1933년부터 조선신직회를 통해, 1938년부터는 관할행정기관에 소속된 신궁대마봉제회를 통해 전국적으로 보급되기 시작했다. 이는 1931년 만주사변의 발발으로 식민지 조선의 병참기지화와 맞물려 천황에 대한 충성심을 급격히 고양시킬 필요성에서 신궁대마의 봉제가 적극적으로 실시되었다고 볼 수 있다. 특히 1937년 중일전쟁의 발발 이후 신궁대마의 배포가 행정기관으로 이관된 것은 신궁대마의 보급률의 효율적인 증대와 천황에 대한 충성심의 절박한 요구가 맞물려 있음을 시사한다. 따라서 신궁대마의 봉제의 의미가 1920년대에는 다나카의 견해와 같이 '가정의 제사를 통해 황실에 대한 존중을 표하는 것'이였다면, 제2차 세계대전의 발발 후에는 신궁대마의 봉제가 다카하라의 논지와 같이 '신손神孫으로서의 천황의 정통성을 상징하는 간나가라노미치의 발현'으로서 '대동아공영권의 완수에 필수적인 일본정신'으로 그 의미가 확장되게 된다.

따라서 식민지 조선뿐만 아니라 일제의 제諸식민지에 있어 '신궁대마의 봉제'는 '황조신의 신칙에 의한 만세일계의 천황가의 우주적 질서(계급적 질서)로의 피식민지인들의 편입'을 상징한다. 피식민지인들이 가정에서 천황에게 통치권을 부여한 황조신을 제사지내는 것은 천황의 통치를 인정하는 것이며, 이는 천황의 신민으로서 그 국민된 의무를 수행해야 함을 나타낸다. 반면 경성부 피식민지인들은 (그들의 신궁대마의 봉제를 거부할 자율권의 여부에 상관없이) 아마테라스를 일본신으로서 조선의 가신의 영역으로 침입하는 것을 '거부'하거나 혹은 강제에 의해 신궁대마의 침입을 허락하였다 하더라도 존경의 표시로서의 제사를 올리지 않는 '방치'로 대응하였다. 결국 가미다나의 봉제는 천황의 우주적 질서로의 편입, 더 나아가 '일본인 되기'라는 민족성의 변화로 이어지기 때문에 경성부에서, 그리고 식민지 조선에서 '형식상 비자발적인 실천'에 그칠 수밖에 없었다.

대만 동계童乩의 종교적 성격 연구*

상기숙

한서대학교 교수

1. 들어가며

대만臺灣의 민간신앙은 중국 본토와 크게 다를 바 없으나 약간의 변별력을 지닌다. 평이·통속의 방식으로 민간사회에 깊이 침투 "三步一廟, 五步一壇"의 현상을 보이며 대륙에서 일찍 쇠미한 삼관대제三官大帝, 신농대제神農大帝, 옥황상제 등을 여전히 숭배한다. 특히 지방성·향토성의 신은 전국 공동의 신보다 몇 배나 많으며 민간에 미치는 영향력 또한 크다. 그 외 유불도 종교 혼합을 보이며 특히 도교적 색채가 농후하다. 민간신앙 활동은 주로 묘廟·사祠·궁宮·단壇에서 행해지며 봉사의 주체는 성현·조령祖靈·

---

*   본고는 『동방학』 제32집(한서대학교 동양고전연구소, 2015.2, 304~332쪽)에 발표된 필자의 논문 「臺灣 民間信仰의 童乩 研究」를 수정 보완한 것이다.

망혼亡魂 등이다. 특색은 지역 독특성의 향토신 숭배, 유불도가 분리되지 않은 다신숭배, 새로운 신의 부단한 출현, 수호신의 숭배, 가정의 묘우화廟宇化로 집약된다. 대만의 민간신앙을 이해하기 위해서는 우선 대만의 역사적·지리적·문화적 배경, 특히 대만의 이민개척사를 이해하는 것과 상관관계가 깊다. 왜냐하면 대만의 민간신앙은 대륙 남부 연안으로부터 이주한 한족漢族을 따라 뿌리내리고 함께 변화 발전과정을 겪어왔기 때문이다.[1]

대만 한족의 샤머니즘은 유불도 삼교가 혼재하며 주로 무사巫師의 개인 신단이나 묘우를 중심으로 이루어진다. 특히 도교적 성격이 강하며 신령과 소통하는 샤먼을 무사巫師·계동乩童·도사·법사·술사·점복사·산명가算命家 등으로 혼칭한다. 이들은 빙의되거나 도구를 통해 신의 계시를 받는 한편 『주역周易』을 풀어 복괘卜卦한다. 계동의 다양한 법술은 치병治病과 액막이를 주요내용으로 부녀자의 순산, 갓난아이의 무병장수 등을 기원하고 기복구사祈福驅邪한다. 한편 신탁을 받은 자로서 불 위를 걷거나 신체에 물리적인 타격을 가해 영험함을 드러내 보인다. 한족 샤머니즘에 대한 연구는 대학 및 연구소의 제 학문 분야에서 이루어지며 최근 〈대만중앙연구원〉 민족학연구소의 〈민중종교연구군民衆宗敎硏究群〉에서 지속적인 연구 성과가 발표되고 있다. 특히 1980년대 이후 한인 종교에 있어 인류학·종교학 등 다각적인 측면에서 현장조사를 바탕으로 무술신앙巫術信仰·의식행위·신령사회·신의 종류와 내용 및 신격神格·공능·귀신신앙·무술활동·묘우廟宇·제전祭典·신격神格 비교 등 광범위한 연구가 진행되고 있다. 반면 원주민 샤머니즘에 대한 연구는 〈당대 정경 중의 무사와 의식 공연 연구군當代情境中的巫師與儀式展演硏究群〉을 중심으로 이루어진다.

1_ 尙基淑, 「대만 민간신앙의 제 양상 고찰」, 『동방학』 제20집, 한서대학교 동양고전연구소, 2011.4, 205~238쪽.

중국의 대표적 무속신앙巫俗信仰을 주재하는 동계童乩는 무巫의 일종으로 특히 대만지역에서 성행한다. 중국 남방 민閩・월粵・공贛 접경인 객가客家 지역에 강신降神하여 제병소재除病消災・점복占卜・액막이하는 특수집단을 살만薩滿(shaman)이라고 부른다. '살만'이란 단어는 에벤크족[埃文基・鄂温克][2]의 'saman・shaman'과 몽고어의 'shaman', 돌궐어突厥语의 'kam・xam'과 밀접하다. 이는 모두 동북아시아 및 시베리아 문화 토양에서 발생되었다. 에벤크족의 'saman・shaman'은 퉁구스어족의 만주족 동사 'sha' 혹은 'sa'에서 유래하며 그 의미는 "깨닫다"라고 정의한다. 그러므로 살만은 신의神意를 통달하여 사람과 신의 대화를 중개하는 신매神媒로 인식되며 지자智者로 박학다식한 문화인이다. 민서閩西 지역에서 샤먼은 보통 중노년 여성으로 신파神婆라고도 칭하며 신도들이 문복問卜하여 점사를 얻기에 문신問神이라고도 한다. 문신은 신도들의 문복 내용을 보아 대체로 문음問陰과 문양問陽으로 구분한다. 문음은 저승의 조상이나 가족의 음부생활陰府生活 상황을 묻고, 문양은 이승에서 혼인이나 재운財運 등을 묻는 것이다.[3]

중국 서남 이족彝族의 소니蘇尼, 납서족納西族의 상니桑尼는 샤먼과 유사하며 가장 대표적인 것은 민남閩南・대만 및 동남아의 동계童乩dang-gi・난수鸞手,[4] 사모불查某佛[5]이다. 계동은 비록 '동童'이라고 하나 실제로는 나이가 매

2_ 에벤크족(러시아어 : Эвенки, 중국어 : 鄂温克族)은 시베리아와 중국 북부에 사는 민족이다. 러시아에서는 한때 오로촌족과 함께 퉁구스(Tungus)로 불렸는데, 이는 야쿠트족 말로 타타르족을 이르는 말이다. 예전에는 종족 명칭으로서 퉁구스 외에, 오로촌(Orochon/Oroqen), 비란(Birar/birachen), 마네길(Manegir/manjagir), 솔론(solon) 등 여러 부족의 호칭이 있었으나, 현재는 에벤키(Evenki)를 공식명칭으로 한다.
3_ 徐義强, 「客家薩滿的通靈途經・儀式及與臺灣的比較」, 『宗教學研究』 2008年第2期, 福建師範大學閩台區域研究中心, 128쪽.
4_ 扶鸞, 神媒로 붓점을 치며 正鸞・副鸞・唱鸞・監鸞 등으로 구분한다. 보편적으로 사묘 안에 鸞堂을 두어 그곳에서 법사로부터 고도의 수련을 받는다.
5_ 팽호의 동계 성별은 일반적으로 여성이며 조수의 請神 도움 없이 신단 앞에 잠시 서있으면 즉시 강신된다. 공수할 때 노래로써 信衆과 교류하며 문복에 대한 점사를 마친 후 자유롭게 신을 내보내어 정상을 회복한다.

우 많다. 신명神明이 몸에 실리는 것은 기계起乩, 신명이 몸에서 나가는 것은 퇴계退乩라 하며 이 모든 과정은 부계扶乩라고 칭한다. 주요 활동 지역은 광동, 복건福建, 대만과 동남아 화교가 있는 국가이며 그 중 대만과 태국 일대에서 가장 성행한다. 민간에서 동계를 강신하여 기복해화祈福解禍하며 신과 교통하는 영매靈媒(medium), 의료자, 지역 수호신 등으로 인지하는 반면 신곤神棍으로 사악하고 미치광이라 여긴다. 복건성 창호彰湖에서는 망령을 찾아 신지神旨를 얻고 복괘卜卦를 겸하여 무사巫師인 동시에 점복사 역할을 한다. 남평南平에서는 도사와 무격巫覡의 차이가 크지 않다. 일반적으로 도사는 도술을 행하고, 무격은 무술을 행해 신과 소통 사람들의 신임을 얻는다. 도사에게도 신이 강림하고 무격은 도교 교단에서 개설한 학교에 참가 도교의 포교를 돕는다. 이들은 도사이면서 무격이고 무격이면서 무사인 셈이다.[6] 이렇게 대만 한족의 샤머니즘은 사묘寺廟를 중심으로 유불도와 혼합되어 이미 전형성을 잃어가고 있다.

동계와 관련된 국내외 선행연구는 2장 '문헌에 나타난 동계 : 선행연구사'에서 상세히 논하며 이외 본고에서 인용한 중화권 참고자료도 포함된다. 국내의 연구 성과는 필자가 과문한 탓인지 매우 소홀하다고 여겨진다. 연구 목적은 중국의 대표적 무속신앙인 동계연구사, 동계의 연원과 성무과정成巫過程, 타 지역 동계와의 비교, 의식儀式과 분장扮裝, 법기法器와 법술法術, 사회적 공능, 종교적 성격과 특징 등을 다각적으로 고찰하여 대만의 동계와 민간사고 등을 폭넓게 이해하고자 한다. 연구 방법은 중화권 관련 자료인 사료史料, 학술 문헌·논문 및 인터넷 사이트 등을 면밀히 분석 인용하여 논지를 전개한다.

6_　渡邊欣雄,「『作爲'術'(方法)的宗敎 : 漢人民俗宗敎分析槪念之再檢討」, 張珣·葉春榮 合編,『臺灣本土宗敎硏究 : 結構與變異』, 台北 : 南天書局, 2006, 170~171쪽.

대만은 중화권의 대표적 전통문화를 보유한 지역이자 자고이래 우리나라와의 관계 또한 긴밀하다. 본고의 연구 성과는 국내 민속학계는 물론 제 학문 분야에서 유용하게 활용될 것이라 사료된다. 나아가 총체적인 동계의 중국 역사성·지역성·민족성·계층성에 따른 상호 상이점相異點 및 한국 무속신앙과의 비교 고찰은 장래 연구과제로 남긴다.

2. 대만臺灣의 무속신앙巫俗信仰 동계童乩

1) 문헌에 나타난 동계 : 선행연구사

동계 분장에 대한 기록7-은 최소 19세기까지 소급된다. 오덕공吳德公(1850 ~1924)은 『시안기략施案紀略』(1893)에서 청나라 광서光緒 14년(1888) 9월 시구단 施九緞(?~1890)의 '위창화현성圍彰化縣城'을 기재하였다. 시구단은 대만 창화현 출신 동계로 당시 칼을 쥐고 이마를 찢고 접신接神하여 주목받았다. 이어 광서 18년(1892) 심무음沈茂蔭은 『묘율현지苗栗縣志』(1893)에서 "어떤 계동이 가마에서 뛰어오르고 ……손에는 검을 쥐고 머리는 산발을 하고 이마를 찢어 이로써 신령을 나타낸다."8- 했다. 광서 말末 오증吳增(1868~1945)의 『천곡격자 편泉俗激刺篇』, 채진풍蔡振豊의 『원리지苑里志』(1897), 임백천林百川·임학원林學 源의 『수기림지樹杞林志』(1898), 정붕운鄭鵬雲·증봉진曾逢辰의 『신죽현지초고新 竹縣志初稿』(1898), 연횡連橫(1876~1936)의 『대만통사台灣通史』9-에도 이와 유사한

7_　林富士,「當代臺灣本土宗教的文化史詮釋－童乩儀式裝扮的新探」,『宗教』2013年第6期, 中國人民大學 書報資料中心, 84쪽.

8_　有爲乩童, 扶輦跳躍……手執刀劍, 披髮部額, 以示神靈.

9_　裸體散髮, 距躍曲踴, 狀若中風, 割舌刺背, 鮮血淋漓, 神所憑依, 創而不痛.

기록이 전한다. 이는 모두 을미할대乙未割台(1895) 시모노세키조약 전후로 대만의 각 지방지는 동계 분장에 대하여 산발散髮을 강조하고 손에 검을 쥐고 이마를 찢는 외에 가마[부연扶輦·신여神輿·신교神轎], 유확油鑊(기름 솥)에 투신하는 법술 등을 기재한다. 이외 일부 시문에도 위와 비슷한 양상이 묘사된다.

진조룡陳朝龍(1859~1903)은 〈죽참죽지사竹塹竹枝詞〉[10]에서 신죽新竹 영신새회迎神賽會[11] 때의 동계 의식을 묘사 비판한다. 광서 24년(1898) 서신전徐莘田은 〈기륭죽지사基隆竹枝詞〉[12]에서 당시 기륭 영신새회에서 법기法器 및 동계가 각종 시범을 보이고 웃통을 벗고 철못이 박힌 침대에 누워 뇌를 찍고 뺨을 꿰뚫어 피가 낭자하고 가마를 전도顚倒시켜 신도와 함께 즐김을 묘사한다. 이외 19세기 말 네덜란드 학자 J.J.M. de Groot(1854~1921)의 복건福建 동계 의식의 현장조사 사진자료에도 이러한 면모가 발견된다.

대만 일본식민시기[13] 일부 학자, 관원들의 동계 분장에 대한 보고서 역시 이와 대동소이하다. 일본학자들의 '대만 동계' 연구[14]는 일본 정부의 식민지정책 필요성에 부합되어 행해졌다. 내용은 동계의 반일운동에 각색된 사회적 역할, 내원, 법술 종류, 심리적 특징, 사회적 공능 및 배경, 의약과의 관계 등이다. 특히 증전복태랑增田福太郎의 『동계』는 다각적인 고찰로 매우

10_ 里社殘冬競賽神, 王爺骨相儼如眞; 刀輿油鑊甘心試, 堪笑乩童不惜身.
11_ 민간에서 징을 울리고 북을 치면서 각종 雜劇을 연출하며 신을 맞아들이는 습속. 대만의 신명 대부분은 복건에서 전입되었기에 매년 "進香乞火"하는데 이는 영신새회의 중요 내용이다. 신이 대만을 떠나고 다시 돌아올 때 모두 성대한 영신새회의 활동을 거행한다. 대표적 廟會祭典은 첫째, 賽會型(藝閣·陣頭·花車·神轎 위주 : 농촌제전); 둘째, 王船型(請水迎王으로 시작 왕선을 태우는 것으로 의식을 마침; 서북부 연해 어촌 혹은 농촌의 습속); 셋째, 豬公型(저공과 羊公을 죽여 敬神하는 한편 내기를 하는 제전 : 客家人 및 漳州人 향리의 습속); 넷째, 宴會型(화차·예각으로 사람들이 즐기며 연석을 마련 친우를 청해 먹고 제배하는 제전 : 대부분 신을 제사할 때 모두 거행)이다.
12_ 跳童袒卧鐵釘床, 斫腦穿腮血滿腔; 金鼓喧闐人逐隊, 神輿顚倒戲街坊.
13_ 청일전쟁의 패전으로 청나라가 대만을 일본에 할양한 1895년 4월 17일에서, 제2차 세계대전 뒤인 1945년 10월 25일, 국민당 정권하에 놓인 때까지의 50년간을 가리킨다. 현재 대만을 비롯한 중화권에서는 日本時代, 日治時代, 日據時代, 日本統治時期 등으로 표현하기도 한다.
14_ 袁澤銳, 『潮汕童乩習俗調査硏究』, 廣東技術師範學院碩士論文, 2014.6.1, 2쪽.

가치 있는 연구업적이라 평가받는다. 영목만남鈴木滿男은 현장조사를 병행하여 비교학적·사회인류학적 각도로 여러 편의 보고서를 작성 동계의 사회적 공능을 부각시켰다. 1937년 대남台南 위생과의 조사보고서에 실린 동계사진을 통해 당시 남성 동계의 분장은 상반신을 벗고 두건 형태의 신의神衣를 입었음을 알 수 있다. 영정추석永井鰲石은 『대양시화台陽詩話』(1896)[15]에서 동계의 자상刺傷에 대해 언급했다. 이외 법기의 사진에서 특별히 그림과 문자를 해설하는 방식으로 오보五寶인 칠성검七星劍·사어검鯊魚劍[사어치鯊魚齒·골도骨刀·월부月斧[월미부月眉斧]·동곤銅棍[정곤釘棍·낭아봉狼牙棒[16]·자구刺球[홍감紅絨], 검과 동침銅針 등 7종 법기의 재질, 치수, 형상과 구조를 소개하였다.

1970~1980년대 인류학자, 민속학자, 기독교 선교사 등에 의한 동계 연구는 현장조사와 영상기록물을 첨부하였다. 유지만劉枝萬은 동계의 접신, 과화過火, 못이 박힌 침대에 눕고 동침으로 입을 관통하고 이마를 찢고 혀를 자르고 가시 공을 굴리고 못이 박힌 방망이를 들고 춤추는 사진을 게재했다. 1990년대 이후에도 제 학문 분야에서 이와 유사한 저작물이 발간된다. 이역원李亦圓은 『인류의 시야』[17]에서 동계의 치병사례 분석, 강신降神의 진실 여부 및 치병능력, 동계가 되는 원인을 분석하고 동계의 강신현상을 정신이상 및 인격해체라고 지적하였다. 정신의학계에선 동계의 생활사와 가정배경 및 신경神經의 특징 방면으로 연구하였다. 그 외 동방원董芳苑은 『동계 탁두卓頭의 연구』[18]에서 동계의 사기詐欺를 비판하였고, 최근 대만 동계 연구에 가장 큰 영향력을 미치고 있는 임부사林富士는 『대만 동계臺灣童乩』에서 대만 사회에서 동계의 역할, 특징 및 대만지역에서의 발전사를 강술講述하

15_ 有乩童祖裼立輿上, 右持劍·左執斧, 自傷其額, 鮮血淋漓, 慘不畏死. 或把銅針貫頰咬之, 備極慘刻之狀.

16_ 옛 병기의 하나로 무수한 못 끝을 밖으로 나오게 박아 긴 자루를 단 것.

17_ 李亦圓, 『人類的視野』, 上海文藝出版社, 1997.

18_ 董芳苑, 『童乩卓頭之研究』, 台南 : 人光出版社, 1977.

였다. 그는 이어서『동계 연구의 역사 회고童乩硏究的歷史回顧』,「의사 혹은 환자－대만 사회에서 동계의 각색과 형상醫者或病人－童乩在臺灣社會中的角色與形象」[19]-을 발표 대만 및 해외에서의 동계 연구 성과를 종합하였고 사회 각 분야의 동계 역할 상세 분석, 각 영역의 학술 관점 등을 논의하였다.[20]- 정신심리학계에서 동계가 비록 민간에서 민중을 치료하는 의사의 역할을 담당하나 정신병자로 치부하고 치료를 받아야 하는 대상으로 간주된다.

외국학자의 동계 연구는 대만지역에 집중된다. Edward L. Davis의 *Society and the supernatural in Song China*[21]-에서 중국 송조宋朝에 처음 나타난 동계의 현상, 강신되어 혼미한 정신 상태에서 신의를 물어 점복하는 방식을 기술하였다. 또 동계와 중국 불교의 법사 및 도교의 도사와의 관계, 동계의 조수助手, 기계起乩[22]- 등을 다루어 중국 고대 사회의 초자연현상을 고찰하여 학술적 가치가 높다. Margaret Chan은 1998년부터 2001년까지 싱가포르 당지當地의 동계 습속을 현장 조사하여『의식은 곧 희극이고 희극은 곧 의식이다 : 중국 동계 영매 숭배儀式卽戲劇, 戲劇卽儀式 : 中國童乩靈媒崇拜(*Ritual is theatre, Theatre is ritual : Tang-Ki Chinese sprit medium worship*)』[23]-를 발표 싱가포르 동계의 복식·분장, 강신 시 사용하는 법기, 기계 활동을 상세히 소개하고 이로부터 중국 희곡의 종교적 요소를 검토했다. 나아가 동계의 표현을 중시하고 희곡과 비교하여 상호 동일함을 제시하였다.

중국의 진육연陳育燕은「모방 중의 기대－미주도湄洲島 원소절元宵節 "요마조鬧媽祖"[24]- 무용 "사도교耍刀轎"[25]-의 동계를 사례로」[26]-에서 미주도 사도

19_　林富士,「醫者或病人－童乩在臺灣社會中的角色與形象」, 中央硏究院歷史語言硏究所集刊, 2005.

20_　袁澤銳, 앞의 논문, 2014, 3쪽.

21_　Edward L. Davis, *Society and the supernatural in Song China*, University of Hawaii Press, 2001.

22_　동계의 강신상태를 가리킨다.

23_　蔡曙鵬 編,『華族戲曲變革與創新硏討會論文集』, 싱가포르 : 國家文物局, 2009, 144~164쪽.

24_　상기숙,「대만 海神信仰의 연원과 특징 고찰－媽祖를 중심으로」,『중국학논총』제31집, 한국중국문화

교에서의 동계의식을 상세 분석하였고, 계동乩童의 동작이 민속 신령 및 민간 전설 인물고사의 조형을 모방했고 사도교 문화를 내포했음을 게시하였다.[27] 원택예袁澤銳는 『조산 동계 습속 조사 연구潮汕童乩習俗調査研究』에서 조산의 동계-개술, 동계 습속, 사회적 공능 등을 고찰하여 중국 무격신앙의 한 단면을 이해할 수 있다.

동계와 관련된 국내 선행연구로는 상기숙의 「『홍루몽紅樓夢』에 나타난 중국점복신앙」,[28] 「대만 샤머니즘 연구의 흐름과 경향」,[29] 이어 2015년 본격적으로 「대만 민간신앙의 동계 연구」[30]가 발표되었다. 그 외 박지현은 「중국의 부계신앙扶乩信仰과 문인문화」[31]에서 부계를 단편적으로 다루었다. 이상 국내외 선행연구사를 살펴보면 동계 연구 대부분 대만지역에 집중되어 있음을 알 수 있다.

학회, 2010.12, 113~132쪽 : 마조(天妃·天后)는 人神으로 도교의 女神이며 중국의 대표적 민간신앙이다. 마조문화는 北宋 말년부터 지금까지 천년의 역사를 지니고 있으며 중국 연해지역에서 점차 구미와 동남아 20여 개 지역으로 전파된다. 송에서 淸에 이르는 780년간 역대 제왕으로부터 책봉된 神號만 40여 개에 달한다. 청나라 康熙22年(1683)에는 마조의 지위가 더욱 높아져 '천후'로 봉해지고 정식으로 祀典에 편입된다. 해신에서 출발한 마조의 신격은 점차 현대에 이르러 萬能神으로 변화 발전된다.

25_ 의자, 발판, 등받이에 칼이나 못 등이 박힌 가마 안에서 동계가 춤추는 법술의식을 가리킨다.

26_ 陳育燕, 「模仿中的期盼 - 以湄洲島元宵"闇媽祖"舞蹈"耍刀轎"的童乩爲例」, 『中國民間舞蹈與文化研究』 2009年第1期, 北京舞蹈學院學報, 99~104쪽.

27_ 袁澤銳, 앞의 논문, 2014, 3~4쪽.

28_ 상기숙, 「『紅樓夢』에 나타난 中國占卜信仰」, 『한국무속학』 창간호, 한국무속학회, 1999.12, 7~42쪽 : 중국 청대 점복신앙 중 扶乩를 고찰함.

29_ 상기숙, 「대만 샤머니즘 연구의 흐름과 경향」, 『한국무속학』 제22집, 한국무속학회, 2011.2, 7~37쪽 : 동계의 법술을 기술함.

30_ 상기숙, 「臺灣 民間信仰의 童乩 研究」, 『동방학』 제32집, 한서대학교 동양고전연구소, 2015.2, 304~332쪽 : 중국 무의 종류, 동계의 선행연구사, 의식과 분장, 법기와 법술, 사회적 공능을 고찰함.

31_ 박지현, 「중국의 扶乩信仰과 文人文化」, 『중국문학』 Vol.56, 한국중국어문학회, 2008, 249~266쪽 : 부계신앙의 기원과 형성, 『홍루몽』의 한 장면, 청대 문인 문화속의 부계신앙을 언급함.

2) 동계의 의식儀式과 분장扮裝

동계童乩동계僮乩 · 동자僮仔 · 계동乩童는 대표적인 무로 학계에서는 영매 · 무격과 살만이라고 부르며 그들의 의식과 공능은 대동소이하다. 동계의 '계乩'는 문복問卜을 뜻한다. 고대의 '계'는 모두 젊은이나 현대는 연령과 관계없이 대부분 남자다. 동계는 단체와 개인의식으로 구분하며 전자는 신명탄신일이나 마을에서 주도하는 지역의례 시 거행한다. 이때 계자乩者는 희극적 각색으로 분장하며 신체를 자해하여 더욱 신이神異한 분위기를 연출한다. 후자는 사람의 질병을 치료하고 각종 난제를 점치고 해결한다. 옹휘동翁輝東(1885~1965)은 『조산방언潮汕方言 · 석친釋親』32-에서 "세속에서 부계하는 자를 계동이라 부른다. 신을 제사하는 자는 모래판을 놓고 정자형丁字型 받침대를 만들어 두 동자로 하여금 잡게 하고 신이 강림하면 계시받아 글자를 쓸 수 있다."33- 했다. 이는 광동 게양揭陽 지역 부계 상황에 대한 묘사이다.34- 모든 동계는 자신의 주신主神을 갖고 있으며 다른 신이 동계의 몸에 빙의할 때는 반드시 주신의 동의를 얻은 후에야 가능하다. 다른 신이 동계의 몸에 강림할 때 동작도 다르기 마련이다. 즉 무신武神은 무신의 자태로 문신文神은 문신의 자태로 나타난다. 동계는 신명神明이 몸에 실리기 전 향을 피우고 몸을 깨끗이 한다. 신이 들리면 보통 나체로 산발을 하고 혀를 자르고 신체 각 부위를 자해하는 형상을 연출하며 모종의 신으로 분장하기도 한다. 옷을 찢으며 기괴하게 걸으며 팔괘八卦 두건을 두르고 각종 법기를 다룬다.

대만의 동계는 어릴 적부터 고도의 수련修練을 받고 신탁神託되어 통신자

32_ 翁輝東, 『潮汕方言 · 釋親』, 上海出版社, 1943.

33_ 俗呼扶乩之人爲ti t'ong(乩童). 祀神者, 置沙盤, 爲丁字架, 用兩童子, 扶架盤上, 云有神降, 則乩能動作寫字.

34_ 周麗妃, 「社會人類學視野的湄洲媽祖信仰儀式探析」, 華僑大學碩士論文, 2012.6, 61쪽.

通神者로 선택된다. 수련의 내용은 동일하지 않으며 팽호澎湖의 계동은 법사의 가르침을 받는다. 법사는 복관福官・법관法官・소법小法 등으로 불리며 나이가 많고 법력이 높은 자가 법사장法師長이 된다. 팽호에서 법사장은 중요한 지위를 점하며 동계는 수련 시 부적・주문呪語・지법指法[35]・보법步法 등을 습득한다. 동계는 수련을 마치고 법사로부터 검증받아 비로소 계동이 된다. 그러나 일각에서 부계를 귀신의 장난이라고 하여 믿지 않는데 이는 부계 시 청하는 신명이 허구가 아닌 실제인물로 그 행위와 역사적 사실이 부합되지 않음에 근거를 두기도 한다.

동계의식은 대표적으로 마조제전媽祖祭典에서 보인다. 미주도湄洲島 원소절元宵節 "요마조鬧媽祖" 활동의 민속무용[36]은 사도교耍刀轎, 파종교攉椶轎 두 종류가 있으며 사도교 춤은 출연 주체와 장소, 복식・도구의 특색, 동작의 특수성 등의 특징을 지닌다.[37] 제전은 마조 출궁出宮・출유出游・회궁回宮 활동을 포함한다. 민속춤 활동은 내용과 형식 모두 신과 사람을 즐겁게 하며 당지 민중은 마조에게 구요피사驅妖避邪를 기구하고 진경벽사進慶辟邪의 이상향을 추구한다. 사도교 춤의 주체는 계동과 가마교轎를 드는 교부轎夫로 구성되며 동계의 복장은 어떤 신으로 각색되느냐에 따라 각기 다르다. 도교刀轎는 전통적 좌교坐轎와 같으나 자리 아래, 발판과 등받이에 각기 세 개의 날카로운 칼끝이 가마 안쪽으로 향해 X자 형을 만든다. 각 칼끝에는 모두 부적을 붙였고 의자 등받이엔 5개의 삼각형 영기슈旗[38]를 꽂아 신명의 역량을 과시했다. 동계는 칼로 뒤덮인 가마 안에서 강신상태로 의식을 진행하여

35_ 法教儀式 중 指法・呪法・符法을 三壇大法이라 하는데 이는 身・口・意를 대표한다. 즉 지법은 身法, 주법은 口法, 부법은 意法이다. 불교에선 手印(梵文 mudra, 印相・契印・密印)이라 칭한다.
36_ 여기서 가리키는 舞蹈는 일반적인 무용(춤)의 개념이 아닌 고행, 刺傷의 형식을 띠며 사람들은 이런 무도과정을 통해서만 消災辟邪(惡)할 수 있다고 믿는다.
37_ 陳育燕, 앞의 논문, 2009, 99~104쪽.
38_ 옛날 군령을 내릴 때 쓰던 작은 깃발.

구요피사하는 공능을 수행한다.

　　동계에 강림하는 신명은 대만의 삼태자三太子[나타哪吒][39]_·제공濟公,[40]_ 광동의 천후성모天后聖母[마조媽祖]·관음보살·삼산삼왕三山三王, 복건의 현천상제玄天上帝[41]_·모부천세왕야某府千歲王爺, 홍콩의 제천대성齊天大聖·관공關公이 있다. 이외 미주도의 강신대상은 나타·이로원수二路元帥·양공원수楊公元帥, 가족의 영혼·고혼야귀孤魂野鬼 등이다.[42]_ 이러한 배역들은 모두 중국 민간 전설이나 당지의 역사고사 중 권선징악을 행하는 주인공에 기원을 둔다. 계동의 기능은 인人·귀鬼·신神 사이의 매개이외 수량收惊[43]_이 있으며 음매陰媒와 양매陽媒로 나눈다. 음매는 대부분 국가에서 죽은 조상령祖上靈을 불러와 묻는 것이고 낙신파落神婆·낙신료落神佬라고 칭한다. 또 문계文乩와 무계武乩로 나뉘어 전자는 음창吟唱과 구술口述의 방식으로 신도의 질병과 미혹됨을 풀어주고, 후자는 무도舞蹈로 귀신을 누르고 안택安宅을 돕는다. 의식과정 중 손에 오보를 쥐고 거리와 성내를 순례하는 계동이 바로 무계이다. 계동

39_　林進源 主編, 『臺灣民間信仰神明大圖鑑』, 台北 : 進源書局, 2007, 186~233쪽 : 대만 민간에서 太子爺라 簡稱한다. 본래 불교신으로 중국에 전입된 후 점차 漢化되어 佛·道가 구분되지 않은 天神이 되었다. 원래 인도 毘沙門天王의 태자 중 한 사람으로 금색 몸에 七寶金剛 갑옷을 입었고 머리엔 金翅鳥 寶冠을 쓰고 긴 칼을 차고 왼손은 寶塔을 잡고 오른손은 몽둥이와 미늘창을 쥐고 발은 夜叉鬼를 밟고 있다. 민간에서 나타가 능히 妖魔鬼怪를 진압한다고 여겨 매우 경건하게 받들어 제사한다. 그의 묘우는 100좌가 넘으며 高雄市 三鳳宮 및 新營의 태자묘가 가장 대표적이다.

40_　原名은 李修緣(1130~1209)이며 天台縣 永寧村人으로 南宋 高僧이다. 그는 헤지고 남루한 모자·부채·신·옷의 행색을 하고 생김은 마치 미치광이와 같았다. 처음 杭州 靈隱寺로 출가하였고 후에 浄慈寺에 거주했다. 계율과 구속을 싫어하고 술과 고기를 즐겼다. 학문이 깊고 넓었으며 선을 행하고 덕을 쌓아 득도하여 禪宗 제50祖, 楊岐派 제6조로 추숭되었다. 저서로 『鐫峰語錄』 10권, 다수의 詩歌가 주로 『慈寺志』, 『台山梵響』에 수록되었다. 의술에 능통해 많은 인명을 구했으며 훗날 민중의 존숭을 받아 濟顚, 濟公活佛로 받들어진다.

41_　上帝公. 북극성의 자연숭배로부터 유래하며 이후 민간에서 각종 神力傳說이 부여된다. 넓게는 航海神·水神·小兒保護神 및 屠宰業(가축 도살업)의 수호신으로 숭앙받는다.

42_　미주도엔 14좌 마조궁의 동계가 있으며 강림하는 신령은 모두 다르다. 예를 들면 蓮池宮의 哪吒, 天利宮의 番鎮元帥, 麟開宮의 千歲爺 등이다.

43_　도교 종교 의식의 하나. 粤语(Cantonese)로 喊惊·叫魂·招魂. 후에 유교, 齋敎, 불교에서도 서로 유사한 의식을 치른다. 현재 대만·河南·浙江·복건·광동·홍콩 등지에서 발견되며 특히 대만 사회에선 이미 민간 전통의료법의 한 분야로 미신에서 탈피 점점 흥성한다. 민간 신단을 비롯하여 타이베이의 유명한 묘우인 行天宮 등에서 행해진다. 이외 『收惊文』·『收惊咒』 등 술법이 流傳된다.

은 마조媽祖의 초능력을 빌려와 인간을 위해 소재강복消災降福하고 축수제역逐崇除疫한다. 미주도의 계동은 절일節日[명절]이 되어서야 비로소 기계起乩하며 평상시는 정상인과 같다.

매년 마을마다 의식을 주재할 동계는 복배卜杯[44]에 의해 탄생된다. 의식 며칠 전 마을의 덕망 높은 노인이 마조묘媽祖廟에 가 복괘 · 추첨抽籤[45]하여 인선人選한다. 선택된 동계는 대부분 성년 남자로 3, 40세 혹은 6, 70세의 연령층이다. 출연자인 동계는 3일 동안 목욕재계하고 의식에 참여 최고의 기량을 선보인다. 동계의 내원[46]은 첫째, 선천적으로 신으로부터 선택받은 자로 각종 증상을 거쳐 계동을 담당한다. 둘째, 노동계老童乩의 전승으로 연로한 동계가 퇴직하기 전 적합한 인물을 찾아 의발衣鉢을 전승한다. 셋째, 후천적으로 스스로 부계 현장에서 영향을 받아 동계가 된다. 묘우의 주신主神으로부터 선택받아 계동이 된 후 반드시 심신을 정결히 하고 신령에게 의탁하여 탁상을 펴고 사무를 보고 신중神衆의 문복을 수행한다. 옆에 조수가 여럿 있는데 대부분 묘우의 이사理事나 계동의 친인척이다. 동일하지 않은 신령을 빌려온 계동은 일 처리에 있어서도 각기 다른 방식을 반영한다. 예를 들면 대이야백大二爺伯[47]은 총회에서 긴 탁자 위에 주판을 두드리고, 관

44_　筊示 · 擲筊의 공구는 杯筊라 부르며 점칠 때 쓰는 반달형 모양으로 붉은 색을 띠며 단단한 나무나 대나무, 혹은 플라스틱으로 만든다. 두 개가 한 짝을 이룬다. 반드시 한 면은 평평하고(陰面 · 凹型), 한 면은 半圓形(陽面 · 凸型)이다. 교시는 一陰一陽이면 속칭 聖筊로 신의 허락 내지 응답을 뜻한다. 보통 중대사의 경우 3교 이상을 행한다. 卜筊를 던져서 둘 다 양면이면 笑筊로 신의 냉소를 의미하며 길흉화복을 보류하는 것이다. 이때는 신의 게시를 얻기 위해 다시 신을 청한다. 만일 둘 다 음면이면 怒筊로 凶多吉少를 의미한다.

45_　민간 사묘에는 籤筒과 籤詩를 구비하며 첨통 안 籤枝는 竹片을 깎아 만들었고 매 첨지는 모두 번호가 새겨져 있다. 대부분 七言絶句로 적게는 36수에서 많게는 100여 수가 넘는다. 내용은 각기 다르며 그 중 반드시 한 수의 上上之籤 혹은 籤王이 있다. 求籤의 방식은 간단한데 묘에서 분향 예배하고 자신의 성명 · 주소 · 나이를 신에게 고지하고 구첨의 목적을 표명하고 擲筊를 통해 신의 윤허를 받은 후 첨지 상의 번호에 맞춰 같은 첨시를 취한다.

46_　周麗妃, 앞의 논문, 2012, 61~62쪽.

47_　迎神賽會 행렬의 제일 앞 괴이한 형상의 신상. 하나는 얼굴이 창백하고 여위고 키는 1장이 넘고 눈은 사시로 혀가 튀어 나왔으며 머리에는 "一見大吉"이란 높은 모자를 썼다. 하나는 키가 작고 살이 쪘고 사자코

음낭낭觀音娘娘은 가끔 원한의 경가經歌를 부르기도 한다.

미주도와 대만의 동계는 서로 변별력을 보인다. 대만에서 미주도로 진향대오進香隊伍 순례 시 반드시 동계가 동반되고 성별은 남성과 여성으로 분장은 과하지 않다. 단 정식 복장은 미주도와 비교적 유사하며 여성의 경우 자유롭다. 미주도는 남성 위주로 강신 시 징을 치고 북을 두드리며 차림새와 꾸밈새에 신경을 쓴다. 이외 복대를 두르고 손에는 영기・칠성검七星劍참요검斬妖劍을 손에 쥐고 맨발이다. 동계 의식은 마조묘에서 감사의 청향請香, 마조 탄신일과 기일忌日, 절일인 원소절元宵節, 파종교擺棕轎의 사화단耍火團 시 등 특정 시간에 거행되는 단체의식에서 보인다. 동계가 강신되어 신의를 알리는데 일반인은 이해하기 어려워 조수가 통역한다. 신명이 모종의 이유로 화가 나 동계에 강림하지 않을 때는 다시 궁묘에서 향을 태워 청신請神한다. 그래도 강신하지 않으면 그날 의식은 포기한다.[48] 마조제전에서 보이는 동계 의식엔 역시 마조의 유불도 사상이 응집된 인애・자비・박애정신 등이 표출되며 참여자 모두 벽사기복辟邪祈福을 염원한다.

계동은 의식 시 대부분 처음에는 주문지呪文紙를 통해 신의를 계시 받아 신중에게 전달한다. 이때 계동은 강신되었는지 자신이 무엇을 하는지 전혀 알지 못하며 신이 자신의 몸에서 나가면 비로소 깨어나 심신의 피로를 느낀다. 가끔 모종의 이익 문제가 걸렸을 때 주신이 노하여 거짓으로 계시하기에 그 진위를 잘 판단하여야 한다. 대만 사회에서 동계는 스스로 동계라 칭하지 않으며 그의 친구・신도・이웃 등도 그러하다.

에 두터운 입술로 왼손에 "善惡分明"이란 火牌(고대 군대 軍中의 符信)를 들고 오른손엔 부채를 쥐고 있다. 이 두 신은 七爺八爺로 속칭 高仔爺・矮仔爺이다. 그들은 城隍爺・嶽帝・閻王・靑山王 등 저승 사법관의 부속으로 직무상 인간의 선악행위를 비밀리 조사한다. 칠야는 謝必安, 팔야는 范無救 장군으로 전설 속 그들의 내력은 두 가지 설이 전한다. 민간에서 만일 칠야를 만나면 무릎을 꿇고 복을 빌어 반드시 응답을 받기에 "一見大吉謝必安"이라 하고, 팔야신을 만나면 불운이 정면으로 와 반드시 죽기에 "范無救"라고 칭한다.
48_ 周麗妃, 앞의 논문, 2012, 62쪽.

그렇다면 21세기에 이르러 동계의 조형造型은 전통적 동계와 어떤 차이가 있을까. 전통 동계의 머리 모양은 산발로 이는 고대에서 미치광이나 범죄자를 상징하는 특징이었다. 그러나 현대에서 산발散髮은 보편적이며 두건을 묶거나 관을 쓰는 것이 특징이다 만일 신명이 제공으로 나타날 때는 반드시 관을 쓴다. 동계의 상반신은 대부분 나체로(여성 제외) 허리나 몸에 붉은 수건이나 천을 두른다. 가장 현저한 현상은 대다수 동계가 상반신에 문신文身을 하고 하반신은 거의 맨발이라는 점이다. 현대의 동계는 특별한 복장이 없으며 단지 그들의 의식 동작과 얼굴 표정으로 동계 여부를 판단한다.

　　2001~2004년에 걸쳐 대만 중남부 묘회廟會에서 촬영한 동계 분장은[49] 머리를 풀어 헤치고 이마에 두건을 동여맸다. 두건의 색깔은 주로 홍색과 흑색이며 간혹 황색도 보인다. 그 외 동계에게 빙의되는 신의 성격상 모자를 쓰며 가장 전형적인 각색은 제공이다. 때로는 승僧으로 분장하여 승모僧帽를 쓰기도 한다. 두건을 전신에 두른 동계는 특별히 아동신인 나타이다. 동계가 남성인 경우 대부분 상반신을 벗고 여성의 경우 등만 노출시키거나 일상복을 입는다. 그러나 동계는 나체 여부와 관계없이 통상적으로 팔괘나 신명神名을 수놓은 신의神衣를 입고 신군神裙(치마)을 두른다. 간단하게 허리에 홍색이나 흑색의 베수건을 묶기도 한다. 또 민중이 인정한 특수 복장 내지 종교단체에서 디자인한 제복을 입는다. 보통 맨발로 의식을 거행하나 각양각색의 운동화, 구두, 슬리퍼, 샌들을 착용하기도 한다. 손에는 각종 법기를 들어 초능력을 과시하며 보통 오보로 머리를 찍고 이마를 찢고 혀를 자르고 팔을 찌르고 등을 찍고 혹은 장침長針으로 양 뺨을 관통시키고 선혈이 낭자하여 사람들로 하여금 외경심을 갖게 한다. 강신 시 관용慣用 법기로 제

49_　林富士, 앞의 논문, 2013, 83~84쪽 : 현장조사는 대표적 寺廟인 台南縣 北門鄉 南鯤鯓 代天府(主祀 : 五府王爺)·雲林縣 四湖鄉 參天宮(主祀 : 關聖帝君) 및 운림현 台西鄉 五港村 安西府(主祀 : 張李莫千歲)이다. 신명 탄신일 의식, 進香團의 진향, 동계의 安五營 및 入廟를 촬영하였다.

공의 술 주전자와 부채, 관공關公의 청룡언월도青龍偃月刀[관도關刀], 손오공孫悟空[대성야大聖爺]의 금고봉金箍棒, 나타의 건곤권乾坤圈과 화첨창火尖槍, 토지공[福德正神50_]의 괴장拐杖 등이 있다. 이외 향주향[炷香·노향爐香], 지전紙鐩[부符], 거도鋸刀,51_ 장침, 영기도 항상 보인다.

　　동계는 병기兵器 및 법기를 손에 쥐고 있어 다른 지역의 영매·무격·살만과 구분된다. 특히 복건·광동 일대의 동계는 강신 후 병기로 자신의 신체를 자상한다. 주요 병기는 오보五寶이며 그 외 동침銅針·거도·관도 등을 사용한다. 주요 법기는 향香52_·지전53_·부적符籍·오방기五方旗나 흑기黑旗·신상神像·술54_ 등이다. 동계가 주로 모시는 신은 왕야王爺55_·모낭母娘[왕모낭낭王母娘娘·요지금모瑤池金母·무극노모無極老母·여산노모黎山老母·구천현녀九天玄女]·불보살佛菩薩·관공關公·태자야·마조·현천상제玄天上帝·제공濟公 등 비교적 유명한 신명 이외 부인[일품부인一品夫人·삼내부인三奶夫人]·법주공法主公56_·대중야大衆爺57_·은주공恩主公58_·삼산국왕三山國王[산신山神]·삼청도조三青道祖·

50_ 속성은 張, 이름은 복덕으로 周武王 2年(B.C.1134)에 태어났다. 朝廷總稅關을 역임했고, 事親至孝·愛國愛民하고 102세를 享壽했다. 임종 3일이 지나도 용모가 변하지 않았고 西王母의 명을 받아 八仙이 인도하여 '南天門都土地神'으로 봉해졌다.

51_ 자루를 한 쪽에만 달아 혼자 당겨 켜는 금속 절단용 텅스텐 톱(날).

52_ 자신의 몸을 닦는데 쓰인다.

53_ 刺傷 후 지혈하는데 사용한다.

54_ 동계가 출현한 역할, 예를 들면 濟公活佛이 술을 필요할 때, 이외 助手가 주문을 외우고 米酒를 뿜어 동계를 도와 지혈할 때 쓴다.

55_ 瘟疫의 신. 대만 전체 省에서 규모가 가장 크며, 제일 오래된 五府千歲信仰은 '南鯤鯓大天府'에 공봉된 오부천세이다. 생전 모두 권력 있는 사람인 장군 등이나 참담하게 죽어 사후 厲鬼로 변한다. 그러므로 왕야 死後 매우 큰 역량을 지닌다고 믿는다.

56_ 全稱은 天蕩魔監雷御史張聖法主眞君으로 간칭은 法主聖君·都天聖君 등이다. 속칭 法主公으로 객가인은 聖君爺라 부른다. 閩·台·粵 일대 한족 민간신앙의 하나로 도교 및 불교에 속하는 신이다. 監察神의 신격을 지니며, 매월 朔望日 하늘에 올라 천제에게 인간의 선악을 보고하며 악인에게 징벌을 내린다.

57_ 有應公(應公)의 일종. 大將軍·聖公·陰陽公·萬善爺·大墓公·百姓公·萬應公·萬衆爺·顯靈公·義民爺·千衆爺 등으로도 불리며 모두 의탁할 곳 없는 鬼魂이다. 인귀로 횡사한 孤魂野鬼인 遊魂離魄·無主無嗣 종류의 망령이다. 민간에서 이들이 지방의 안녕을 위해할까 두려워하여 묘우를 건축 제사지내고 安撫한다. 비명횡사한 자는 枉死鬼가 되어 사람에게 질병과 고난을 가져오는 근원이 된다. 여귀에 대한 대처 방법은 소극적으로 驅邪壓煞하며, 적극적으로는 枯骨崇拜한다.

오현대제五顯大帝 · 토지공 등이다. 나아가 대만 본토의 신, 중국 대륙에서 이민 올 당시 고향에서 가지고 온 신명도 있다.

3) 동계의 법기法器와 법술法術

중국의 무巫는 대표적으로 동계, 홍이紅姨,[59] 법사法師,[60] 부법사符法師,[61] 사공司公,[62] 술사術士,[63] 부란扶鸞[64] 등을 든다. 동계는 의식에서 강신되기 전 향을 피워 신체를 정화시킨다. 보통 나체에 산발을 하고 혀를 자르고 등을 찌르는 모습으로, 때로는 모신某神의 형상으로 출현한다. 상반신에 팔괘 형 겊을 두르고 각종 법기를 들고 기괴한 걸음걸이로 일반인들이 이해할 수 없

58_ 은주는 鸞堂信仰의 명사로 바로 救世主란 뜻이다. 대만의 은주신은 關羽 · 呂洞賓 · 張單 · 王善 · 岳飛를 포함한다. 이중 관우가 五恩主의 수장이므로 대만의 일반 민중은 관우를 은주공이라 여긴다. 그래서 關羽廟를 은주공묘라고 지칭한다.

59_ 女巫. 남자를 동계라 하고 여자를 홍이, 尪姨라고 칭한다. 客家人은 仙婆라고 부른다. 주로 맹인, 잔병치레 처자나 늙은 과부로 尪은 꼽추를 뜻하고 사람들은 기이한 형상에서 초능력을 지닌다고 믿었다. 그러나 동계에 비해 안정적이고 영매의 자태로 죽은 자의 말을 전한다. 그러므로 先生媽, 問神明이라고도 칭한다.

60_ 法官 · 竪樑頭. 전문적으로 巫術을 훈련받은 神巫로 符咒에 능통한다. 巫師 · 巫醫 · 驅邪師로서 동계와 잘 어울리는 배필이다. 동계를 지휘하고 고문의 역할을 하며 인간을 위해 驅邪治病하고 消災解厄을 주도한다. 일반적으로 머리에 붉은 두건, 깃털 관을 쓰고 몸에는 흰색이나 홍색 옷을 걸친다. 손에는 뿔 북, 채찍, 요령을 쥐고 칼을 휘둘러 神兵을 지휘하고 辟邪의 동작을 취한다.

61_ 주법사는 사람을 대신하여 放符 및 收符를 한다. 방부는 신도의 부탁을 받고 사고 · 질병 · 災禍를 발생시키고, 수부는 일체를 피하여 사건을 발생시키지 않는 것이다. 보통 법사의 畫符 목적은 대부분 선의를 목적으로 사람을 구하나 주법사는 때로 무술로써 사람을 해치기도 한다.

62_ 鳥頭와 紅頭로 나눈다. 전자는 죽음에 이르는 법술을 주관하며, 후자는 생명을 연장시키는 법술을 주관한다. 사공은 부적 · 주문으로 귀신을 퇴치시키는 법술에 치중하며 보통 법사와 동계의 혼합형이다.

63_ 방술에 정통한 土로 음양오행 · 生剋制化의 이치 등을 전문으로 하며 人事를 예언하는 법술이다.

64_ 扶箕(乩) · 飛鸞. 鸞堂에서 거행하며 신이 하강하여 길흉을 계시한다. 각 난당마다 구체적인 법술은 같지 않다. 일반적으로 신선이나 신화 전설속의 神鳥인 鸞鳥를 청한다. 神案 앞에 네모난 탁자를 설하고 위에 모래판을 두어 가운데 Y형 나무 선반을 놓는다. 鸞童과 조수 兩人이 손으로 가로질러 놓은 나무 양쪽 끝을 잡고 降神을 기원한다. 옆에 있는 唱鸞生이 강신된 자가 목필이나 桃枝를 움직여 모래판에 쓰는 글자나 기호를 보고하면 錄鸞生이 이를 써서 鸞文을 완성 길흉을 점친다. 혹은 金紙 위에 藥方을 그리며 부란이 끝나면 금지는 태우고 謝神 · 送神한다. 大鸞堂의 의식은 비교적 복잡하다. 乩仙은 請紫姑, 迎紫姑라는 명의를 지니며 紫姑神을 맞아 인사길흉, 蠶農을 점치는 것에 기원을 둔다. 梁나라 宗懍의 『荊楚歲時記』에서 정월 15일 밤 민간에서 자고신을 맞이하여 農蠶과 미래를 점쳤다는 기록이 전한다.

는 말을 중얼거린다. 대중 앞에서 법기를 휘둘러 어깨를 찢고 못을 박은 의자나 침대에 앉거나 높고 칼 사다리를 올라가고 칼을 걸어 만든 다리 위를 걷는다. 뜨거운 기름에 손을 씻거나 입으로 뿜어내고 도끼나 칼로 머리를 손상시키고 대 바늘大針을 입 주위나 양쪽 팔과 다리에 꽂고 양쪽 뺨을 관통시킨다. 반라로 머리를 풀어 헤치고 온 몸에 피가 낭자하여 광인의 행태를 보인다. 동계는 의식이 끝나 신이 물러가면 의식이 정상으로 돌아와 몸에 두른 팔괘 헝겊을 벗고 '퇴退'라고 일갈 대성한다.

대표적 법기는 오보五寶[65]로 칠성검은 길이가 약 2척 반에서 3척 사이고 검 몸체는 철이 아닌 동이다. 작법作法 시 두 검을 함께 쥐기도 하고 나눠 쥐기도 하는데 주로 등과 척추를 쪼개고 혀를 자르는데 사용한다. 동곤銅棍은 길이가 2척 반 정도고 붉게 칠한 나무방망이에 날카로운 못을 박거나 삼각 쇠 조각의 법기이다. 대개 8행으로 배열되었고 등과 머리를 쪼개거나 찢을 때 쓴다. 자구刺球는 공 전체에 크고 작은 못의 끝을 밖으로 나오게 꽂아 끈으로 묶어 등과 척추, 머리, 어깨, 팔위를 찌른다. 사어검鯊魚劍은 톱으로 상어 앞니의 뼈를 발라 만든 칼로 길이는 약 2척 7에서 3척 사이로 주로 등을 찍는데 사용한다. 월부月斧는 일반 도끼에 비해 손잡이가 달렸고 부피가 2척 정도로 주로 머리와 어깨를 가르는데 쓴다. 동계가 오보를 조련함에 있어 옆에 조수를 두어 상해 발생을 대비한다.

동계의 주요 무술활동巫術活動[66]은 다음과 같다. 1) 정상釘床 : 나체로 성인용 크기의 예리한 못이 박힌 침대에 눕는다. 2) 좌정의坐釘椅 : 수백 개의 첨예한 못이 박힌 의자에 앉거나 발받침, 손잡이, 등받이 모두 신체 각 부위를 접촉하여 조심하지 않으면 피부를 관통한다. 3) 파도제爬刀梯 : 천사인天師

65_ 何錦山,「臺灣民間巫術與臺灣社會」,『宗教學硏究』2005年第2期, 福建師範大學閩台區域硏究中心, 120쪽.
66_ 위의 논문, 120~121쪽; 吳瀛濤,『臺灣民俗』, 台北 : 衆文圖書, 2000, 168~171쪽.

印·영패令牌 혹은 기타 법기를 짊어지고 칼 사다리를 올라간다. 4) 과정교過釘橋[과도교過刀橋] : 못의 끝이나 칼날 위를 향해 한 걸음 한 걸음 올라가는데 대부분 36급이다. 5) 배오봉背五鋒 : 옷을 벗은 등 뒤를 5개의 동침으로 찌른다. 침에는 오색의 영기를 매단다. 6) 자유煮油 : 솥에 면 방망이로 큰불을 지펴 작은 대나무 의자를 엎어놓고 죽간을 관통한다. 앞뒤로 각각 한사람이 들여 올려서 집집마다 돌아다닌다. 동계가 입안에 청주淸酒를 머금어 솥을 향해 뿜으면 큰불이 쉽게 일어나 이 집은 '자煮(삶다)'당해 악귀가 퇴치된다. 7) 해운解運 : 법기를 손에 들고 신령이 몸에 실린 상태에서 운을 받는다.

『전국불찰도관총람全國佛刹道觀總攬』[67]_서론에서 기재한 동계의 주요 법술은 다음과 같으며 주로 치병治病과 관련 있음을 엿볼 수 있다.

1) **도동跳童**[신한神漢·계동]은 도신跳神(강신)자 중 남자를 가리키며, 여자는 선고仙姑·신조神祖라고 칭한다. 평상시 기복소재祈福消災하는 한편 영신새회시 항상 출연한다. 계동은 강신 받아 병의 원인과 치유법을 탐문하여 원인을 요마귀괴妖魔鬼怪와 고혼망령에서 찾는다. 계동이 병자 집안 대청이나 수신守神을 모신 사묘에 가서 촛불을 켜고 향을 사르고 차·술·야채·과일을 올려 제배祭拜한다. 병자 집안에선 망자를 위해 지전을 태우고 계동은 향을 들고 강신의 목적을 아뢴다. 수탁두竪桌頭가 옆에 서 있고 북과 징을 치고 주문을 외운다. 30분이나 2, 3시간이 경과한 후 계동의 손이 떨리기 시작하며 최면상태가 된다. 옷을 다 벗고 오직 흰 치마만 걸치고 손에는 신검神劍과 작은 깃발을 들고 뛰며 광기를 연출한다. 수탁두는 신에게 질병이 어떤

67_ 全國寺廟整編委員會 編輯, 『全國佛刹道觀總攬』, 台北 : 樺林出版社, 1987; 상기숙, 앞의 논문, 2011, 7~37쪽.

마귀로부터 왔는지 그 연유와 치유 방법, 병자의 생사 여부 등을 묻는다. 계동은 예어囈語[68]로 답하거나 손에 계乩정자형丁字形의 목구木具를 잡고 탁상 위에 쌀겨를 뿌리거나 모래 위나 금색 종이에 글씨를 쓰면 수탁두가 치료방법을 해석한다. 문답이 끝나면 계동은 비로소 강신상태에서 깨어난다.

2) **낙지부**落地府[낙옥부落獄府·하지부下地府]는 병자에게 시행하는 법술이다. 민간에서 질병은 인간의 혼이 귀신으로 몸을 떠나 지부에서 길을 잃었기 때문이라고 믿는다. 그러므로 계동을 청해 지부를 설치하고 계동이 병자의 영혼을 찾아 염라대왕 앞에 이르러 병의 원인과 각종 계시를 받아 돌아온다. 도사는 연분홍색 헝겊을 머리에 동이고 뿔피리를 불고 북을 치며 청신주請神咒를 외우고 가족들은 소지하며 수시로 빈다. 신이 계동에게 내리면 도사는 낙옥탐궁과주落獄探宮科咒를 외우고 계동은 계로써 계시乩示를 보인다.

3) **구사**驅邪는 계동이 귀신이 범접한 집 문 앞에서 소지燒紙하고 종이로 만든 오귀五鬼·백학白鶴·천구天狗(흉귀)·까마귀·금지金紙(망령을 위해 태우는 지전) 등을 태우고 강신한 상태에서 칼을 뽑아 집안 곳곳의 재액과 악귀를 쫓아낸다. 솥 안의 끓는 기름에 불을 붙여 집안 곳곳을 돌며 악귀를 잡는다.

4) **과화**過火는 사묘 제전 중 계동이 나신裸身에 맨발로 불 위를 걷는 의식이다. 목탄을 높이 쌓아 태운 불에 소금을 뿌린 후 두 계동이 작은 깃발을 꽂은 연교輦轎를 마주 들고 묘우를 8바퀴 돈다. 병자들도 불더미를 넘어 정화작용을 한다. 도사의 신호에 따라 징과 종, 북을 치고 연교를 멘 계동은 계속하여 뜨거운 화염 속을 향해 걸어 들어간다. 한바탕 장렬히 불속을 걷고 난 후 연교는 묘우 안으로 되돌려지고 신상은 원래 장소에 안치되며 의식은 끝난다. 이때 마을 사람이 연교와 함께 불을 건너는 모험을 하는데 이는 모두 치병과 액막이를 기구함이다.

68_ 신의를 판단하는 자인 수탁두와 미리 약속한 암호로 수탁두가 번역한다.

5) **진화원**進花園의 법술은 낙지부와 같다. 부녀자가 여러 번 유산하고 갓난아기가 계속 요절하거나 발육불량인 것은 전설에 의거하여 모든 부녀자들이 염라왕 재판청裁判廳 길목 육각정六角亭에서 꽃을 재배하는데 비료가 부족하여 꽃의 밑동이 썩고 폐허된 화원을 수리하지 않아서 비롯된 탓이라고 여긴다. 도사가 뿔피리를 불고 북을 치고 낙옥탐궁과주를 외우고 집안사람들은 소지燒紙한다. 계동이 오색 종이를 말아 사탕수수에 묶고 춤을 추고 화원을 보수하여 병의 근원을 소멸시킨다.

6) **공왕**貢王[공왕야貢王爺]은 마을에 전염병이 발생하면 마을의 수호신과 귀신무리가 교전 중으로 귀신의 세력이 왕성하다는 증좌이다. 수호신을 증원하고 위로하기 위해 마을에서 계동이 주체가 되어 수십 개의 탁자에 음식과 술, 안주를 마련한다. 계동이 강신받아 촌민 앞에서 광기어린 춤을 추고 계로써 계시乩示한다.

7) **탈신**脫身은 병자의 혼백이 악귀에게 잡혀갔을 때 동계는 신명을 청하여 볏짚으로 인형을 만들어 병자의 옷을 입혀 병자의 몸을 대신하게 한다. 볏짚 인형을 병자의 집에서 멀리 떨어진 사거리에 버리고 악귀를 잡는데 신명에게 구한 계시에 따라 법술을 행한다. 그 외 법술 역시 계시에 따르고 병의 원인이 조상 혹은 친족의 망령이 지옥에서 노역하는데서 비롯된다고 여긴다. 그러므로 지조紙厝(종이 빌딩)를 만들고 도사를 청해 독경을 하고 법사를 성대히 거행한다.

8) **토사**討嗣는 어린아이가 병났을 때 계시에 따라 원인을 해석하는데 친족 중 자손 없이 죽은 자의 한이 맺혔기 때문이라 여긴다. 이때 과방의식過房儀式[69]_을 행하는데 어린아이 이름을 후사 없이 죽은 친족 위패에 써넣어 후사를 잇게 한다.

69_ 형제의 아들을 양자로 삼는 의식.

9) **토가**討嫁는 남자가 병났을 때 동계가 요절한 여귀女鬼가 성년이 되어 결혼하고 싶은 욕구에서 야기된 것이라고 계시한다. 이에 남자 쪽에서 허락하면 명혼冥婚을 거행하며 취신주娶神主, 취향娶香이라고도 칭한다.

10) **좌금**坐禁은 평안을 기원하는 제전 때 법관을 따라 계동이 수련하는 방법의 하나이다. 목욕재계하고 묘우의 작은 방에서 금식하며 7일 주야 기도만 한다.

11) **작유**炸油는 동계가 질병의 원인을 신명에게 물어 망령·악귀의 소행이라 계시 받았을 때 약 처방 외에 반드시 '작유'라는 술법을 행한다. 동계가 법사와 합작하여 닭의 대퇴골을 흙에 묻고 오줌을 뿌려 검정색으로 변하면 뼈에 수은을 주입한다. 병자의 집에서 병을 물으면 동계는 신이 들린 상태에서 뼈를 묻은 장소로 가 대퇴골을 파내 기름 솥에 넣어 튀기는데 '자자滋滋(zi zi)'라는 소리가 나면 요괴가 이미 소멸되었다는 징표로 질병이 완쾌된다.

4) 동계의 종교적 성격과 특징

동계는 대만, 복건뿐만 아니라 동남아 민남어족군閩南語族群에서 통상적으로 보이며 대략 민남 일대에 기원을 둔다. 〈중화민국영계협회中華民國靈乩協會〉는 대만의 종교단체로 협회기관지 『중화대도中華大道』에 의하면 1988년 8월 16일 신점新店 황의궁皇意宮에서 개최된 영계 모임에서 성립되었다고 한다. 1주일 뒤 1차 발기인 회의에서 협회의 초안과 조직 규정을 토론하였고 단체 명칭을 〈매화연맹동심회梅花聯盟同心會〉라고 정했다. '매媒'와 '매梅'는 동음으로 영계 스스로 매화의 풍상을 두려워하지 않는 정신을 자부하고 단결하여 하늘로부터 받은 사명과 대도를 실천하고자 하였다. 1989년 정부로부터 종교사단으로 정식 등기되고 내정부의 건의로 〈중화민국영계협회〉로 개명하였다. 2000년 단체회원은 480가家, 개인회원은 4,000명을 상회하고 전 성全省에 18개의 사무소가 설립되어 현재 최대 규모로 거듭 났다. 조직은 호국안령위원회護國安靈委員會ㆍ영계연습위원회靈乩練習委員會ㆍ성리연습위원회聖理硏習委員會ㆍ기획공관위원회企劃公關委員會ㆍ영계교육기금위원회ㆍ영계보도편집위원회 및 정법연습위원회正法硏習委員會로 구성되었다.[70]

대만 사회에서 영매는 종교적 실천자로 사회의 고통을 풀어주는 등 기여도가 높으나 그에 걸맞게 존중받지 못한다. 영계협회에서는 '계乩'를 동일하지 않은 매개에 관점을 두어 3종으로 분류했다. 동계는 '신身'을 매개로 하고; 신계神乩는 '심心'을 매개로 부란扶鸞의 글 쓰는 문계와 입을 열어 일을 처리하는 무계를 포함하고; 영계는 '영靈'을 매개로 도를 통한 대변인을 가리킨다. 동계는 신체로써 계하는데 강철 칼을 밟고, 부젓가락을 삼키고, 낭아봉으로 신체를 때려 살이 찢어지고 피가 낭자하는 방식이다. 세인으로 하여금 경외심을 갖게 하는 효과는 있으나 저급한 등급으로 중생 교화 작용엔 한계가 있다. 〈영학원靈學院〉의 교육과정은 정태靜態의 경전을 깊이 연구하고 혹은 동태動態의 조령훈체調靈訓體[71]를 통해 영계의 품격과 영질靈質을 제고시킨다. 천인합일天人合一, 선불성신仙佛聖神의 대변인이 되고자 노력하는데 이는 전통 종교자원과 현대 교육설계의 결합, 당대 사회 정치와 도덕 상황의 기도企圖라고 해석된다.[72]

대만 민간에서 동계의 지혜 및 초능력은 주신主神으로부터 받은 특전으로 반드시 일정시간 주신을 위해 봉사해야 한다고 여긴다. 동계가 되기 전

[70] 蔡怡佳, 「臺灣民間宗敎的‘調靈訓體’」, 胡國楨ㆍ丁立偉ㆍ詹嫦慧 合編, 『原住民巫術與基督宗敎』, 台北 : 光啓文化, 2008, 20~21쪽.

[71] 傅科의 自我技藝를 윤리실체ㆍ交付方式ㆍ윤리목적ㆍ倫理功課로 나누어 분석한다. 즉 '體'와 '靈'을 함께 수련, 대만 민간종교 심리를 고려한 독특한 시야라고 하겠다.

[72] 蔡怡佳, 앞의 책, 2008, 21~22쪽.

좌금을 거쳐 밀실에서 기동起童·퇴동退童·화부畵符·지살止煞 및 각종 법사法事를 수련한다. 해금 후 동계는 '과화'를 통해 사람들에게 초능력을 과시하며 신의를 인간에게 전하는 중개자가 된다. 또한 가르침을 받은 법사에게 어떤 비결도 타인에게 누설하지 않겠다는 맹서를 하고 만일 이를 위반할 시 하늘로부터 엄중한 견책을 받는다. 동계는 역사적으로 관방의 끊임없는 압제를 받아왔으나 현대 대만 사회에 이미 깊숙이 침투되었고 아직도 왕성한 생명력을 지니고 있다.

통계에 의하면 1918년 동계는 대만 전체 1,114명이고 1938년 동석東石에서 검거된 자는 329명, 1941년 대남台南에서 검거된 자는 578명이다. 80년대 타이베이시台北市에 700여 명, 대만 전 지역에선 대략 5,000명 이상이 활동하고 있다.[73] 제2차 세계대전 이전 대만의 동계 중 20%만이 여성이었다. 이후 25%로 증가하였고 2000년엔 30%를 접하였다. 연령에 있어서 10세 이하의 동계는 찾아볼 수 없으며 대략 60%의 동계가 40에서 60세로 균등하지 않다. 동계의 실업률은 높은 편으로 고정적인 직업이 드물고 학업은 초등학교를 졸업했거나 무학이다. 과거에는 이혼율이 높았으나 점차 91.9%가 기혼자로 가정이 평탄한 편이다. 심리학자, 정신과 의사들은 이들을 정신질환자군精神疾患者群으로 분류하고 치료를 필요로 하는 병자라고 여겼다. 그러나 현실적으로는 오히려 많은 민중들이 동계를 찾아 심신을 치료받고 난제를 점치고 해결한다. 최근 동계는 거대한 사회적 스트레스를 받고 여론에서도 비판받아 점차 위축되어 가고 있다. 그러므로 이들에 대한 전통적 문화 현상으로의 접근이 필요하다. 이러한 현상은 한국 사회에서 활동하는 무속인과 거의 유사하다 하겠다.

앞 장에서 논의했다시피 동계의 종교적 성격은 무속을 바탕으로 한 유

---

[73] 何錦山, 앞의 논문, 2005, 121쪽.

불도 융합의 민간신앙으로 도교적 색채가 강하다. 이는 동계가 되는 수련과정, 의식(개인·공동)과 분장, 강림 신명, 공능, 법기와 법술 등을 통해 두루 나타난다. 사람과 신의 관계는 실질적으로 위탁-대리의 경제를 기초로 한다. 만일 동계가 신명을 통해 예언할 때 영력을 상실한 경우 신도는 즉시 관계를 끊는다. 이는 중국 민간신앙의 특징 중 하나인 공리성을 반영한다. 아무리 고급신이라도 사람들에게 이익을 가져오지 않는다면 가차 없이 제거 당한다. 최근 대만의 동계는 비록 사회적 여론의 질타로 위축되어가나 시공간상 점점 확대되는 반면 중국 본토의 동계는 퇴색되어간다. 근래 동계는 의식분장에 있어 형식을 벗어나 보다 자유롭고, 법기의 사용법에 있어서도 다양성을 추구한다.

현대 대만사회에서 동계의 공능은 강신되어 문복자에게 신의를 전달하며 영적인 힘으로 불치병을 치유하며 구요피사한다. 즉 일상생활 속의 각종 난제를 점치고 해결하고 진경벽사하여 이상향을 염원하는 공능을 지닌다. 나아가 중국의 전통 민속문화를 전승하는 한편 축제의 장으로 승화되어 민중의 결집력을 모으며 국가적 브랜드로서 지역경제를 활성화시킨다.

3. 나오며

본고에서는 대만 무의 종류, 동계의 선행연구사, 동계의 연원과 성무과정, 타 지역의 동계와의 비교, 동계의 의식과 분장, 법기와 법술, 사회적 공능 등을 다각적으로 고찰하여 대만의 무속신앙을 대표하는 동계의 종교적 성격과 특징, 나아가 민간사고를 이해하고자 했다.

동계 분장 기록은 최소 19세기 대만 지방지와 시문을 중심으로 나타난다. 산발을 특징으로 손에 검을 쥐고 신체를 자상하는 외에 가마, 기름 솥에 투신하는 법술 등을 묘사했다. 대만 일본식민시기 일인학자에 의한 동계 연구는 현장조사를 병행 도록을 첨부하여 학문적 가치가 있다. 동계의 사회적 역할, 내원, 법술 종류, 심리적 특징, 사회적 공능 및 배경, 의약과의 관계 등을 망라한다. 1970년대 이래 역시 다각적인 성과물이 발표되며 현장성과 영상기록물이 포함된다. 중국에선 미주도 마조제전의 사도교에서 보이는 동계 의식, 조주 동계의 습속 등을 다루었고 대만학자들에 의해 특히 치병을 중심으로 다각적인 연구가 이루어진다. 1990년대 해외학자들은 대만지역 동계, 송조와 싱가포르의 동계, 중국 희극과의 비교 등을 시도한다. 국내에선 부계 및 동계의 치병법술을 단편적으로 고찰한 논문이 발표되었다.

무는 대표적으로 동계, 홍이, 법사, 부법사, 사공, 술사, 부란 등을 든다. 동계는 고대 무의 일종으로 의식에서 도교 신앙적 성향을 띤다. 성무과정은 첫째, 선천적으로 신으로부터 선택받은 자로 각종 증상을 거친다. 둘째, 연로한 동계가 퇴직 전 적합한 인물을 찾아 의발을 전승한다. 셋째, 후천적으로 스스로 부계 현장에서 강신 받아 동계가 된다. 성별은 남성과 여성이며 분장은 과하지 않다. 남자는 문신한 상반신을 벗고 허리나 몸에 붉은 수건이나 천을 두르며 맨발이다. 여성의 경우 복식은 비교적 자유롭다.

동계 의식은 마조제전媽祖祭典을 비롯하여 각종 영신새회에서 행해지며 청신 請神 → 기계起乩 → 의식儀式 → 오신娛神·송신送神의 과정을 거친다. 단체와 개인의식으로 분류하며 전자는 보통 신명의 탄신일이나 마을에서 주도하는 지역 의례 시 거행한다. 이때 동계는 각종 신으로 분장하며 법기인 오보로 머리를 찍고 이마를 찢고 혀를 자르고 팔을 찌르고 등을 찍고 혹은 장침으로 양 뺨을 관통시키고 선혈이 낭자하여 사람들로 하여금 외경심을 갖게 한다. 개인의식은 주로 사람의 질병을 치료하고 각종 난제를 해결한다. 신이 내리면 혼미하고 정신이 황홀하고 수족을 춤추며 중얼중얼 혼잣말을 하거나 눈을 감고 머리를 흔들며 빈속에 구토를 하며 손과 다리를 전율하며 온몸을 떤다. 동계는 문계와 무계로 나누며 전자는 대체로 음창과 구술의 방식으로 신도의 질병과 미혹됨을 풀어주고, 후자는 주로 무도舞蹈 위주로 귀신을 누르고 안택安宅을 돕는다.

동계는 법사에게 기동起童·퇴동退童·화부畵符·지살止煞 및 각종 법사를 수련한 후 검증받으면 비로소 동계가 된다. 무술활동은 정상釘床, 좌정의坐釘椅, 파도제爬刀梯, 과정교過釘橋, 배오봉背五鋒, 자유煮油, 해운解運 등이 있으며, 주요 법술로는 치병과 관련지어 도동跳童, 낙지부落地府, 구사驅邪, 과화過火, 진화원進花園, 공왕貢王, 탈신脫身, 토사討嗣, 토가討嫁, 좌금坐禁, 작유炸油 등을 거행한다. 고금 이래 대만 사회에서 영매는 종교적 실천자로 사회의 고통을 풀어주는 등 기여도가 높으나 그에 걸맞게 존중받지 못하고 있다. 그러므로 영계 종교단체에선 주도적으로 영매의 질량을 제고하기 위한 프로그램을 운영한다. 동계의 사회적 공능은 소재강복消災降福·축수제역逐祟除疫하여 천하태평·가내평안·무병장수·부귀영화, 풍년과 고른 기후 등 민중의 이상향을 염원한다.

동계의 종교적 성격은 무속을 바탕으로 한 유불도 융합의 민간신앙으로 특히 도교적 색채가 강하다. 근래 동계는 의식 분장에 있어 형식과 구속을 벗어나 보다 자유롭고, 법기의 사용법에 있어서도 다양성을 추구한다. 대만의 동계는 시공간상 점점 확대되는 반면 중국 본토의 동계는 다각적인 요인으로 퇴색되어간다. 현대 대만 사회에서 동계는 여전히 민중의 일상생활 속의 각종 난제를 점치고 해결하고 진경벽사의 공능을 지닌다. 한편 중국의 전통 민속문화인 민간신앙을 전승하고 나아가 관민官民 축제의 장으로 승화되어 민중의 결집력을 모으며 국가적 브랜드로 지역 경제를 활성화시킨다.

참고
문헌

몽골 샤머니즘 속의 불교 영향 ‖ 박환영

강토그토흐, 「몽골 무교의 신령, 옹고드(ongod)의 특징」, 고려대 민속학연구소 편, 『몽골의 무속
　　　　과 민속』, 월인, 2001.

데 마르하오, 「몽골 샤마니즘의 초원제에 대하여」, 고려대 민속학연구소 편, 『몽골의 무속과 민속』,
　　　　월인, 2001.

랴자노프스키, V. A, 서병국 옮김, 『몽골의 관습과 법』, 혜안, 1996.

박원길, 『북방민족의 샤머니즘과 제사습속』, 국립민속박물관, 1998.

박환영, 「몽골 샤머니즘에 나타나는 색깔상징에 대한 일 고찰」, 『한국무속학』 제5집, 한국무속학
　　　　회, 2002.

_____, 「몽골 샤머니즘 속의 윤리의식 고찰」, 『중앙아시아연구』 18호, 중앙아시아학회, 2013.

_____, 「몽골 샤머니즘 속의 여성민속 고찰」, 『몽골학』 37호, 한국몽골학회, 2014.

발터 하이시이, 이평래 옮김, 『몽골의 종교』, 소나무, 2003.

西村幹也, 「부활하는 전통종교」, 경기도박물관 편, 『초원의 대서사시 : 몽골 유목문화』, 경기도박
　　　　물관, 1999.

이안나, 『몽골 민간신앙연구』, 한국문화사, 2010.

_____, 『몽골의 생활과 전통』, 민속원, 2014.

이평래, 「몽골유목민의 죽음에 대한 인식」, 이옥순 외 공저, 『아시아의 죽음 문화 : 인도에서 몽골
　　　　까지』, 소나무, 2010.

이필영, 「몽골 훕스굴 지역의 샤마니즘」, 고려대 민속학연구소 편, 『몽골의 무속과 민속』, 월인,
　　　　2001.

장장식, 「몽골의 '어머니나무' 신앙과 한식맞이굿」, 『한국무속학』 제5집, 한국무속학회, 2002.

_____, 『몽골유목민의 삶과 민속』, 민속원, 2007.

장장식 · 전경욱, 「동몽골 보랴야드 족의 샤머니즘」, 고려대 민속학연구소 편, 『몽골의 무속과 민
　　　　속』, 월인, 2001.

푸레브 어트거니, 「몽골 무교의 신령, 옹고드(ongod)의 특징」, 고려대 민속학연구소 편, 『몽골의 무속과 민속』, 월인, 2001.

험프리 캐롤라인・오논 우르궁게, 민윤기 옮김, 『샤머니즘 이야기』 1, 제이엠비인터내셔널, 2010a.

_____, 『샤머니즘 이야기』 2, 제이엠비인터내셔널, 2010b.

Haltod, M, "Ein Schamanengesang aus dem Bulgan-Gebiet", in W. Heissig(ed.), *Collectanea Mongolica*, Wiesbaden, 1966.

Humphreys, C, *Buddhism : An Introduction and Guide*, Penguine Books, 1990.

Heissig, W and Dumas, D, *The Mongols*, Innsbruck : Pinguin-Nerlag, 1989.

Purev, Otgony, *The Religion of Mongolian Shamanism*, Ulaanbaatar, 2002.

Sanjdorj, M (translated and annotated by U. Onon), *Manchu Chinese colonial rule in northern Mongolia*, London : Hurst & Company, 1980.

유교의례와 무속의례의 친연성 ‖ 김덕묵

자료

『論語』

『禮記』

저서 및 논문

고려대 민족문화연구원 민속학연구소, 『몽골의 무속과 민속』, 월인, 2001.

溝口雄三・丸山松幸・池田知久, 김석근・김용천・박규태 역, 『中國思想文化事典』, 민족문화문고, 2003.

금장태, 『유교의 사상과 의례』, 예문서원, 2000.

기어츠, 클리퍼드, 문옥표 역, 『문화의 해석』, 까치, 1998.

김덕묵, 「황해도굿의 무속지적 연구」, 한국학대학원 박사학위논문, 2009.

김인회, 『韓國巫俗思想硏究』, 집문당, 1988.

다카시, 아키바, 최길성 역, 『朝鮮巫俗의 現地硏究』, 계명대학교출판부, 1987.

법제처, 『國朝五禮儀』, 1981.

부유끼, 가지노, 김태준 역, 『유교란 무엇인가』, 지영사, 1999.

엘리아데, 미르치아, 이윤기 역, 『샤머니즘』, 까치, 1992.

유동식, 『한국무교의 역사와 구조』, 연세대 출판부, 1989.

이능화, 이재곤 역, 『朝鮮巫俗考』, 동문선, 1995.

이상옥, 『禮記』 中, 明文堂, 1995.

이서행, 『한국윤리문화사』, 한국학중앙연구원 출판부, 2011.

임돈희, 「조상의 두 얼굴, 조상덕과 조상 탓」, 『양주 경사굿 소놀이굿』, 열화당, 1989.

최길성, 「巫俗에 있어서 집과 女性」, 『韓國巫俗의 綜合的考察』, 고려대학교 민족문화연구소, 1981.

林云·晶達, 『祭拜 趣談』, 上海古籍出版社, 2006.

秋葉 隆, 「村祭の二重組織」, 『朝鮮民俗』第二號, 朝鮮民俗學會, 1933.

Kendall, Laurel, *Shamans, Housewives, and Other Restless Spirits*, Honolulu : University of
　　　　Hawaii Press, 1985.

한국 샤머니즘과 기독교의 사상적 이해 ‖ 목진호

I. 단행본

赤松智城·秋葉隆, 沈雨星 譯, 『朝鮮巫俗의 研究』上·下, 東文選, 1978.

오수복 외 구술·하주성 정리 및 해설, 『경기도당굿의 巫歌』, 경기문화재단, 2000.

최태현·최상화, 『한국음악 : 경기 도당굿』 30, 국립국악원, 1997.

하주성, 『한국의 名巫』, 꼴, 1998.

II. 논문

金泰坤, 「入巫過程의 降神身病 現像 研究」, 『아시아여성연구』, 淑明女子大學校 亞細亞女性問題研
　　　　究所, 1970, 91~134쪽.

라리사 파블린스카야(Larisa Pablinskaya), 「시베리아 샤머니즘의 역할, 기능, 그리고 현재 상황」,
　　　　『국제학술세미나 자료집 : 시베리아 샤머니즘』, 국립민속박물관, 2012, 294~305쪽.

목진호, 「경기 도당굿 '화랭이' 연구」, 중앙대학교 일반대학원 박사학위논문, 2013.

양종승, 「히말라야 샤머니즘 : 영검을 쫓아가는 네팔」, 『민속소식』 182, 국립민속박물관, 2001,
　　　　8~9쪽.

이건욱, 「시베리아 샤먼에 대하여 : 샤먼의 자격, 입무 과정, 샤먼의 종류」, 『한국시베리아연구』
　　　　13, 배제대 한국－시베리아센터, 2009, 181~201쪽.

『교회용어사전』(http://m.terms.naver.com).

『표준국어대사전』(http://stdweb2.korean.go.kr)

『가톨릭대사전』(http://info.catholic.or.kr/dictionary).

칠성신앙과 삼신신앙의 관계성 ‖ 양종승

『三國遺事』.

『규원사화(揆園史話)』.

『巫黨來歷』

『한국민족문화대백과사전』.

『한국지명유래집』 경상편 지명, 국토지리정보원, 2011.

국립문화재연구소, 『중요무형문화재 제90호 황해도평산소놀음굿』, 1998.

국립민속박물관, 『한국민속신앙사전』.

권태효, 「우물의 민속, 그 신화적 상징과 의미」, 『생활문물연구』 16, 국립민속박물관, 2005, 5~
　　24쪽.

김일권, 『고구려 별자리와 신화』, 사계절, 2008.

_____, 『우리 역사의 하늘과 별자리』, 고즈원, 2008.

김천시 · 대구대학교박물관, 『문화유적분포지도』, 2003.

마노 다카야, 이만옥 역, 『도교의 신들』, 도서출판 들녘, 2007.

목포대학교박물관, 『영암의 고인돌』, 2003.

박흥주, 「바닷가 마을굿에서 나타난 3수 원리 분석 – 당산굿을 중심으로」, 경희대대학원 석사학
　　위논문, 2004.

서영대, 「한말의 단군운동과 대종교」, 『한국사연구』 114, 한국사연구회, 2001.

_____, 「단군관계 문헌자료 연구」, 『단군 – 그 이해와 자료』, 서울대출판부, 1994.

신채호, 박기봉 역, 『조선상고문화사 독사신론, 조선사연구초, 사론, 외』, 비봉출판사 2007

신채호, 『讀史新論』, 이만열 주석, 『역주 조선상고문화사』, 단재신채호선생 기념사업회, 1998.

아카마쓰 지죠(赤松智城) · 아키바 다카시(秋葉 隆), 심우성 옮김, 『조선무속의 연구』, 동문선,
　　1991.

앙리 마스페로, 신하령 · 김태완 옮김, 『도교』, 까치, 1999.

양종승, 「산과 산신령」, 『민속소식』 85, 국립민속박물관, 2002.

_____, 「산신제」, 『한국민속신앙사전』 마을신앙 (1), 국립민속박물관, 2010

_____, 「고깔민족 – 민족정서와 영적에너지로 우리 삶 속에 내려 온 고깔문화」, 『종이나라』
　　75/19, 12~14쪽.

_____, 「황해도 맞이굿 형식과 특성 고찰」, 『한국무속학』 16, 2008.

_____, 「곳깔 민족의 삼(三)사상과 산(山)신앙」, 샤머니즘사상연구회 발표회.

_____, 『서울 이태원 부군당굿』, 서울 : 민속원, 2007.

우실하, 「도교와 민족종교에 보이는 3수 분화의 세계관」, 『도교문화연구』 24집, 2006.

_____, 『전통문화의 구성원리』, 조합공동체소나무, 1998.

우장문, 『경기지역의 고인돌 연구』, 학연문화사 2006; 제천시지편찬위원회, 『제천시지』, 2004.

유동식, 『한국 무교의 역사와 구조』, 연세대학교 출판부, 1975.

윤철중, 『한국의 시조신화』, 보고사, 1998.

이능화, 「조선무속고」, 『계명』 19, 계명구락부, 1927.

이영문, 『한국지석묘사회연구』, 학연문화사, 2002; 강인구, 『한국 고대의 고고와 역사』, 학연문화사, 1997.

정형진, 『고깔모자를 쓴 단군』, 백산자료원, 2003.

조보윤, 「무당내력(巫黨來歷)의 특징과 의의」, 고려대대학원 석사학위논문, 2012.

조자용, 『삼신민고』, 가나아트, 1995.

주영헌, 「고구려 벽화무덤에 대하여」, 『고구려 고분벽화』, 조선화보사 동경, 1986.

최근영·이호영·최몽룡·지병목, 「제천 한수면 송계리 선사유적 조사보고」, 『사학연구』 54, 한국사학회, 1997.

최길성, 『한국무속론』, 1981, 형설출판사.

최남선, 『不咸文化論』, 1925.

최수빈, 「도교에서 바라보는 저세상 : 신선(神仙)과 사자(死者)들의 세계에 반영된 도교적 세계관과 구원」, 『도교문화연구』 41집, 2014.

최인호, 『왕도의 비밀』, 샘터사, 1995.

최진열, 『대륙에 서다 2천 년 중국 역사 속으로 뛰어든 한국인들』, 2010.

표인주, 「칠성」, 『한국민속신앙사전』 가정신앙, 국립민속박물관, 2012.

하효길·양종승 외, 『한국의 굿』, 민속원, 2002.

한국 무巫인 선仙의 죽음관에 대한 해석 ‖ 조정호

연구자 수집 자료

강성경, 「한국의 전통상례와 죽음관 연구(2)」, 『종교교육학연구』 14, 2010, 7~22쪽.

민속학회 편, 『무속신앙』, 교문사, 1989.

서영대, 「한국 무속사의 시대구분」, 『한국무속학』 10, 2005, 7~35쪽.

유동식, 『한국무교의 역사와 구조』, 연세대학교 출판부, 1992.

이계학, 「단군신화의 교육학적 고찰」, 『사회구조와 사회사상』, 심설당, 1985, 125~150쪽.

이국봉, 「유교의 관점에서 본 한국인의 죽음관 : 죽음의 의미, 성격 그리고 태도를 중심으로」, 『한국의료윤리학회지』 13(2), 2010, 91~106쪽.

이능화, 이종은 역, 『조선도교사』, 보성문화사, 1978.

이병도, 『원문겸역주 삼국유사』, 광조출판사, 1977.

이승연, 「주자 죽음관에 관한 소고」, 『사회사상과 문화』 20, 2009, 155~184쪽.

이을상, 「죽음의 성찰 : 한국인의 죽음관, 영혼관, 신체관」, 『철학논총』 32, 2003, 437~460쪽.

이현지, 「노자 죽음관의 탈현대적 함의」, 『원불교사상과 종교문화』 44, 2010, 279~316쪽.

조정호, 「신라 仙의 고유성에 대한 고찰 : 한국의 仙과 중국 道家의 차이를 중심으로」, 『민족문화논총』 42, 2009, 363~387쪽.

조정호, 「한국, 대만, 오스트리아의 분묘에 나타난 죽음」, 『인문과학연구』 32, 2014, 175~198쪽.

조흥윤, 『巫와 민족문화』, 민족문화사, 1994.

Kubler-Ross, Elisabeth, On Death and Dying, NY : Scribner, 1997.

Shaw, John Mackintosh, Life after Death : The Christian View of the Future Life, Toronto : The Ryerson Press, 1945.

Sonsino, Rifat & Syme, Daniel B., What Happens After I Die? : Jewish Views of Life After Death, NY : UAHC Press, 1990.

웹사이트 자료

가톨릭 사전(http://dictionary.catholic.or.kr/dictionary.asp)

가톨릭 정보(http://info.catholic.or.kr)

국립국어원 표준국어대사전(http://stdweb2.korean.go.kr)

대한민국 문화재청(http://www.heritage.go.kr)

오스트리아 외무부(http://www.bmeia.gv.at)

전주이씨안천대군파종회(http://cafe.daum.net/rheeancheon)

中华人民共和国国家旅游局(http://www.cnta.gov.cn)

기타 사진자료

http://newtalk.tw/news.php

http://blog.naver.com/hopehui?Redirect=Log&logNo=10180121217

http://blog.naver.com/PostView.nhn?blogId=notsul&logNo=100194314579

http://lovetravelingtaiwan.blogspot.kr

http://commons.wikimedia.org/wiki/File:Lixing_New_Town_Birdview_from_Dazhi_Roman_Cath olic_Cemetery_20120701b.jpg

조선 국행 성황단 제에서의 유·무속 춤 수용 양상 ‖ 이종숙

『葛庵集』 「別集」.

『高麗史』.

『國朝五禮儀』.

『大韓禮典』.

『萬機要覽』.

『世宗實錄』 「五禮儀」, 「地理志」.

『新增東國輿地勝覽』.

『燃藜室記述』.

『明齋遺稿』 38권, 墓碣銘.

『周禮』「春官」.

『春官通考』.

『太宗實錄』.

『漢語大詞典』 CD-Rom.

『서울지명사전』.

김영숙, 「한국 문묘제례악무의 전승과 고유성」, 『한국문묘일무의 미학』, 서울 : 보고사, 2008.

박호원, 「조선 성황제의 사전화와 민속화」, 『성황당과 성황제』, 서울 : 민속원, 1998.

유의양, 대동문화연구원 편(1975), 『春官通考』 上, 서울 : 성균관대학교 대동문화연구원, 1788.

최종석, 「조선 초기 성황사(城隍祠)의 입지와 치소(治所)」, 『동방학지』 131권, 연세대학교 국학연
      구원, 2005, 37~88쪽.

이혜구 역주, 『신역 악학궤범』, 서울 : 국립국악원, 2000.

일제강점기 신궁대마神宮大麻의 배포와 조선의 가신신앙과의 충돌 ‖ 문혜진

『경성일보』.

京城府, 『京城府史』 3권, 1934.

『國民總力』.

『朝鮮總督府官報』.

문혜진, 「1910~1925년 경성신사의 제사 : 경성신사 제전과 제신의 식민지적 성격을 중심으로」,
      『종교연구』 제72집, 한국종교학회, 2013, 121~149쪽.

_____, 「1930년대 심전개발운동과 마을굿 : 무라야마 지준의 『부락제』와 경성부 마을굿 사례를
      중심으로」, 『일본공간』 vol.15, 국민대학교 일본학연구소, 2014, 167~200쪽.

박규태, 「일본종교의 현세중심적 에토스 : 막말기 신종교를 중심으로」, 『종교학연구』 15, 한국종
      교학회, 1996, 17~42쪽.

_____, 「국가신도란 무엇인가」, 『종교연구』 제29집, 한국종교학회, 2002, 229~258쪽.

최인학, 「마을신앙, 그 변용과 지속의 일고찰 : 일제강점기의 민간신앙을 중심으로」, 단국대학교
      동양학연구소, 『한국 민속문화의 근대적 변용』, 민속원, 2009.

최석영, 『일제하 무속론과 식민지권력』, 서경문화사, 1999.

河野省三, 「神社の本義」 日本電報通信社 編, 『神社大觀』, 日本電報通信社, 1940.

高原美忠, 『日本家庭祭祀』, 增進堂, 1944.

村上重良, 『天皇制国家と宗教』, 株式會社講談社, 2007.

吉成勇 編, 『日本「神道」總覽』, 別冊歷史読本 05, 事典シリーズ 24, 新人物往来社, 1995.

岩下傳四郎, 『大陸神社大觀』, 京城府: 大陸神道聯盟, 1941.

山口公一, 『植民地期朝鮮における神社政策と朝鮮社会』, 一橋大學大學院 社會學研究科 博士論
    文, 2006.

池田雅之, 「ラフカディオ・ハーンの神道體驗と天皇觀」, 『比較文學年誌』 48, 2012.

辻子実, 『侵略神社』, 新幹社, 2003.

小立原省三, 『海外の神社』, ゆまに書房, 2004.

田中義能, 『國民道德要領講義』, 日本學術研究會, 1927.

近藤喜博, 『家の神』, 塙書房, 1981.

Lafcadio Hearn, *Japan : An Attempt at Interpretation*, Kindle版, 1904.

인터넷 사이트

http://ja.wikipedia.org

대만 동계童乩의 종교적 성격 연구 ‖ 상기숙

董芳苑, 『台灣民間宗教信仰』, 台北: 長春文化事業股份有限公司, 1984.

全國寺廟整編委員會 編輯, 『全國佛剎道觀總攬』, 台北: 樺林出版社, 1987.

張紫晨, 『中國巫術』, 上海三聯書店, 1990.

趙杏根・華野, 『中國民間占卜』, 中國華橋出版社, 1993.

宗 懍, 尙基淑 譯著, 『荊楚歲時記』, 집문당, 1996.

吳瀛濤, 『臺灣民俗』, 台北: 衆文圖書, 2000.

蔡相輝・吳永猛 編著, 『臺灣民間信仰』, 台北: 國立空中大學, 2001.

林國平, 『閩台民間信仰源流』, 福建人民出版社, 2003.

張 珣・葉春榮 合編, 『臺灣本土宗敎研究: 結構與變異』, 台北: 南天書局, 2006.

林進源 主編, 『臺灣民間信仰神明大圖鑑』, 台北: 進源書局, 2007.

胡國楨・丁立偉・詹嫦慧 合編, 『原住民巫術與基督宗教』, 台北: 光啓文化, 2008.

崔 雲, 「迷信: 現代臺灣社會的瘟症」, 『台聲』, 1994.6.15, 11~13쪽.

상기숙, 「『紅樓夢』에 나타난 中國占卜信仰」, 『한국무속학』 창간호, 한국무속학회, 1999.12, 7~
    42쪽.

培　松, 「世紀末奇觀：法師・乩童・"冤魂"」, 月刊 『兩岸關係』, 2000.12, 25쪽.

林國平, 「論閩台民間信仰的社會歷史作用」, 『福建師範大學學報報』(哲學社會科學版), 2002年第2期 (總第115期), 111~118쪽.

何绵山, 「臺灣民間巫術與臺灣社會」, 『宗敎學硏究』, 福建師範大學閩台區域硏究中心, 2005.6.30, 120~124쪽.

徐義强, 「客家薩滿的通靈途徑・儀式及與臺灣的比較」, 『宗敎學硏究』, 雲南紅河學院人文學院, 2008.6.15, 128~132쪽.

陳育燕, 「模仿中的期盼－以湄洲島元宵"鬧媽祖"舞蹈"耍刀轎"的童乩爲例」, 『中國民間舞蹈與文化硏究』, 2009年第1期, 北京舞蹈學院學報, 99~104쪽.

尙基淑, 연구보고서: 「臺灣媽祖信仰之淵源及特點硏究」, 臺灣敎育部(2009년 대만연구방문학자 지원 프로그램), 2009.8.

_____, 「臺灣 海神信仰의 淵源과 特徵 고찰－媽祖를 중심으로」, 『중국학논총』 제31집, 한국중국문화학회, 2010.12, 113~132쪽.

_____, 「대만 샤머니즘 연구의 흐름과 경향」, 『한국무속학』 제22집, 한국무속학회, 2011.2, 7~37쪽.

_____, 「대만 민간신앙의 제 양상 고찰」, 『동방학』 제20집, 한서대학교 동양고전연구소, 2011.4, 205~238쪽.

_____, 「臺灣 民間信仰의 童乩 硏究」, 『동방학』 제32집, 한서대학교 동양고전연구소, 2015.2.28, 304~332쪽.

周麗妃, 『社會人類學視野的湄洲媽祖信仰儀式探析』, 華僑大學碩士論文, 2012.6.

袁澤銳, 『潮汕童乩習俗調査硏究』, 廣東技術師範學院碩士論文, 2014.6.

http://www.baidu.com